新TOEIC® TEST リスニング完全攻略

CD2枚付き

❖New Version対応❖

頻出攻略

宮野智靖
（関西外国語大学短期大学部教授）

妻鳥千鶴子
（アルカディア・コミュニケーションズ主宰）

Miguel E. Corti
（翻訳家）

語研

はじめに

「TOEICはよいテストだ」――これが私たちの率直な感想です。TOEIC (Test of English for International Communication) を受験される方の動機はさまざまでしょう。就職を有利にするため，会社の方針で一定以上のスコアを取らなくてはならない，英語力の実力診断として，などいろいろあるでしょう。私たちは大学や企業などで，そういった異なる動機や目的を持つ学習者を対象にTOEIC受験の対策指導を行っています。また，指導する以上は自分たちも受験して，どのようなテストなのかをよく知っておく必要がありますので，繰り返し受験することで傾向や有効な対策を自ら体得し，実践してきました。

その過程で確信したことは，緻密な研究に基づいて作成されているTOEICは「きちんと」学習すれば，基本的な英語力全般を向上させてくれるとてもよい英語力評価テストであるということです。英字新聞を読んだり，英語のニュースを聞いたりするために必要な語彙力や表現力，読解力とリスニング力を身につけることができます。結果として，ライティング力や会話力も伸びてきます。

もちろん，英検やTOEFLなど他のテストにも同じことは言えるのですが，特にTOEICは社会人が一般的によく遭遇する場面を想定して作られているので状況を理解しやすく，幅広く役立ちます。また，合格・不合格ではなく，はっきりとしたスコアで結果が出ることや，年8回受験が可能な点なども，英語学習のペースメーカーとして活用しやすいでしょう。

では，上に述べた「きちんと」学習するということですが，それは「基本をきっちりと学び直す」ということです。現在のスコアが500点以下であれば，迷わず高校入試レベル，つまり中学校3年間分の基礎英語をしっかりやり直すべきです。この基本部分をあいまいにしたまま，TOEIC対策教材の問題だけを解くのは無理があります。素振りをしたこともないのにいきなり野球の試合に出たり，クラブを握ったこともないのにいきなりゴルフコースを回ったりする無謀さに似ていると言えるでしょう。

使える時間数や目標スコアによって，ある程度の工夫が必要な場合もありますが，「基本」を怠って結果だけを求めても効果はありません。付け焼刃的な知識や，小手先だけの技らしきものを学ぶのでなく，ごく当たり前の基本事項をみっちりやり直すほうが確実にスコアはアップしますし，何よりも英語力そのものが身についてよいのです。

TOEIC に使われている英文は，ノンネイティブである私たちが英語を使う場合によい手本となるものばかりです。Part 2 と Part 3 の会話文，Part 4 のアナウンスメントやちょっとしたあいさつ（スピーチ），Part 7 のメールや通知文，メモなどを「自分も同じように話せる［書ける］か？」という基準から見てください。成人の英語学習者としてこれだけの英語を使いこなせれば理想的ですが，その道のりは遠く，勉強すべきことは山積みです。つまり，TOEIC はスコアアップで基礎力をつける以外に，自分たちが使う英語の指針ともなってくれるので，学習方法は際限なく広がります。

本書を担当した著者一同は，TOEIC を指導する場合も，英語力そのものを身につけ，結果として TOEIC のスコアもアップするという指導に力を入れています。そういった私たちの指導姿勢をそのまま教材にしたのが本書です。

ポイントを明示しやすく，読者の皆さんになじみ深い TOEIC 問題の形式を借り，基本的な文法事項やよく使われる語彙・イディオムなどを紙面が許す限り網羅しました。本書で取り上げたこれらの事項は，TOEIC のみならず，英語を使ううえでも必要不可欠な要素ばかりですので，しっかり学習していただきたいと思います。それにより，あいまいだった部分が明確になり，英語への理解が深まります。本書を活用して基礎力をつけるための学習を繰り返し，TOEIC のスコアアップはもとより，英語力そのものをアップさせ，さらに英語学習を深めていただければ幸いです。

末筆ながら，本書を上梓するにあたり，語研編集部の奥村民夫代表には，企画から校正までひとかたならぬご厚意とご助言をいただきました。この場を借りて，衷心より感謝の意を表したいと思います。

2011 年 1 月

著者

目　次

I 頻出出題パターン 24 *Question Types*

Part 1 写真描写問題 *Photographs*

Part 2 応答問題 *Question-Response*

Part 3 会話問題 *Short Conversations*

付属の音声CDについて

本書の付属音声CDには，書名やトラック名などの文字情報は含まれておりません。本CDをパソコンに読み込んだ際に表示される書名やトラック名などの文字情報は，弊社の管理下にない外部のデータベースを参照したものです。あらかじめご了承ください。

CD収録時間：68分02秒（DISC 1）
61分04秒（DISC 2）

【装丁】　山田英春

【CD吹き込み】Brad Holmes ／ Nadia Mckechnie ／ Jack Merluzzi
Carolyn Miller ／ Marcus Pittman ／ Stecy Powell

本書の構成と使い方

本書は，TOEIC の Listening test の出題傾向を，設問の形式・ポイント・難易度，出題されるトピック，語彙，受験者を誤答へと誘う誤答選択肢（ひっかけ）の特徴などから分析し，適切な事前学習，【頻出出題パターン 24】の分析と有効ストラテジーを用いた出題パート別対策，練習問題による積み重ね学習によって，短期間でスコアアップを図ると同時に，英語力そのものを高めるための受験対策書です。全体は次の 3 章に分かれています。

I 頻出出題パターン 24 *Question Types*

Part 1	写真描写問題 Photographs	練習問題 10 問
Part 2	応答問題 Question-Response	練習問題 28 問
Part 3	会話問題 Short Conversations	練習問題 12 題 24 問
Part 4	説明文問題 Short Talks	練習問題 12 題 24 問

Parts 1-4 の出題形式と特徴，目標スコア別正答数，【頻出出題パターン 24】について解説し，各パターンに対応する練習問題 86 問を用意しました。Parts 3-4 の練習問題については，出題パターンに即した集中練習をしていただくために，本試験とは少し形式を変えて，やや短めの聞き取り素材（会話，トーク）12 題についてそれぞれ 2 問を用意してあります。Parts 3-4 への苦手意識を克服するために最適のトレーニングができるはずです。

II 攻略ストラテジー *Strategies*

Part 1	写真描写問題 Photographs	練習問題 10 問
Part 2	応答問題 Question-Response	練習問題 28 問
Part 3	会話問題 Short Conversations	練習問題 12 題 24 問
Part 4	説明文問題 Short Talks	練習問題 12 題 24 問

Iで学んだ【頻出出題パターン24】のそれぞれについて有効な攻略ストラテジーを解説し，それを実際に使って解く練習問題86問を用意しました。Parts 3-4の練習問題については，Iと同じく，やや短めの聞き取り素材（会話，トーク）12題についてそれぞれ2問を用意してあります。出題パターンに即した集中練習により，短期間でParts 3-4の正答率を高められるはずです。

III 実戦模試100問 *Practice Test*

Part 1　写真描写問題　Photographs	10問
Part 2　応答問題　Question-Response	30問
Part 3　会話問題　Short Conversations	10題30問
Part 4　説明文問題　Short Talks	10題30問
解答・解説　Answer Key	

TOEIC本試験そのままの出題傾向，語彙，トピックを反映させたリスニング模試100問を用意しました。Parts 3-4についても，本試験そのままの長さの聞き取り素材（会話，トーク）20題，それぞれに3問の計60問を用意しています。I，IIの練習問題を通して身につけた解答力が本試験に対してどれだけ有効かをご自分で確認してください。

なお，本書に収録した練習問題，実戦模試計272問のすべてについて，詳しい解き方と語彙の解説を加えてあります。きちんと学習していただくことで，どのようなタイプの問題にも対応できる応用力が身につきます。

＊巻末に収録したAnswer Sheetは，本書では扱っていないReading test（Parts 5-7）も含んだ一般用のものです。さまざまな出版社から刊行されている模試にご利用いただけます。

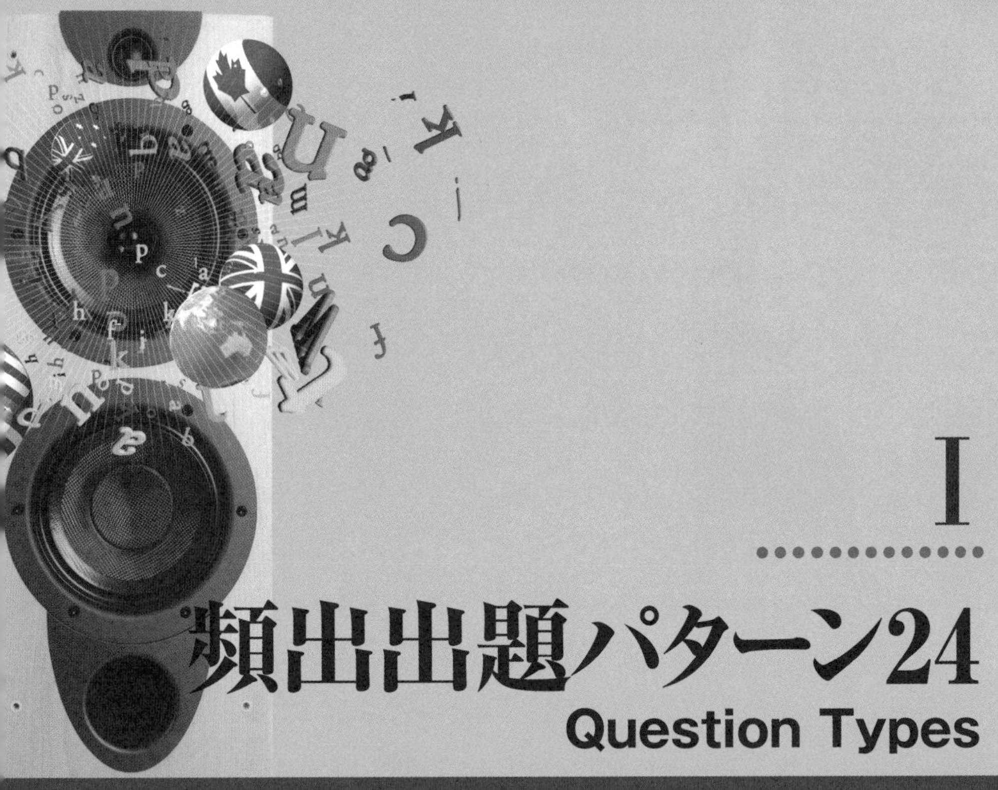

I

頻出出題パターン24

Question Types

Part 1

写真描写問題

Photographs

1 出題形式・特徴

出題形式

Part 1 は写真描写問題です。10 問出題されます。テストブックには 1 問につき 1 枚の写真が印刷されています。各問について，4 つの英文選択肢が 1 度だけ読まれます。写真の内容にもっとも適した英文をひとつ選び，解答します。英文選択肢はテストブックには印刷されていません。

最初にリスニングテストの説明と Part 1 の指示文，例題が音声で流れます（約 1 分 30 秒）。その全文は以下のとおりです。これらはテストブックに印刷されていて（薄字の部分は除く），毎回変わりません。したがって，ここで理解しておけば実際の試験で読む必要はなく，読み上げられる英文を聞く必要もありません。むしろ，この約 1 分 30 秒を利用して 10 枚の写真に目を通し，どのような英文選択肢が読み上げられるかを推測しておくことが大切です。

▼ 指示文・例題

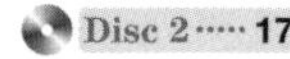

LISTENING TEST

In the Listening test, you will be asked to demonstrate how well you understand spoken English. The entire Listening test will last approximately 45 minutes. There are four parts, and directions are given for each part. You must mark your answers on the separate answer sheet. Do not write your answers in your test book.

PART 1

Directions: For each question in this part, you will hear four statements about a picture in your test book. When you hear the statements, you must select the one statement that best describes what you see in the picture. Then find the number of the question on your answer sheet and mark your answer. The statements will not be printed in your test book and will be spoken only one time.

Look at the example item below:

Sample Answer

Example

Now listen to the four statements.

(A) They're leaving the room.
(B) They're turning on the machine.
(C) They're standing near the table.
(D) They're reading the newspaper.

Statement (C), "They're standing near the table," is the best description of the picture, so you should select answer (C) and mark it on your answer sheet.

リスニングテスト

リスニングテストでは，口語英語をどの程度理解しているかを評価します。リスニングテストは全体で約 45 分間です。4 つのパートがあり，各パートごとに指示文が与えられます。解答は別に配られるアンサーシートにマークします。テストブックには解答を記入しないでください。

PART 1
指示文：このパートの各問では，テストブックにある写真について 4 つの文を聞きます。文を聞き，写真をもっとも適切に描写しているものを選びます。アンサーシートで問題番号を探し，解答をマークします。文はテストブックには印刷されておらず，1 度だけ読み上げられます。

以下の例を見てください：

(写真)

それでは，4 つの文を聞いてください。

(A) 彼らは部屋を出ていくところです。
(B) 彼らは機械に電源を入れるところです。
(C) 彼らはテーブルのそばに立っています。
(D) 彼らは新聞を読んでいます。

(C) の文「彼らはテーブルのそばに立っています」が写真をもっとも適切に説明していますので，答え (C) を選択してアンサーシートにマークします。

この後，設問 No. 1 が始まります。4 つの英文選択肢が読み上げられてから次の設問に移行する間に 5 秒のポーズがあります。この間にすばやく解答したうえで，残る 3-4 秒のポーズをうまく利用して，次の設問の写真をじっくりと観察する余裕を持つようにしてください。基本的な解き方は次のようになります。

① 写真をよく見る。基本的には焦点の当たっている人物，事物について描写している選択肢が正答になる。まれに背景や目立たない細部についての描写文が正答になることもあるので気を抜かない。

② 4つの選択肢それぞれを聞くたびに正答，誤答を即決して，正答選択肢にマークする。

③ 自信を持って正答と判断できない場合は，正答候補としてその選択肢に鉛筆を置いたまま，残る選択肢を聞いたうえで判断する。

旧 TOEIC では写真描写問題は 20 問で，中級者・上級者にとっても「どれが正答だろう？」と悩んでしまうような設問が 1-2 問入っていました。しかし，新 TOEIC の写真描写問題は，注意して聞けば必ず正答できる設問がほとんどです。10 問すべてを正答できるようにすることがハイスコア確保には必須条件です。ただし，まれに高得点者にも手ごわい難問が 1 問含まれていることがありますので，1-2 問の誤答は気にせず，他のパートで取り返しましょう。

なお，英語の音については，リスニングテスト全体を通して，アメリカ合衆国，カナダ，イギリス，オーストラリア・ニュージーランドのネイティブスピーカーがほぼ 25 パーセントずつ読み上げていきます。なまりの少ない標準的な発音，アクセントが用いられていますので，それほど心配する必要はありません。

目標正答数

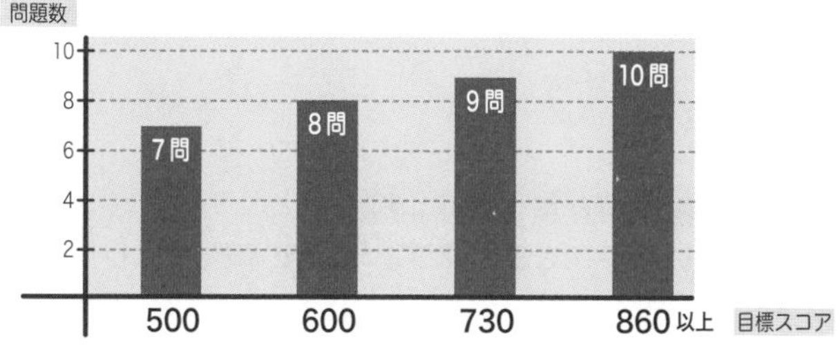

出題パターン

写真描写問題の出題パターンは①選択肢の文型，②写真の種類，③ひっかけ選択肢の 3 点から見ていきます。

2 選択肢の文型

写真描写問題10問のうち8問程度は人物写真で，英文選択肢は人の動作，状態を描写しています。したがって，選択肢は現在進行形を中心に，次の5つの文型が多く用いられます。これらの文型は正答としてだけでなく，誤答としても用いられることに注意してください。

1. 現在進行形（be動詞＋現在分詞）

「～は…している」という現在行われている動作を示します。正答の70パーセント近くを占めます。

2. be動詞＋形容詞

よく似た形で《seem/look/appear ＋形容詞》が用いられることもあります。

3. 受動態（be動詞＋過去分詞）

「～は…される」という受身を表します。進行形の受動態（be動詞＋ being ＋過去分詞）もよく用いられ，「～は…されているところである」という進行中の受身動作を表します。

4. 現在完了形（have+過去分詞）

「～はすでに…された，…されている」という動作の完了を表します。特に，状態を表している写真の場合に，現在完了形を用いた選択肢が正答になることがあります。

5. There構文（There is [are] ...）

「…に～がある」という存在を表します。There構文の代わりに《主語 +be動詞＋場所を表す前置詞句／副詞句》が用いられることもよくあります。

3 人物写真――ひとり

人物がひとりだけ写っています。その人物の動作・状態を聞き取る設問です。2-4 問出題されます。

▼ Practice

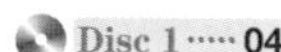

1.

Ⓐ Ⓑ Ⓒ Ⓓ

2.

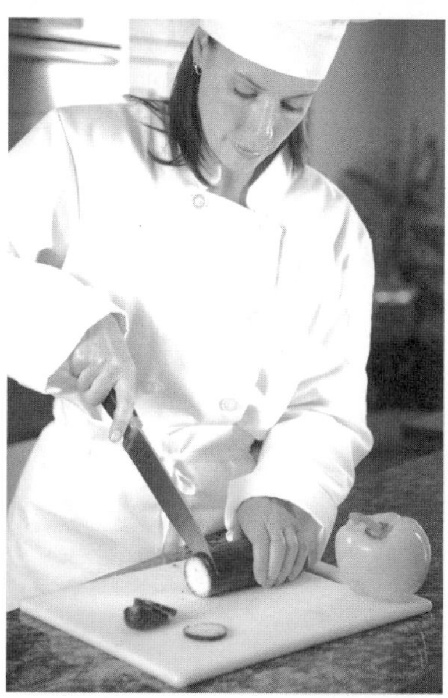

Ⓐ Ⓑ Ⓒ Ⓓ

▼ Answer Key

1.

Disc 1 ····· 04　正答：(A)

(A) She's exercising on a path.
(B) She's joking around.
(C) She's running a test.
(D) She's planting a tree.

(A) 彼女は道で運動しています。
(B) 彼女はふざけています。
(C) 彼女は試験を行っています。
(D) 彼女は木を植えています。

解き方　女性がランニングをしているからといって，すぐに running を用いた (C) を選んではいけません。run には「(調査･検査･実験など)を行う」という意味もあるのです。(B) の joking は jogging（ジョギング）との音の混同をねらったひっかけです。女性は道でランニング，つまり運動をしているわけですから，(A) が正答です。

語　句
□ path「道，小道」
□ joke around「ふざける，冗談を飛ばす」
□ plant「～を植える」

2.

Disc 1 ····· 04　正答：(B)

(A) There are many vegetables on the table.
(B) The woman is preparing a meal.
(C) A knife is being sharpened.
(D) The woman is cutting a cake.

(A) テーブルの上に多くの野菜があります。
(B) 女性は食事の準備をしています。
(C) ナイフが研がれています。
(D) 女性はケーキを切っています。

解き方　女性の料理人がまな板の上で野菜をナイフで刻んでいます。(B) が正答です。(C) の knife や (D) の cutting にひっかからないように，文全体をしっかりと集中して聞くことが大切です。

語　句
□ sharpen「～を研ぐ，鋭くする」

4 人物写真――複数

複数の人物が写っています。2人の場合は共通する動作・状態，異なる動作・状態の2点に着目します。3人以上の場合は共通する動作・状態に着目します。3-4問出題されます。

▼Practice

Disc 1 ····· 05

3.

Ⓐ Ⓑ Ⓒ Ⓓ

4.

Ⓐ Ⓑ Ⓒ Ⓓ

▼ Answer Key

3.

Disc 1 ····· 05 正答：(D)

(A) They're filling in a few forms.
(B) They're facing each other.
(C) They're shredding documents.
(D) They're sitting down together.

(A) 彼らは 2, 3 の書類に必要事項を記入しています。
(B) 彼らは向き合っています。
(C) 彼らは書類を断裁しています。
(D) 彼らは一緒に座っています。

解き方 男性と女性が長椅子に座って資料を見ています。(D) が正答です。隣り同士に座っているので，(B) は誤答です。face each other は「お互いに向き合う」という意味です。

語 句
□ fill in ...「～に記入する」
□ form「用紙，書式」
□ shred「～を断裁する」
□ document「書類，文書」

4.

Disc 1 ····· 05 正答：(C)

(A) Two men are clapping their hands.
(B) A woman is stooping down by the screen.
(C) People are sitting around the table.
(D) The meeting has just ended.

(A) 2 人の男性は手をたたいています。
(B) ひとりの女性はスクリーンのそばで前かがみになっています。
(C) 人々はテーブルの周りに座っています。
(D) ミーティングは終わったところです。

解き方 5 人が丸いテーブルを囲んで会議をしています。(C) が正答です。2 人の男性はコンピュータを使用しており，手をたたいてはいません。女性のひとりはスクリーンを指差しながら何かを説明しているようですが，前かがみになってはいません。

語 句
□ clap *one's* hands「手を（パチパチ）たたく，拍手する」
□ stoop down「前かがみになる」

5 事物写真・光景写真

事物の状態や景色の全体像，細部を問う設問です。人物は写っていないか，背景の一部で焦点は当たっていません。このタイプの問題では，受動態（be 動詞＋過去分詞），《be 動詞＋形容詞》，There 構文が多く用いられます。

▼ Practice　　Disc 1 …… 06

5.

Ⓐ Ⓑ Ⓒ Ⓓ

6.

Ⓐ Ⓑ Ⓒ Ⓓ

▼ Answer Key

5.

Disc 1 ····· 06 正答：(B)

(A) The people are relaxing on the balcony.
(B) There are parking spaces in front of the building.
(C) Several bicycles are parked near the apartment.
(D) The motorists are driving into the parking lot.

(A) 人々はバルコニーでくつろいでいます。
(B) 建物の前に駐車場があります。
(C) アパートの近くに数台の自転車が止められています。
(D) ドライバーは駐車場に車を乗り入れています。

解き方 建物の前に駐車場があります。(B) が正答です。駐車中の車はありません。「駐車場」に相当する英語表現として, (B) の parking spaces と (D) の parking lot が用いられていますが, 英文全体をしっかりと聞いて意味を把握しなければ, 誤答の (D) を選んでしまうかもしれません。

語 句 □ balcony「バルコニー」 □ park「～を駐車する」 □ motorist「自動車を運転する人」 □ drive into ...「車を～に乗り入れる」

6.

Disc 1 ····· 06 正答：(D)

(A) A homeowner is learning about gardening.
(B) The beautiful decoration is being pulled along.
(C) The roof of the house is entirely flat.
(D) A wheeled object has been placed in the yard.

(A) 家主はガーデニングについて学んでいるところです。
(B) 美しい飾り物が引っ張られています。
(C) 家の屋根は完全に平坦です。
(D) 庭に車輪の付いた物体が置かれています。

解き方 家の庭（yard）に車輪の付いた wagon（ワゴン，台車）が置かれています。美しい飾り物として置かれていますが，それをだれかが引っ張っているわけではないので，(B) は誤答です。この設問では (D) の wheeled object（車輪の付いた物体）がキーワードで，正答です。写真描写問題では，object（物体）という語を用いた英文が正答になることがよくあります。

語 句 □ homeowner「家主」 □ gardening「園芸」 □ pull ... along「～を引いて行く」 □ roof「屋根」 □ entirely「まったく，完全に」 □ flat「平たい」 □ place「～を置く」

6 ひっかけ選択肢――誤答キーワード

写真描写問題では，選択肢を正確に聞き取れていない受験者を誤答に誘うひっかけが各所に用意されています。

写真に写っていない人物や事物を表す名詞を含む選択肢，all, any, every, none などを含む選択肢の多くは誤答です。

▼ Practice

Disc 1 ····· 07

7.

Ⓐ Ⓑ Ⓒ Ⓓ

8.

Ⓐ Ⓑ Ⓒ Ⓓ

▼ Answer Key

7.

Disc 1 ····· 07 **正答：(A)**

(A) A woman is holding a package.
(B) A sign is posted on the gate.
(C) Neither of the mailboxes are in use.
(D) A bulletin board is located behind the woman.

(A) 女性が小包を持っています。
(B) 門に掲示が出ています。
(C) どちらの郵便受けも使用されていません。
(D) 女性の後ろに掲示板があります。

解き方 女性が郵便受け（mailbox）から小包を取り出そうとしています。(A) が正答です。(C) の neither of ... は「(2人・2つのうち) どちらも～ない」という意味です。(D) の bulletin board（掲示板）は写真に写っていません。

語 句
□ package「荷物，小包」
□ be in use「使用されている」
□ be located「位置している」

8.

Disc 1 ····· 07 **正答：(D)**

(A) None of the people are waiting in line.
(B) There is a huge crowd in the auditorium.
(C) The librarian is guiding quite a few students.
(D) People have already formed a long line.

(A) だれも並んで待っていません。
(B) たくさんの人が講堂内にいます。
(C) 図書館員はかなり多くの学生を誘導しています。
(D) 人々はすでに長い列を作っています。

解き方 多くの人が列を作って並んでいます。ここでは，現在完了形を用いた (D) が正答です。(A) は，none of ...「(3人・3つ以上のうち) どれも～ない」という表現を用いた誤答です。

語 句
□ in line「列になって」
□ auditorium「講堂，公会堂」
□ librarian「図書館員，司書」
□ quite a few ...「かなり多くの～」
□ form「～を形作る」

7 ひっかけ選択肢——音・語彙

類音語や同音語を用いた音のひっかけが誤答に多用されます。また，put on ...（～を着る：動作）と wear（～を着ている：状態）のように，日本語に訳すと似たような意味になる語句によるひっかけもよく出題されます。さらに，時制に関するひっかけも用いられることがあります。

▼ Practice

Disc 1 ····· 08

9.

Ⓐ Ⓑ Ⓒ Ⓓ

10.

Ⓐ Ⓑ Ⓒ Ⓓ

▼ Answer Key

9.

Disc 1 ····· 08 正答：(B)

(A) She's taking a nap after lunch.
(B) She's looking out the window.
(C) She's making coffee in a shop.
(D) She's holding a cap in her hand.

(A) 彼女は昼食の後で仮眠を取っています。
(B) 彼女は窓の外を見ています。
(C) 彼女は店内でコーヒーをいれています。
(D) 彼女は手に縁なし帽子を持っています。

解き方 女性がカップを手に窓の外を眺めています。(B) が正答です。looking out the window は，looking out of the window と言うこともできます。(A) の nap（昼寝），(D) の cap（縁なし帽子，野球帽）は cup（カップ）との音の混同をねらったひっかけです。

語 句
□ take a nap「仮眠を取る」
□ make coffee「コーヒーをいれる」
□ hold「～を手に持つ」

10.

Disc 1 ····· 08 正答：(C)

(A) The man is wiping the glass clean.
(B) The man is purchasing a machine.
(C) The man is mowing the lawn.
(D) The man is walking across the street.

(A) 男性はガラスをきれいに拭いています。
(B) 男性は機械を購入しています。
(C) 男性は芝を刈っています。
(D) 男性は通りを歩いて横切っています。

解き方 男性が芝刈り機（lawnmower）を使って，庭の芝を刈っています。(C) が正答です。mown the lawn（芝を刈る）がキーワードです。(A) の glass（ガラス）は grass（草，芝生）との音の混同をねらったひっかけです。

語 句
□ wipe「～を拭く」
□ purchase「～を購入する」
□ walk across ...「～を歩いて渡る」

Part 2

応答問題

Question-Response

1 出題形式・特徴

出題形式

Part 2 は応答問題です。30 問出題されます。疑問文，平叙文に対する適切な応答を 3 つの英文選択肢から選びます。疑問文，平叙文と 3 つの選択肢はいずれも音声で流れるだけで，テストブックには印刷されていません。テストブックには以下のような指示文と，Mark your answer on your answer sheet.（アンサーシートに答えをマークしなさい）という解答指示があるだけです。言い換えれば，自分の耳以外に頼るものは何もない状態で疑問文，平叙文と 3 つの応答をしっかりと聞き取り，もっとも自然な応答はどれかを判断しなければなりません。

まず，Part 2 の指示文，例題が音声で流れます（約 1 分）。これらはテストブックに印刷されていて，毎回変わりません。したがって，ここで理解しておけば実際の試験で読む必要はありません。

▼指示文・例題

Disc 2 ····· 23

PART 2

Directions: You will hear a question or statement and three responses spoken in English. They will not be printed in your test book and will be spoken only one time. Select the best response to the question or statement and mark the letter (A), (B), or (C) on your answer sheet.

Sample Answer

Example

You will hear: Where is the meeting room?

You will also hear: (A) To meet the new director.
(B) It's the first room on the right.
(C) Yes, at two o'clock.

The best response to the question "Where is the meeting room?" is choice (B), "It's the first room on the right," so (B) is the correct answer. You should mark answer (B) on your answer sheet.

PART 2
指示文：英語で話される質問文または平叙文と 3 つの応答を聞いてください。それらの文と応答はテストブックには印刷されておらず，読まれるのは 1 度だけです。質問文または平叙文に対してもっとも適切な応答を選び，アンサーシートに (A), (B), (C) のいずれかをマークしてください。

例文を聞いてください：会議室はどこですか。

続いて聞いてください：(A) 新しい部長に会うためです。
(B) 右に行ってすぐの部屋です。
(C) はい，2 時にです。

「会議室はどこですか」という質問に対する適切な応答は，選択肢 (B)「右に行ってすぐの部屋です」ですから, (B) が正答です。アンサーシートに正答 (B) をマークしてください。

この後，設問 No. 11 が始まります。疑問文，平叙文と 3 つの英文選択肢が読み上げられてから次の設問に移行する間に 5 秒のポーズがあります。この間に即決で解答します。Parts 3-4 では設問（と選択肢）を先読みすることで，次問で聞き取るべきポイントを先につかむことができますが，応答問題では設問も選択肢もテストブックに印刷されていないため，次の設問で聞き取るポイントをあらかじめ絞り込むことができません。解答後数秒の残り時間は【一瞬の休息 ➪ 次の設問に向けて集中】というペース配分が効果的です。

基本的な解き方は次のようになります。

① 疑問文，平叙文を注意深く聞く。

② 全体的な意味を理解し，自分なりの応答を考えてみる。

③ 3 つの選択肢それぞれを聞くたびに正答，誤答を即決して，正答選択肢にマークする。

④ 自信を持って正答と判断できない場合は，正答候補としてその選択肢に鉛筆を置いたまま，残る選択肢を聞いたうえで判断する。

応答問題で読み上げられる疑問文，平叙文は短い文で5-6語，長いものでも13-15語です。あっという間に終わりますので，できるだけ聞き逃さないようにします。30問のうち21-24問は冒頭部分をしっかり聞き取れば正答できますので，**最初の部分の聞き取りに神経を集中します。**

設問文も応答も短いために気が抜けず，かなりの集中力を必要とします。よく聞き取れなかった設問の解答が頭から抜けず，次の設問が始まっているのにまだ前問を考えてしまって，結局2問を失ってしまった――こうした失敗が意外と多いものです。すでに終わった設問を考えても正答できる可能性は低いですし，次の問題もまた聞き逃してミスを重ねてしまうという最悪のパターンに陥りかねません。**解答をマークしたら，終わった設問のことは忘れて，次の設問に集中しましょう。**

応答問題全体に関して注意すべきことがひとつあります。設問文は自然な流れの会話から対話の一部を切り取った形式であるため，**いわゆる「英会話」のパターンどおりの応答にはならない場合が多いのです。**

例えば，Why ...? で始まる疑問文に対して，Because ... で答える選択肢が正答になることは意外と少なく，不定詞などで始まり，目的や理由を述べる応答が正答であることが多くなっています。Who ...? で始まる疑問文なのに，人名が正答にならないことも珍しくありません。

応答問題が苦手だという場合，設問文は聞き取れても，選択肢が「型」どおりの応答ではないために正答がわからないことが多いようです。有効な対策は，疑問文，平叙文が流れてから選択肢 (A) が読まれるまでの数秒間に「自分ならどう答えるか」を考えてみることです。そうすると，「型」にはまらない自然な応答が頭に浮かんでくるはずです。それを考慮したうえで選択肢を聞くことが効果的です。

慣れないうちは3つの選択肢を最後まで聞いて「消去法」で正答を選ぶことも多いかと思います。応答問題は練習の効果が明確に現れ，スコアアップに直結するパートです。練習を繰り返して得点源にしましょう。

目標正答数

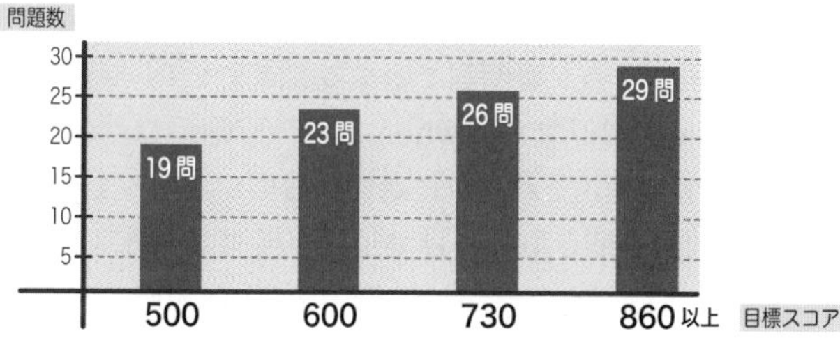

出題パターン

応答問題の出題パターンは①疑問詞疑問文（Wh-/How で始まる），② Yes/No 疑問文，③選択疑問文（A or B），④依頼文・提案文，⑤ひっかけ疑問文（否定疑問文，付加疑問文など），⑥平叙文，⑦キーワードを利用したひっかけの 7 つに分かれます。

2 疑問詞疑問文

30問のほぼ半数を占めるのが疑問詞で始まる疑問文です。who は「人」，what は「何か」「何を」, where は「場所」, when は「時」, why は「理由」, how は「方法」「程度」を問いますので，それぞれに適切に対応する応答を選びます。疑問詞疑問文は，冒頭の疑問詞を聞き取るだけで正答が推測できる，あるいは誤答を消去できるので，冒頭の疑問詞をしっかり聞き取ることが大切です。

▼ Practice

Disc 1 ····· 10

1. Mark your answer on your answer sheet. Ⓐ Ⓑ Ⓒ

2. Mark your answer on your answer sheet. Ⓐ Ⓑ Ⓒ

3. Mark your answer on your answer sheet. Ⓐ Ⓑ Ⓒ

4. Mark your answer on your answer sheet. Ⓐ Ⓑ Ⓒ

▼ Answer Key

1.

Disc 1 ····· 10 正答：(B)

Who is meeting Ms. Ropes at the airport?
(A) At Gate 7.
(B) I think Mr. Lee is.
(C) Her arrival time is 12 o'clock.

だれがロープスさんを空港で出迎えるのですか。
(A) 7 番ゲートでです。
(B) リーさんだと思います。
(C) 彼女の到着時刻は 12 時です。

解き方 Who で始まる質問に対して Mr. Lee という人名で答えている (B) が正答です。すなおで基本的な設問です。(A) は場所，(C) は時刻を答えています。

語 句 □ meet ... at the airport「～を空港で出迎える」 □ arrival time「到着時刻」

2.

Disc 1 ····· 10 正答：(C)

How do you like working in the advertising department?
(A) I'd like to place some orders.
(B) No, I've never worked in other departments.
(C) Everyone's quite open and hardworking.

広告部での仕事はどうですか。
(A) 注文をいくつかお願いします。
(B) いえ，他の部署で働いたことはありません。
(C) 皆とても気さくで，仕事熱心です。

解き方 How do you like ...? は「～をどう思うか」「～はどうですか」と感想を求める表現です。最近広告部で働き始めた人に対してその感想を聞いているわけです。広告部のスタッフについて述べている (C) が正答です。(A) は，advertising から連想される orders（注文）をひっかけに用いています。(B) は，自分が働いている部署についての感想としては意味が成立しません。また，疑問詞疑問文に対して No, ... で答えているところからすぐに誤答と判断できます。

語 句 □ advertising department「広告部，宣伝部」 □ place an order「発注する」 □ hardworking「勤勉な，よく働く」

3. Disc 1 …… 10 正答：(A)

When is the construction scheduled to be completed?
(A) At the end of this month.
(B) In the supervisor's office.
(C) It's right across from here.

その建設はいつ完了する予定ですか。
(A) 今月末です。
(B) 上司のオフィス内です。
(C) ここの真向かいにあります。

解き方 When で始まり，建設が完了する予定を尋ねています。今月末という具体的な期日を応答している (A) が正答です。(B) は場所を答えているので誤りです。(C) は道案内をする場合によく使われる表現で，「ここの真向かいにある」「ここから通りを渡ったところにある」という意味です。

語句
□ construction「建設」 □ be scheduled to *do*「～する予定である」
□ complete「～を完了する」 □ at the end of ...「～の終わりに」
□ supervisor「上司，監督者」 □ right across from ...「～の真向かいに」

4. Disc 1 …… 10 正答：(C)

Why didn't you prepare more handouts?
(A) Yes, I was quite interested in them.
(B) He failed to submit the document.
(C) I never expected so many people.

どうして資料をもっと多めに用意しなかったのですか。
(A) はい，それらにとても興味を持ちました。
(B) 彼がその文書を提出できなかったのです。
(C) これほど多くの人が来るとは思わなかったのです。

解き方 直訳すれば「これほど多くの人を予期しなかった」という意味の (C) が正答です。予想以上に多くの人々が来たために資料が足りなくなったと言っているわけです。Why で理由を尋ねていますが，応答が必ずしも Because で始まらないことに注意します。(A) は設問文に対応しない応答です。(B) は設問文の handouts（配布資料）から連想される document（文書）という語をひっかけに用いています。「自分が資料をもっと多く用意しなかった」理由として「彼が文書を提出できなかった」は適切ではありません。

語句
□ prepare「～を用意する」 □ handout「資料」
□ be interested in ...「～に興味がある」 □ fail to *do*「～し損ねる」
□ submit「～を提出する」 □ document「書類」 □ expect「～を予期する」

3 Yes/No 疑問文

30 問中 7-8 問，つまり疑問詞疑問文以外の設問の約半数を占めているのが，基本的に Yes または No で答えられる Yes/No 疑問文です。設問文は be 動詞や助動詞で始まるので，やはり冒頭をしっかり聞き取ることが大切です。一方，Yes または No で始まる選択肢が必ずしも正答ではないことに注意します。応答問題のやりとりは日常の自然な会話を部分的に切り取った内容です。例えば Did you get some milk for me?—Oh, I forgot!（ミルクを買ってきてくれた？—あっ，忘れた！）が自然なやりとりであって，必ずしも No, I didn't. で答えるとは限りません。要は，設問文に対して自然な流れになる応答文を選ぶことが重要です。

Yes/No 疑問文に対する正しい応答の基本形は肯定（Yes），否定（No），そして保留（I don't know. など）です。前者 2 つの場合は Yes/No を略して答えることも少なくありません。保留する場合には I don't know. のほか，Why not ask Steve?（スティーブに尋ねたら？）や It's not decided yet.（まだ決まっていません），We'll see tomorrow.（明日になればわかります）のように，即答できないことを伝える表現を用いることになります。

▼ Practice

Disc 1 ····· 11

5. Mark your answer on your answer sheet. Ⓐ Ⓑ Ⓒ

6. Mark your answer on your answer sheet. Ⓐ Ⓑ Ⓒ

7. Mark your answer on your answer sheet. Ⓐ Ⓑ Ⓒ

8. Mark your answer on your answer sheet. Ⓐ Ⓑ Ⓒ

▼ Answer Key

5.

Disc 1 ····· 11 正答：(A)

Did you know Ms. Anderson resigned as CFO?
(A) Alice told me this morning.
(B) I don't know her address.
(C) No, we don't have enough time.

アンダーソンさんが最高財務責任者を辞任したことをご存じでしたか。
(A) はい，アリスがけさ教えてくれました。
(B) 彼女の住所は知りません。
(C) いいえ，あまり時間がありません。

解き方 Did you ...? で始まる疑問文ですから，肯定（Yes），否定（No），保留の3通りの応答が可能です。(A) が正答です。「～を知っていたか」という質問に対して「アリスが私に話してくれた＝アリスから聞いて知っている」という自然な流れの応答になっています。Yes/No 疑問文の応答は必ずしも Yes/No で始まらないことに注意します。(B) は，設問文中の know をそのまま繰り返してひっかけをねらっています。(C) は，「会場へ行く前に，お茶でも飲んで行きましょうか」といった設問文に対してであれば適切な応答です。

語 句 □ resign as ...「～の職を辞する」
□ CFO「最高財務責任者」（＝chief financial officer） □ address「住所」

6.

Disc 1 ····· 11 正答：(C)

Are you meeting the client you talked about today?
(A) No, for five days.
(B) His file is in the cabinet.
(C) Yes, at three in the lobby.

話していた例の顧客と今日会うのですか。
(A) いいえ，5日間です。
(B) 彼のファイルはキャビネットに入っています。
(C) はい，3時にロビーで。

解き方 the client の後の you talked about をカッコに入れて考えると，設問文の意味が明確になります。Are you meeting ...? という現在進行形で未来を表し，近くに迫った予定について質問していることに注意します。(A) は期間を答えているので誤りです。(B) は会話とは関係のないファイルについて答えているので誤りです。(C) が正答です。まず肯定して，会う時間と場所の情報を加えています。

語 句 □ client「顧客」 □ file「ファイル」 □ cabinet「棚，キャビネット」

7.

Disc 1 ····· 11　**正答：(A)**

Have you finished the report on the Mildred account?
(A) Yes, I e-mailed it to Adrian.
(B) Thank you, but I already read it.
(C) No, in fact I didn't have any.

ミルドレッド社との取引に関する報告書は書き終えましたか。
(A) はい。エイドリアンにメールで送りました。
(B) ありがとう，でももう読みました。
(C) いいえ，実はまったく持っていませんでした。

解き方 Have you finished ...? という現在完了形を用いて「～をすませましたか」と質問しています。「もう書き終えてエイドリアンにメールで送りました」というすなおな応答の (A) が正答です。(B) は，Would you like to read this book?（この本を読みたいですか），I can lend you this book, if you like.（よかったら，この本をお貸ししますよ）などに対する応答です。設問文中の report につられて選択しないように注意します。(C) は，設問文の Have you ...? にひっかけて，have を「～を持つ」という意味に用いた誤答です。

語　句 □ finish「～を仕上げる」 □ account「取引，口座」 □ already「すでに」
□ in fact「実際には」

8.

Disc 1 ····· 11　**正答：(C)**

Would you support Kim's new proposal?
(A) I didn't propose the plan myself.
(B) No, she turned it down for some reasons.
(C) Well, that depends on the budget it requires.

キムの新しい提案を支持なさいますか。
(A) 私が自分でその計画を提案したわけではありません。
(B) いいえ，理由があって彼女は断りました。
(C) それにかかる予算によりますね。

解き方 Would you ...? はここでは「～なさるつもりですか」と相手の意向を尋ねる言い方です。(A) は設問文にある proposal（提案）の動詞形 propose（～を提案する）を用いて，ひっかけをねらっています。(B) は proposal には「結婚の申し込み」(＝marriage proposal）の意味もあることにひっかけた誤答です。文脈から多義語の適切な意味を判断する必要があります。「支持するかどうかはかかる予算によって決めます」と答えている (C) が正答です。That depends.（時と場合によります，状況次第です）という意味の慣用表現も覚えておきましょう。

語　句 □ support「～を支持する」 □ proposal「提案」
□ propose「～を提案する，申し出る」 □ turn down ...「～を断る」
□ depend on ...「～次第である」

4 選択疑問文

「ランチは外で食べたいか，社内で食べたいか」「朝早く来て仕事をするか，それとも残業するか」など，A or B? の二者択一を求めるのが選択疑問文です。選択疑問文は 3 つに分かれます。

1. 《語句＋ or ＋語句》型

2 つの語句を or で結んで問いかける疑問文。比較的容易に解けます。

● Would you like to read my report now **or** later?
（私の報告書は今お読みになりますか，それとも後になさいますか）

2. 《節＋ or ＋節》同一主語型

主語が同じ 2 つの節を or で結んで問いかける疑問文。主語は同じでも，助動詞などが異なります。

● Would you like to work earlier tomorrow **or** can you stay late tonight?
（明日早めに仕事にかかりますか，それとも今夜遅くまでいられますか）

3. 《節＋ or ＋節》異なる主語型

主語が異なる 2 つの節を or で結んで問いかける疑問文。

● Are you coming to pick up the form **or** shall I bring it to you later?
（申請書を取りにいらっしゃいますか，それとも私がのちほどお届けしましょうか）

▼ Practice　　Disc 1 …… 12

9. Mark your answer on your answer sheet.　Ⓐ Ⓑ Ⓒ

10. Mark your answer on your answer sheet.　Ⓐ Ⓑ Ⓒ

11. Mark your answer on your answer sheet.　Ⓐ Ⓑ Ⓒ

12. Mark your answer on your answer sheet.　Ⓐ Ⓑ Ⓒ

▼ Answer Key

9.

Disc 1 …… 12 正答：(B)

Should we make the Q and A session shorter **or** not?

(A) Both players are quite tall and speedy.

(B) Many attendees are coming, so leave it as it is.

(C) The discussion was too long.

質疑応答時間はもっと短くすべきでしょうか，それともこのままにしますか。

(A) 両選手ともとても背が高くて動きが速いです。

(B) 参加者が多いので，変更しないでください。

(C) 話し合いは長すぎました。

解き方 (A) は short には「背が低い」という意味もあることにひっかけて，tall（背が高い）を用いています。(B) は「参加者が多いので，質疑応答の時間は短縮しないでください」という意味で，正答です。(C) は「話し合いは長すぎた」と応じていますが，二者択一に対する応答になっていません。

語 句 □ Q and A session「質疑応答時間」
＊正式には a question-and-answer session という。
□ quite「かなり」 □ attendee「参加者」 □ leave it as it is「変更しないでおく」

10.

Disc 1 …… 12 正答：(C)

Was the boss happy with our plan, **or** should we reconsider it?

(A) He's already on the waiting list.

(B) I'll take care of it by next Monday.

(C) It was approved with some comments.

上司はその計画が気に入りましたか，それとも再検討しなくてはいけませんか。

(A) 彼はすでに待機者リストに載っています。

(B) 来週の月曜日までに処理します。

(C) 意見付きで承認されました。

解き方 主語も内容も異なる 2 文を or で結び，どちらかを選択させる問題です。or の前は the boss を主語にして計画が気に入ったかどうかを尋ね，or の後は we を主語にして計画を再検討する必要があるかどうかを尋ねています。(A) は設問文とは関係がない応答です。(B) は「次の月曜日までに処理します」という期限を答えています。選択疑問文は特に後半が印象に残りやすいため，We have to reconsider it by next Monday.（次の月曜日までに再検討しなくてはならない）と誤解しないようにしましょう。(C) は「意見付きではあるけれども承認されました」，つまり「上司は気に入りました」と答えているので正答です。

語 句 □ be happy with ...「～を気に入る，～で喜ぶ」 □ reconsider「～を再検討する」
□ take care of ...「～を処理する」 □ approve「～を承認する」

11.

Disc 1 …… 12 正答：(B)

Can you finish it in 30 minutes, **or** do you need more time?
(A) I didn't need to kill time.
(B) I could use another hour.
(C) I must leave it here.

あと 30 分で終わりますか，それとももっと時間が必要ですか。
(A) 時間をつぶす必要はありませんでした。
(B) あと 1 時間ほしいのですが。
(C) それはここに置いておかなくてはなりません。

解き方 あと 30 分で仕上げられるか，それとももっと時間がかかるかを尋ねています。(A) は設問文の more time とのひっかけをねらったもので，設問文に対する答えになっていません。(B) が正答です。could use ... は「～がもらえるとありがたい，～があれば助かるのだが」という意味です。(C) の leave は「～を置いていく，残す」という意味です。

語 句 □ kill time「時間をつぶす」 □ could use ...「～を必要としている」

12.

Disc 1 …… 12 正答：(A)

Are you supposed to pick him up, **or** is Tony coming here?
(A) I'm going to get him at the station.
(B) Please come here by 10 o'clock.
(C) Yes, Tony gave me a drive.

あなたが彼を迎えにいくことになっているのですか，それともトニーが来るのですか。
(A) 私が駅まで迎えにいきます。
(B) 10 時までにここへ来てください。
(C) はい，トニーが車で送ってくれました。

解き方 設問文は，主語も内容も異なる文を or で結んで二者択一を求めています。(A) は「私が駅へ迎えにいくつもりです」と答えているので正答です。この be going to *do* は予定を表します。(B) は質問者に対して「10 時までにここへ来るように」と言っているので，設問文に対する応答になりません。(C) は Tony を繰り返していますが，「トニーが車で送ってくれました」という意味なので設問文に対応しません。

語 句
□ be supposed to *do*「～することになっている」
□ pick up ...「～を（車などで）迎えにいく」
□ give *someone* a drive「～を車で送る」

5 依頼文・提案文

この出題パターンは，形式上は疑問文でも相手に質問しているのではなく，相手に対する依頼や提案を意味するものです。Would you ...? (～なさいますか，～していただけますか)，Could you ...? (～なさいますか，～していただけますか)，Why don't you ...? (～してはどうですか，～しますか)，Why don't we ...? (～しませんか，～してはどうですか)，How about ...? (～はどうですか)，Would you mind ...? (～していただけますか) などの定型表現が用いられます。

一方，応答は受諾，理由を述べて断る，保留の3通りに分かれます。Certainly. (承知しました)，I'm afraid not because ... (～なので無理です)，I'll see what I can do. (できるかどうか考えてみます) などが代表的なものです。

▼ Practice

Disc 1 ····· 13

13. Mark your answer on your answer sheet. Ⓐ Ⓑ Ⓒ

14. Mark your answer on your answer sheet. Ⓐ Ⓑ Ⓒ

15. Mark your answer on your answer sheet. Ⓐ Ⓑ Ⓒ

16. Mark your answer on your answer sheet. Ⓐ Ⓑ Ⓒ

▼ Answer Key

13.

Disc 1 ····· 13 正答：(B)

Excuse me, but **could you** pass me the stapler, please?
(A) There was still some glue left.
(B) Sure, here you are.
(C) Too bad you got passed over for a promotion.

すみませんが，ホチキスを取っていただけますか。
(A) まだ接着剤が残っていました。
(B) もちろん，はいどうぞ。
(C) あなたが昇進を見送られたとは残念です。

解き方 Could you ...? と Would you ...? はていねいな依頼文の代表格です。(A) は応答文としては誤りですが，「～が残っている」という意味での left の使い方が重要です。There's little stationery *left*.（便せんはほとんど残っていない）や Is there any toner *left*?（トナーは残っていますか）なども一緒に覚えましょう。(B) が正答です。Sure は，何か頼まれたときに「いいですよ」と引き受ける場合の決まり文句で，No problem. もよく使われます。Here you are. は，何かを手渡すときに「はい，どうぞ」という意味で用いる表現です。(C) は設問文のキーワード pass（～を手渡す）を用いたイディオム get passed over for ...（～を見送られる）をひっかけに用いています。

語句
□ pass「～を手渡す」 □ stapler「ホチキス」 □ glue「接着剤」
□ Too bad (that) ...「～はとても残念である」
□ get passed over for ...「～を見送られる」

14.

Disc 1 ····· 13 正答：(C)

How about checking in before going to the conference center?
(A) I prefer staying in the conference room.
(B) Yes, the center is closed from twelve to one-thirty.
(C) Good idea. My luggage is too heavy.

会議場へ行く前にチェックインしてはどうでしょうか。
(A) 会議室に留まるほうがいいです。
(B) はい，センターは12時から1時半まで閉まっています。
(C) よい考えですね。荷物が重すぎますから。

解き方 How about ...? は「～してはどうですか」と提案，勧誘する場合に用いる表現です。この設問文のように動詞を続ける場合は動名詞を用います。名詞を続ける場合は How about *a drink or two* tonight?（今夜軽く飲みませんか）のように用います。会議場へ行く前にチェックインしないかと提案しているので，Good idea.（いい考えですね）と応じている (C) が正答です。チェックインすることで重い荷物から解放されると言っているわけです。(A) は設問文中の conference center にひっかけて conference room を用いています。(B) はセンターが閉まる時間を答えており，提案に対応しません。

語 句 □ check in「(ホテルに) チェックインする」＊飛行機の搭乗手続きをすることや荷物を預けることにも使う。 □ conference「会議」 □ be closed「閉まっている」
□ luggage「荷物」＊不可算名詞であることに注意。

15.

Disc 1 …… 13 正答：(B)

Would you mind giving me a hand carrying this ladder?	このはしごを運ぶのを手伝っていただけますか。
(A) Yes, you've been helpful.	(A) はい，おかげで助かっています。
(B) Sure, just a sec.	(B) いいですよ，ちょっと待ってくださいね。
(C) I wouldn't be surprised.	(C) 思ったとおりですね。

解き方 Would you mind ...? は「～していただけますか」というていねいな依頼の表現です。動詞 mind は「～を気にする」という意味ですので，返答に Yes を用いると「気にする＝いやだ」となります。正答の (B) にある Sure. や No, of course not. / Not at all. / Certainly. / No problem. などが快く引き受ける場合の応答になります。逆に断るのであれば，Yes, I do (mind). / I'd rather you didn't. / I'm sorry I can't. などを用います。(A) は助けられた側の応答です。(C) は，相手の話を聞いて「驚かない，思ったとおりだ」という意味で使われます。

語 句 □ give *someone* a hand「～を手伝う」 □ ladder「はしご」
□ Just a sec.「少し待ってください」＊ sec＝second

16.

Disc 1 …… 13 正答：(C)

Can I get you something to eat?	何か食べるものを買ってきましょうか。
(A) He's in the cafeteria.	(A) 彼はカフェテリアにいます。
(B) You need to confirm it.	(B) それを確認する必要があります。
(C) Actually, I'm starving.	(C) 実はお腹がぺこぺこなのです。

解き方 Can I get you ...? は「あなたに～を持って［買って］きましょうか」と申し出る表現です。パーティーなどで Can I get you something? と言えば「飲み物［軽食］を取ってきましょうか」という意味になります。応答としては (C) の「空腹です」が正答です。(A) は something to eat から連想される cafeteria を用いてひっかけをねらっています。(B) は申し出に対する応答として成立しません。

語 句 □ cafeteria「カフェテリア，食堂」 □ confirm「～を確認する」
□ actually「実際のところ」 □ starving「空腹で」

6 ひっかけ疑問文

この出題パターンはDon't you ...? などで始まる否定疑問文，You can check on the schedule, can't you? のような付加疑問文など，形のうえでまぎらわしい疑問文です。否定疑問文，付加疑問文は，どちらも「〜ですよね」と相手に同意，確認を求める表現です。このタイプの設問ではYes/Noで始まる選択肢が正答になる確率が高くなっています。英語の基本としてYesの後には肯定的な内容が続き，Noの後には否定的な内容が続くというルールを覚えておきましょう。解答に際しては設問文中の否定語の存在にまどわされず，全体として伝えている「内容」に適切に対応する選択肢を選びます。

▼ Practice

Disc 1 ····· 14

17. Mark your answer on your answer sheet. Ⓐ Ⓑ Ⓒ

18. Mark your answer on your answer sheet. Ⓐ Ⓑ Ⓒ

19. Mark your answer on your answer sheet. Ⓐ Ⓑ Ⓒ

20. Mark your answer on your answer sheet. Ⓐ Ⓑ Ⓒ

▼ Answer Key

17.

Disc 1 …… 14 正答：(A)

Aren't you leaving for Malaysia today?
(A) Actually, the trip was canceled.
(B) No, thanks. I'm full.
(C) Yes, I had a good time there.

今日マレーシアへ発つのですよね。
(A) 実は旅行はキャンセルになりました。
(B) いいえ，ありがとう。もう十分にいただきました。
(C) ええ，現地ではとても楽しかったです。

解き方 be 動詞の否定形で始まる疑問文です。Are you ...? で始まる疑問文には問題なく対処できるのに，Aren't you ...? のように否定形で始まるととまどう学習者も多いようです。質問する側からすると，否定形を用いることで軽い驚きや非難の気持ちを表すこともありますが，答える側からすれば応答は肯定疑問文の場合と同じです。Are you leaving for ...? と問われても，Aren't you leaving for ...? と問われても，出発するなら Yes，出発しないなら No と答えるのが基本になります。「実は旅行はキャンセルになりました」，つまり今日は出発しないと答えている (A) が正答です。No が省略されていることに注意します。(B) は，お代わりを勧められて「もう十分にいただきました」と断るときの表現です。(C) は肯定する応答ですが，「現地では楽しみました」と過去時制になっているので，設問文に対応しません。

語 句 □ leave for ...「～に向けて出発する」 □ cancel「～をキャンセルする」
□ have a good time「楽しい時間を過ごす」

18.

Disc 1 …… 14 正答：(B)

Didn't you tell me you confirmed our flight reservations?
(A) Yes, until around May 5th.
(B) No, I called the agency but it was already closed.
(C) No, I don't know who reserved our tickets.

私たちのフライトの予約を確かめたと言っていませんでしたか。
(A) はい，5月5日ごろまでです。
(B) いいえ，代理店に電話をかけましたがすでに営業が終わっていたのです。
(C) いいえ，だれが切符の予約をしたかは知りません。

解き方 この設問文は Did you tell me ...? でも，Didn't you tell me ...? でも，確認したのであれば Yes，しなかったのであれば No が基本の応答になります。「代理店に電話は入れたが，すでにその日の営業を終えていた」，つまり「確認できなかった」と答えている (B) が正答です。(A) は日付を示して「～ごろまでずっと」という継続を表す応答ですから誤りです。(C) は，だれが予約をしたかは設問文とは関係がありません。文中の reservations につられて選ばないようにしましょう。

語 句 □ confirm「～を確認する」 □ reservation「予約」 □ agency「代理店」
□ reserve「～を予約する」

19.

Disc 1 …… 14　正答：(C)

Ms. Perez is giving a briefing on the new product next week, **isn't she**?
(A) Yes, but I hope it's not very old.
(B) No, they aren't coming next week.
(C) That's right. We are expecting exciting news.

ペレスさんが，来週新製品の説明を行うのですよね。
(A) はい，ただ，あまり古くないものだとよいのですが。
(B) いいえ，彼らは来週来る予定ではありません。
(C) そうです。わくわくする知らせを期待しています。

解き方　Ms. Perez is ... で始まり，最後に ... isn't she? で終わる付加疑問文です。... isn't she? は相手に同意，確認を求めるために付け加えられたもので，応答には影響しません。説明を行うのであれば Yes，行わないのであれば No が基本の応答です。どちらかわからない場合であれば I don't know. / I'm not sure. と答えればよいでしょう。(A) は設問文中の new product に対して old という形容詞を用いていますが，設問文に対する応答になっていません。(B) は they がだれを指しているのか不明です。next week につられないようにします。正答である (C) の We are expecting exciting news. は,「わくわくするような発表を期待している[待っている]」という意味で，きわめて自然な応答です。

語　句　□ briefing「状況［背景］説明，簡単な報告」　□ product「製品」
□ expect「～を期待する，待つ」

20.

Disc 1 …… 14　正答：(A)

You haven't seen Justin since the lunch meeting, **have you**?
(A) No, I don't think he's in.
(B) I hope he did well on his presentation.
(C) Yes, I had lunch with my client today.

昼食会議の後，ジャスティンを見かけていないですよね。
(A) いいえ，彼は不在だと思います。
(B) 彼のプレゼンテーションがうまくいったのならいいですね。
(C) はい，私は今日，顧客と昼食をとりました。

解き方　現在完了形を用いた付加疑問文です。付加疑問文は同意，確認を求める表現ですから，見かけたのであれば Yes，見かけていないのであれば No が基本の応答です。正答の (A) にある he's in は「社内（など）にいる」という意味です。(B) は設問文の the lunch meeting から連想される presentation を用いてひっかけをねらっています。(C) は，自分の昼食の相手を答えているので，設問文に対応しません。

語　句　□ lunch meeting「昼食をとりながらの会議」　□ do well on ...「～をうまくやり抜く」

7 平叙文

応答問題では，疑問文以外に平叙文も3-5問程度出題されます。日常のコミュニケーションでは，相手の質問に対して応答するだけでなく，相手のなにげない発言に対して，その意図を察して適切な言葉を返す必要があります。いくつか例を挙げましょう。

- Fancy meeting you here!—Yes, it's a small world.
  （こんなところで会うなんて！—ほんと，世間は狭いですね）
- This room is stuffy.—I'll open the window.
  （この部屋は風通しが悪いですね—窓を開けましょう）
- We need to update our customer records more often. —Jason will take care of it.
  （顧客記録をもっと頻繁に更新する必要があります—ジェイソンがやります）

平叙文問題では，発言を聞いたらすぐにその場面，状況を頭の中に描きます。そして自分ならどのように答えるかを考えたうえで選択肢を聞くことが大切です。

▼ Practice

Disc 1 …… 15

21. Mark your answer on your answer sheet. Ⓐ Ⓑ Ⓒ

22. Mark your answer on your answer sheet. Ⓐ Ⓑ Ⓒ

23. Mark your answer on your answer sheet. Ⓐ Ⓑ Ⓒ

24. Mark your answer on your answer sheet. Ⓐ Ⓑ Ⓒ

▼ Answer Key

21.

Disc 1 ····· 15 正答：(A)

I'm looking forward to working with you.
(A) So am I.
(B) Yes, our effort was rewarded.
(C) Did you check the file cabinet?

あなたと仕事をすることを楽しみにしています。
(A) 私もです。
(B) はい，私たちの努力は報われました。
(C) ファイルキャビネットを調べましたか。

解き方 平叙文の頻出パターンとして，I found this book very useful for my job.（この本は私の仕事に役立ちました）/ Everyone was impressed by your speech.（だれもがあなたのスピーチに感動していました）のように，自分の考え，感想，意見を述べる発言があります。この設問文もそのひとつです。「一緒に仕事をすることを楽しみにしている」という自分の気持ちを述べていますから，それに対する応答として，「自分も同じ気持ちです」と応じている (A) が正答です。So am [do / did] I. は「私もそうです［でした］」，Neither am [do / did] I. は「私も違います［ました］」という意味で，いずれも倒置構文を用いることに注意します。(B) は，過去の事実を述べる応答ですから，今後の仕事への期待を述べる設問文に適切に対応しません。(C) は設問文中の look forward to ...（〜を楽しみに待つ）ではなく look for ...（〜を探す）に対応する応答ですから誤答です。

語 句 □ look forward to ... 「〜を楽しみに待つ」 □ effort「努力」
□ reward「〜に（金銭で）報いる」 □ check「〜を探す，調べる」

22.

Disc 1 ····· 15 正答：(B)

Please feel free to call me if you have questions.
(A) I'm sorry to have kept you waiting.
(B) Thank you, I will.
(C) All right. I await your call.

質問があれば，遠慮なく電話してください。
(A) お待たせして申し訳ありませんでした。
(B) ありがとう，そうします。
(C) わかりました。お電話をお待ちしています。

解き方 平叙文問題では，相手に何かを申し出たり厚意を示す設問文もよく出題されます。この文では「質問があれば，いつでも電話してください」と親切に申し出ており，(B) が正答です。(A) は，相手を待たせたことを詫びる表現ですから，設問文に対応しません。(C) は「電話をいただけるのを待っています」という表現ですから，これも適切な応答になりません。

語 句 □ feel free to *do*「自由に〜する，遠慮なく〜する」
□ await「〜を待つ」（= wait for ...）

23.

Disc 1……15 正答：(C)

I didn't know you changed the place of the meeting.
(A) Don't mention it.
(B) No, it should be in the closet.
(C) Didn't you get my e-mail?

会議の場所を変更なさったとは知りませんでした。
(A) どういたしまして。
(B) いいえ，クロゼットにあるはずです。
(C) 私のメールを受け取らなかったのですか。

解き方 否定表現もよく出題される重要なパターンです。「場所が変更になったことを知らなかった」という設問文に対する応答として，「メールでお知らせしましたが，受け取らなかったのですか」と質問で返している (C) が正答です。(A) は Thank you. に対して You are welcome. / No problem. などと同じように「どういたしまして」という意味で使われる慣用表現です。(B) は the place of the meeting と closet の混同をねらっています。

語 句 □ the place of the meeting「会議の開催場所」
□ mention「～について言及する，～を述べる」

24.

Disc 1……15 正答：(A)

Our president is going to announce his restructuring plan next Monday.
(A) I hear it'll be quite drastic.
(B) Our maintenance team has restored the data.
(C) Did he, really?

社長が再建案を来週月曜日に発表します。
(A) かなり思い切った内容になるそうです。
(B) メインテナンス部がデータを復旧しました。
(C) 彼がそうしたのですか，本当に？

解き方 平叙文問題のもうひとつの重要パターンが情報提供型です。この設問文のように，いつ・どこで・だれが（何が）・どうする（起こる）という情報を伝える文，あるいは発言者から見た事実を伝える文などです。(A) が正答で，it は his restructuring plan を指し，drastic（思い切ったものである）と人から聞いたという応答になっています。(B) は応答として成立しません。(C) は，「本当ですか」と驚きを表現する場合によく使われる表現ですが，did になっていますので過去の出来事に対して使います。設問文には対応しません。

語 句 □ announce「～を発表する」 □ restructuring plan「再建策」
□ I hear ...「～と聞いている，～だそうですね」 □ drastic「思い切った，抜本的な」
□ maintenance team「メインテナンス部」 □ restore「～を復旧する，取り戻す」

8 キーワードを利用したひっかけ

英語の文は，内容語（名詞，動詞，形容詞，副詞）と機能語（代名詞，前置詞，接続詞，関係詞など）で構成されます。口語では，内容語は強勢を置いて強く発音されます。機能語は基本的に強勢を置かないので，弱く，不明瞭に発音されます。ここで言う「キーワード」とは内容語のことです。内容語は強く，はっきりと発音されるため，聞く人の記憶に残りやすいのです。応答問題ではこれを逆手に取って，設問文中の記憶に残りやすい語（特に名詞，固有名詞，動詞，形容詞）を誤答選択肢の中で繰り返して，設問文の意味を正しく理解していない受験者をひっかけます。設問文中に含まれている語句をそのまま繰り返している選択肢はかなりの確率で誤答です。

▼ Practice Disc 1 …… 16

25. Mark your answer on your answer sheet. Ⓐ Ⓑ Ⓒ

26. Mark your answer on your answer sheet. Ⓐ Ⓑ Ⓒ

27. Mark your answer on your answer sheet. Ⓐ Ⓑ Ⓒ

28. Mark your answer on your answer sheet. Ⓐ Ⓑ Ⓒ

▼ Answer Key

25.

Disc 1 ····· 16 正答：(C)

Why do you think this video projector is better than that one?
(A) Because our project is moving faster.
(B) Its sales projection has been raised.
(C) It has higher resolution and uses less energy.

なぜ，このビデオプロジェクターがあれよりよいと思うのですか。
(A) 私たちのプロジェクトのほうが進行が速いからです。
(B) それの売り上げ予測は引き上げられました。
(C) 解像度が高くて，使用電力が少ないからです。

解き方 キーワードを用いたひっかけの代表が，設問文中の語句と音の似た語句を選択肢に用いることでひっかけをねらうものです。設問文の projector につられて，(A) の project（プロジェクト），(B) の projection（予測）にひっかからないように注意します。(C) が正答です。「高解像度と省エネルギー」という明確な理由を述べています。

語 句 □ video projector「ビデオプロジェクター」 □ project「プロジェクト，企画」 □ sales projection「売り上げ予測」 □ raise「～を引き上げる」

26.

Disc 1 ····· 16 正答：(B)

I think we should hire more qualified people.
(A) Because of higher demand for the new model.
(B) How many are needed?
(C) Yes, you look tired these days.

有資格者をもっと採用するべきです。
(A) 新機種への需要がさらに高いからです。
(B) では，何人必要ですか？
(C) ええ，このところお疲れの様子ですよ。

解き方 同音異義語，類音語を用いてひっかけをねらっている設問です。(A) では hire（～を採用する）と higher をひっかけています。単語そのものは同じ音ですから，文脈から意味の違いを判断しなければなりません。設問文は more qualified people（もっと多くの有資格者）を hire すべきだと言っていますから，採用に関する発言とわかります。「さらに高い需要」とは関係ありません。(B) が正答です。「有資格者を採用するとすれば，何人必要ですか」という質問で答えています。(C) は音の似た hire と tired（疲れた）をひっかけています。

語 句 □ qualified「資格がある，適任の」 □ demand「需要」 □ tired「疲れた」

27.

Disc 1 ····· 16 正答：(A)

Didn't you say you had an appointment with your doctor?
(A) It was rescheduled at the last minute.
(B) Take this medicine every six hours.
(C) Yes, the secretary will call you later.

医師の診察予約があると言っていませんでしたか。
(A) 直前に変更されたのです。
(B) この薬を6時間ごとに飲んでください。
(C) はい，秘書がのちほどお電話します。

解き方 設問文中の語句から連想される語句を選択肢に用いてひっかけをねらう設問もよく出題されます。この設問では doctor に関連するキーワードをいくつか選択肢に用いています。(B) の take this medicine は「この薬を飲む」という意味ですが，医師の診察予約とは関係のない応答です。(C) の secretary も doctor や clinic から連想しやすい語ですが，「秘書がのちほどお電話します」では設問文に対応しません。(A) が正答です。it は appointment を指し，それが直前に変更になったと答えています。

語 句
□ appointment「予約，約束」 □ reschedule「～の予定を変更する」
□ at the last minute「直前に，土壇場で」 □ take medicine「薬を飲む」

28.

Disc 1 ····· 16 正答：(B)

How did Laura's presentation at the convention go?
(A) Everyone liked my gifts.
(B) She did a good job!
(C) You should represent our organization.

大会でのローラのプレゼンテーションはどうでしたか。
(A) みんな，私の贈り物を気に入ってくれました。
(B) 彼女はよくやりました！
(C) あなたが当社を代表（して出席）すべきです。

解き方 最後に複合型とも言える問題を見ておきましょう。presentation もキーワードによるひっかけとして頻出の単語です。(A) では presentation の present- の部分を利用して，連想しやすい gifts という語によるひっかけをねらっています。(C) は represent と presentation をひっかけて混同をねらっています。また，present「～を贈る，示す」ともよくひっかけられます。(B) が正答です。「彼女はよくやりました」，つまり成功したということです。また，設問文の How did ... go? は「～の結果はどうでしたか」と尋ねる表現です。友人同士や家族の間で How did it go?（あれはどうなった）と尋ねることもよくあります。

語 句
□ How did ... go?「～はどうでしたか」 □ convention「大会」
□ do a good job「うまくやる，成功する」 □ represent「～を代表する」
□ organization「機関，組織」

Part 3

会話問題
Short Conversations

1 出題形式・特徴

出題形式

Part 3 は会話問題です。30 問出題されます。全体で 10 編の 2 人の話者による会話を聞き，それぞれについて 3 問の設問に答える形式です。会話はすべて独立した内容で，互いに関連はありません。各設問に対して 4 つの選択肢から適切な解答を選びます。各設問の間のポーズ（解答時間）は 8 秒です。

テストブックには設問と 4 つの選択肢が印刷されています。会話は印刷されていません。印刷されている設問と選択肢は 3 問ごとに区切り線が入っているので，読み上げられる会話との対応に迷うことはないでしょう。また，それぞれの会話の直前には Questions 41 through 43 refer to the following conversation.（41-43 番の設問は次の会話に関するものです）という指示が読み上げられますので，会話と設問の対応を確認できます。なお，設問は印刷されているだけでなく，音声でも読み上げられます。

会話は 70 語から 100 語前後で，話者 2 人が A ⇨ B ⇨ A ⇨ B の形でそれぞれ 2 回発言することがほとんどですが，A ⇨ B ⇨ A の 3 回の発言で終わるものが 1，2 編含まれることがあります。多くはビジネス関連の話題ですが，路上での初対面の人物同士の会話や店頭でのやり取り，電話での会話なども登場します。

設問は 5W1H（when，where，who，what，why，how）の疑問詞疑問文です。構文もシンプルでわかりやすいものです。選択肢は文，語句のどちらかで統一されており，語句のほうが多くなっています。設問の内容は会話中の情報に基づいています。設問の順序と，各設問のヒントとなる会話中の情報の順序は多くの場合一致しています。

まず，Part 3 の指示文が音声で流れます（約 30 秒）。これはテストブックに印刷されていて，毎回変わりません。したがって，ここで理解しておけば実際の試験で読む必要はありません。むしろ，後述するように，この約 30 秒を使って No. 41 以降の設問（と選択肢）をできるだけ多く読んで，会話の内容を予測するようにします。

▼指示文

Disc 2 …… 39

PART 3

Directions: You will hear some conversations between two people. You will be asked to answer three questions about what the speakers say in each conversation. Select the best response to each question and mark the letter (A), (B), (C), or (D) on your answer sheet. The conversations will not be printed in your test book and will be spoken only one time.

> PART 3
> 指示文：2人の会話を聞きます。各会話で話者が述べたことについての3つの設問に答えてください。各問題について最適な解答を選び，アンサーシートに (A)，(B)，(C)，(D) をマークします。会話はテストブックには印刷されておらず，1回だけ読み上げられます。

この後，設問 No. 41-43 用の会話が始まります。会話が終わると3つの設問が読み上げられます。ひとつの設問が終わり，次の設問に移る間に8秒のポーズがあります。この間に即決で解答します。基本的な解き方は次のようになります。

① 指示文が読まれている間に No. 41-43 の設問をすばやく読む。そのうえで，会話について聞き取るべき情報をつかむ。

② 聞き取るべき情報から設問 No. 41-43 用の会話の内容を予測したうえで会話を聞く。

③ 会話が終わったら設問 No. 41-43 を即断即決で解答する。読み上げられる設問を聞く必要はなく，とにかく最短時間で3問を解き終える。

④ 3問を解き終えたら，残りの解答時間を使って No. 44-46 の設問をすばやく読む。そのうえで，会話について聞き取るべき情報をつかむ。

⑤ 以降，すべての会話について②から④までを繰り返す。

会話問題では，まとまった分量の会話を聞いてその「内容を理解する」力を測ります。Parts 1-2 のように短文の意味を理解するだけでは正答できません。単語，フレーズの「意味」だけでなく，複数の文によってやり取りされる「情報」を理解し，さらには話者の「考え」や「意図」を推測する必要があります。

さらに，多くの受験者にとって会話問題を難しくしている理由が「速読する力」も同時に測られていることです。各会話に関する3つの設問とそれぞれ4つ，計12の選択肢を短時間に読んで理解しなければなりません。これに会話を聞き，正答を選んでアンサーシートにマークする作業が加わりますので，かなりの集中力を必要とします。

まずは指示文が読まれている間に41, 42, 43の設問を先読みします。選択肢まで読めれば理想的ですが，無理をする必要はありません。設問を読むだけで，聞くべきポイントを先につかむことができます。慣れてくれば会話の内容を予測できるようになります。**設問の先読み ⇨ 会話を聞く ⇨ 3問をまとめて問いてから，次の会話の設問を先読みする。**このように常に「先手攻撃」をかけられるようになると，ずいぶん楽になります。

日ごろから日本語で人の話を聞く場合でも，ただ漫然と聞くのではなく，相手が何を言いたいのかをつかもうと推測力，予測力を働かせながら聞くようにすると，相手が発言する前に言わんとすることを察知できるようになります。「積極的に聞く」「話の先［流れ］を予測しながら聞く」という聞き方はTOEICでも役立ちます。まず設問に目を通し，どんな内容の会話が行われるかを想像しながら先回りして聞くことができれば，必ずスコアは伸びます。

目標正答数

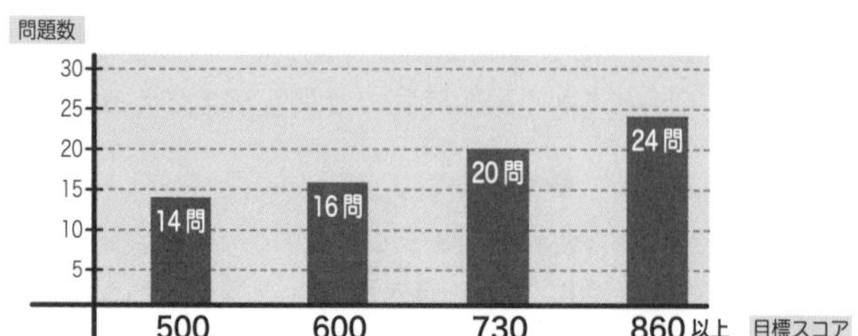

出題パターン

会話問題の出題パターンは①基本情報（人物・場所），②基本情報（話題・職業），③詳細情報（問題・行動・方法），④詳細情報（理由・意見・提案），⑤詳細情報（推測情報・時・数値），⑥言い換え表現の6つに分かれます。

2 基本情報を問う——人物・場所

会話問題の設問は，基本情報を問うものと詳細情報を問うものに分かれます。基本情報を問う設問は，会話全体の大まかな情報（要点，目的，文脈など）を把握する力を測るものです。基本情報を問う設問は1問目，2問目で出題頻度が高くなっています。話者2人（あるいは，どちらかひとり）がだれであるか，その会話が行われている場所という基本情報を問う設問が代表的なものです。出題頻度も高く，会話全体にヒントが用意されているので攻略しやすい設問です。人物を問う代表的な設問は次のとおりです。

- Who (most likely) is the man [woman]?
  （男性［女性］は〔おそらく〕だれですか）
- Who are the speakers?　（話者らはだれですか）
- Who is Nancy?　（ナンシーはだれですか）

話者のどちらか一方について問う場合は Who is the man [woman]? が使われますので，基本的にその話者の発言に注意します。ただし，相手の発言に正答のヒントが用意されていることもあります。Who are the speakers? の場合は，多くは会話全体にヒント情報が用意されています。

注意すべきは Who is Nancy? のような《Who is ＋固有名詞》のパターンです。この場合の固有名詞は話者のひとりを指すこともありますが，多くは会話の話題となっている第三の人物です。

なお，話者以外の人物について Who ...? は「だれが〜しますか」「だれが〜しましたか」という設問です。

- Who is in charge of the project?　（だれがプロジェクトを担当していますか）
- Who was asked to speak at the conference?
  （だれが会議で話すよう頼まれましたか）

会話が行われている場所を問う代表的な設問は次のとおりです。

- Where are the speakers?　(話者はどこにいますか)
- Where does the conversation take place?　(この会話はどこで行われますか)
- Where does the man [woman] probably work?　(男性［女性］はどこで働いているでしょうか)

また，会話が行われている場所以外について Where ...? は「～はどこにいますか」「～するのはどこですか」「～したのはどこですか」という設問です。

- Where is Mr. Sommers now?　(ソマーズさんは今どこにいますか)
- Where are the speakers going?　(話者らはどこへ向かっていますか)
- Where did the woman find the missing file?　(女性は行方不明のファイルをどこで見つけましたか)

▼ Practice

Disc 1 …… 18

1. Who most likely are the speakers?

(A) Co-workers
(B) Telephone operators
(C) A clerk and a guest
(D) A repairman and a customer

Ⓐ Ⓑ Ⓒ Ⓓ

2. Where does the conversation most likely take place?

(A) In an auto garage
(B) In a hotel
(C) In an eye doctor's office
(D) In a store

Ⓐ Ⓑ Ⓒ Ⓓ

Disc 1 …… 19

3. Who is the man?

(A) A customer
(B) The woman's secretary
(C) A vendor
(D) A server

Ⓐ Ⓑ Ⓒ Ⓓ

4. Where are the speakers?

(A) At a restaurant
(B) In an office
(C) In a department store
(D) At a dry-cleaning shop

Ⓐ Ⓑ Ⓒ Ⓓ

▼ Answer Key

1-2

Disc 1 ····· 18

Questions 1 and 2 refer to the following conversation.

M: Lost and Found. Jonathan speaking.

W: This is Carol O'Hare at the Front Desk. A man who stayed with us last week says he left his reading glasses in his room. It was room 509.

M: Ah, yes. We have them here.

W: Great! I'll call him back and tell him. He'll be quite pleased.

設問 1-2 は次の会話に関するものです。

M: 遺失物係のジョナサンです。

W: フロントのキャロル・オヘアです。先週宿泊なさった男性が部屋に老眼鏡をお忘れになったそうです。509 号室です。

M: ああ，はい，お預かりしています。

W: よかった！ 折り返し電話してお知らせします。喜んでくださるでしょう。

1.

Disc 1 ····· 18 正答：(A)

話者らはおそらくだれですか。

(A) 同僚同士
(B) 電話交換手
(C) 係員と滞在客
(D) 修理担当者と顧客

解き方 話者に関する設問です。ただし，2 人の仕事は異なるので，仕事そのものではなく，2 人の関係を答えなくてはならないことに注意します。男性の最初の発言から，彼は遺失物係であること，女性の最初の発言から，彼女はフロント係であることがわかります。宿泊客が忘れたメガネが届いているかどうかを確認しているところから，2 人は同じホテルに勤務している同僚同士とわかります。(A) が正答です。電話での会話ですが (B) ではありません。また，部屋番号から客室のトラブルを連想して (D) を選ばないようにします。

2.

Disc 1…… 18 正答：(B)

この会話はおそらくどこで行われますか。

(A) 自動車整備工場で
(B) ホテルで
(C) 眼科診療所で
(D) 店舗で

解き方 まずLost and Foundというキーワードから店舗や公共施設などが推測できます。次に，女性の発言にあるFront Desk, A man who stayed with us ..., room 509などからホテルと判断できます。(B)が正答です。(C) は会話中のキーワードreading glassesを利用したひっかけです。

語 句
□ Lost and Found「遺失物取扱所，遺失物係」
□ front desk「(ホテル・会社などの) 受付，フロント」
□ reading glasses「老眼鏡，読書用のメガネ」 □ call back ...「～に電話をかけ直す」

3-4

Disc 1…… 19

Questions 3 and 4 refer to the following conversation.

W: Excuse me. I ordered a soup with my meal but it still hasn't come yet.

M: I'm very sorry, ma'am. I'll have it brought out right away.

W: Actually, I'm in a hurry to get back to work, so could you just remove it from my bill?

M: Certainly. I apologize for this inconvenience.

設問 3-4 は次の会話に関するものです。

W: すみません。食事と一緒にスープを注文したのですが，まだ来ていないのです。

M: お客様，たいへん申し訳ございません。すぐにお持ちいたします。

W: 実は急いで仕事に戻らなければならないので，伝票から消していただけますか。

M: かしこまりました。ご不便をおかけして申し訳ありませんでした。

3.

Disc 1 ····· 19　正答：(D)

男性はだれですか。

(A) 顧客
(B) 女性の秘書
(C) 物売り
(D) 給仕人

解き方　男性がだれかを問う問題ですが，正答のヒントは女性の発言にあることに注意します。soup，meal などから，会話がレストランで行われていると判断できます。注文したものが出てこないと言う女性に対し，男性は謝ってすぐに持ってくるようにすると答えているので，(D) が正答です。最近の TOEIC では waiter / waitress の代わりに server（給仕人）が使われます。(A) は女性を指します。女性は 2 回目の発言で ..., so could you just remove it from my bill? と頼んでいますから，(B)，(C) は誤答です。

4.

Disc 1 ····· 19　正答：(A)

話者らはどこにいますか。

(A) レストランに
(B) オフィスに
(C) デパートに
(D) クリーニング店に

解き方　前問で述べたように，soup, meal, bill などからレストランであることがわかりますので，(A) が正答です。キーワードをしっかり聞き取ることが重要です。

語 句
□ meal「食事」 □ have ... brought out「～を持ってこさせる」
□ right away「ただちに」 □ be in a hurry「急いでいる」 □ remove「～を取り除く」
□ bill「伝票，勘定書」 □ apologize「謝る」 □ inconvenience「不都合，不便」

3 基本情報を問う——話題・職業

会話の話題，話者の職業という基本情報を問う出題パターンです。これも出題頻度が高く，会話全体にヒントが用意されているので攻略しやすい設問です。

話題を問う代表的な設問は次のとおりです。

- What are the speakers discussing? （話者らは何を話し合っていますか）
- What are the speakers talking about? （話者らは何について話していますか）
- What is being discussed? （何が話し合われていますか）
- What is the topic of the conversation? （この会話の話題は何ですか）
- What is the conversation about? （この会話は何に関するものですか）

職業を問う代表的な設問は次のとおりです。

- What is the man's occupation? （男性の職業は何ですか）
- What does the woman do? （女性の職業は何ですか）
- What area do the speakers work in? （話者らはどんな職種で働いていますか）
- What department does the man work in? （男性はどんな部署で働いていますか）
- What company does the man represent? （男性はどんな会社に勤務していますか）

話題，職業以外について What ... ？は「～は何ですか」「何に［を／が］～していますか」「何に［を／が］～しましたか」という設問です。

- What is the purpose of the man's visit? （男性の訪問の目的は何ですか）
- According to the woman, what is needed to stay competitive? （女性によれば，競争に負けないためには何が必要ですか）

▼ Practice

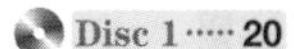

5. What are the speakers talking about?

(A) Camping
(B) Car repair
(C) A taxi ride
(D) Directions to a place

Ⓐ Ⓑ Ⓒ Ⓓ

6. What is the woman's occupation?

(A) Mechanic
(B) Taxi driver
(C) Flight attendant
(D) Teacher

7. What are the speakers discussing?

(A) An employee workshop
(B) A sales call
(C) A job interview
(D) A new client

Ⓐ Ⓑ Ⓒ Ⓓ

8. What is the man's occupation?

(A) A head hunter
(B) A sales representative
(C) A consultant
(D) A programmer

Ⓐ Ⓑ Ⓒ Ⓓ

▼ Answer Key

5-6

Disc 1 …… 20

Questions 5 and 6 refer to the following conversation.

W: I was told it would take 30 minutes. How much longer will it be?

M: It looked that way to me at first, but there's another problem with the engine.

W: But I have to get to the campus. I'm giving a test in my first class.

M: Well, I can call you a cab and our garage will pay for it.

設問 5-6 は次の会話に関するものです。

W: 30 分かかるだろうと言われました。あとどれくらいかかりそうですか。

M: 初めはそれくらいだと思ったのですが，エンジンに別の問題があります。

W: でも，大学に戻らないといけないのです。最初の授業で試験を行うので。

M: それではタクシーをお呼びして，料金は当整備工場がお支払いします。

5.

Disc 1 …… 20　正答：(B)

話者らは何を話し合っていますか。

(A) キャンプ
(B) 車の修理
(C) タクシーでの移動
(D) 道案内

解き方 How much longer will it be? という女性の質問に対して，男性は ..., but there's another problem with the engine. と答えます。そして，男性の最後の発言の our garage will pay ... から，男性は自動車修理工場で働いているとわかります。2 人は修理工場にいて，車の修理について話していると判断できます。正答は (B) です。(A) は女性の発言にあるキーワード campus を用いたひっかけです。男性は I can call you a cab ... と申し出ていますが，会話の話題は女性が運転する車の修理についてですから (C) は誤答です。

6.

Disc 1 …… 20 正答：(D)

女性の職業は何ですか。

(A) 整備士
(B) タクシー運転手
(C) 客室乗務員
(D) 教師

解き方 女性の2回目の発言にある campus, giving a test in my first class というキーワードから，女性は教師であると判断できます。(D) が正答です。(A) は男性の職業です。(B) は call you a cab というキーワードを用いたひっかけです。

語句 □ take「（時間などが）かかる」 □ problem with ...「～に生じた問題」
□ campus「キャンパス，（大学の）構内」 □ cab「タクシー」
□ garage「自動車修理工場，ガレージ」 □ pay for ...「～の代金を払う」

7-8

Disc 1 …… 21

Questions 7 and 8 refer to the following conversation.

M: When would you like me to come in to speak to your employees? I'm eager to show them new sales strategies.

W: I was hoping you could come in next Thursday. We have a conference room all booked. Is there anything you need?

M: I usually bring my own equipment, but I'd appreciate it if you could tell each of your employees to bring a laptop computer to the workshop.

W: Sure, no problem.

設問 7-8 は次の会話に関するものです。

M: 貴社の従業員の方々への講演にはいつうかがえばよろしいですか。ぜひ新しい販売戦略をお教えしたいと思っています。

W: 来週の木曜日に来ていただければと思っていました。会議室は終日押さえてあります。何か必要なものはございますか。

M: いつも自分の機材を持参しますが，従業員の皆さんにノートパソコンをセミナーに持参なさるようお伝えいただければ助かります。

W: はい，わかりました。

7.

Disc 1 …… 21 正答：(A)

話者らは何を話し合っていますか。

(A) 従業員セミナー
(B) 訪問販売
(C) 就職面接
(D) 新規顧客

解き方 最初に男性が ... to speak to your employees? と述べ，その日程を調整をしています。また，男性は2回目の発言で，... each of your employees to bring a laptop computer to the workshop と述べているので，従業員に対するワークショップ（勉強会）に関する会話とわかります。(A) が正答です。

8.

Disc 1 …… 21 正答：(C)

男性の職業は何ですか。

(A) ヘッドハンター
(B) 販売員
(C) コンサルタント
(D) プログラマー

解き方 冒頭の男性の発言にある to speak to your employees, show them new sales strategies, そして2回目の発言の最後でワークショップにノートパソコンを持ってくるようにと述べていることから，企業でセミナーを開催しているとわかるので，(C) が正答です。採用に関わっているわけではないので (A) は誤答です。商品を販売しているわけではないので (B) も誤答です。

語　句
□ be eager to *do*「～したくてたまらない」 □ sales strategies 「販売戦略」
□ conference room「会議室」
□ equipment 「機材，道具」＊不可算名詞であることに注意。
□ laptop computer「ノートパソコン」 □ workshop 「セミナー，ワークショップ」

4 詳細情報を問う――問題・行動・方法

詳細情報を問う設問は，会話の細部の情報を理解する力を測るものです。まず，会話には話者が抱えている個人的な問題や仕事上の問題，あるいは日常生活でだれもが遭遇するような問題が多く登場します。問題を問う代表的な設問は次のとおりです。

- What is the man's problem? （男性の問題は何ですか）
- What is the problem with the e-mailing system? （電子メールシステムの問題は何ですか）
- What is wrong with the heat panel? （ヒートパネルの何が問題ですか）
- What problem is being reported? （どんな問題が報告されていますか）
- What happened to the assembly line? （組み立てラインに何が起こりましたか）

行動を問う設問では，話者がとっている行動以外に，話者が今後とる行動を推測しなければならないものが多く登場します。また，行動予定や過去の行動なども登場します。話者同士が交わす申し出や提案，依頼などに関する設問では，男性［女性］がすべき行動を相手の女性［男性］が説明することもあるので注意が必要です。さらに，何らかの理由で「できなかった」行動なども問われることに注意しましょう。今後の行動を問う問題では，多くの場合会話の後半，最後に正答のヒントが示されます。代表的な設問は次のとおりです。

- What are the speakers doing? （話者は何をしていますか）
- What is the man working on? （男性は何に取り組んでいますか）
- What should the man do? （男性は何をしなければなりませんか）
- What is the woman going to do next? （女性は次に何をしますか）
- What is the man planning to do? （男性は何をする予定ですか）
- What is the woman hoping to do? （女性は何をしたいのですか）

- What will the man probably do next?　（男性は次に何をするでしょうか）
- What is the man scheduled to do tomorrow morning?
  （男性は明日の朝に何をする予定ですか）
- What will the woman do to make the deadline?
  （女性は締め切りを守るために何をしますか）
- What does the woman decide to do?　（女性は何をすることにしますか）
- What does the man promise to do?　（男性は何をすると約束していますか）
- What did the man do over the weekend?（男性は週末に何をしましたか）
- What is the man advised to do?（男性は何をするように助言されていますか）
- What does the man offer to do?　（男性は何をすると申し出ていますか）
- What does the woman ask the man to do?
  （女性は男性に何をしてほしいと述べていますか）
- What did the man fail to do?　（男性は何ができなかったのですか）

方法を問う設問は How ...? が基本の表現です。

- How will the man get reimbursed?
  （男性はどのようにして払い戻しを受けますか）
- How did the speakers obtain free samples?
  （話者らはどのようにして無料サンプルを入手しましたか）
- What is being advised to solve the problem?
  （問題を解決するために何をするように助言されていますか）

▼ Practice

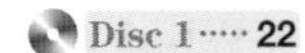

9. What is the man's problem?

(A) The clients are coming in early.
(B) The restaurant is not open.
(C) He cannot meet his clients.
(D) The woman left a card at the restaurant.

10. What is the woman going to do next?

(A) Call the restaurant
(B) Meet the clients
(C) Give something to the man
(D) Visit Italy

11. What is the problem?

(A) The ATM is out of money.
(B) The ATM will not accept deposits.
(C) The line is too long.
(D) The woman cannot use her card.

Ⓐ Ⓑ Ⓒ Ⓓ

12. What is the woman advised to do?

(A) Go to the bank
(B) Call customer service
(C) Come back in an hour
(D) Ask someone for help

Ⓐ Ⓑ Ⓒ Ⓓ

▼ Answer Key

9-10

Disc 1 ····· 22

Questions 9 and 10 refer to the following conversation.

M: I have some clients coming in tomorrow, but I don't know where to take them for dinner.

W: Why don't you take them to La Vida, the Spanish restaurant on Main Street.

M: I actually was planning on that, but when I called to make a reservation, they said they were closed for renovations.

W: Then I know a great Italian restaurant. I'll give you their business card; it's in my desk.

設問 9-10 は次の会話に関するものです。

M: 明日に顧客が何人かいらっしゃるのですが，夕食にお連れするような場所の心当たりがないのです。

W: ラヴィダにお連れしてはどうですか。メインストリートにあるスペインレストランです。

M: 実はそう考えていたのですが，予約しようと連絡したところ，改装のために閉店しているとのことでした。

W: それでは，とてもよいイタリアンレストランを知っています。そこの名刺を差し上げます。私のデスクにありますから。

9.

Disc 1 ····· 22 正答：(B)

男性の問題は何ですか。

(A) 顧客が早めに訪れる。
(B) レストランが営業していない。
(C) 彼は顧客に会えない。
(D) 女性がレストランにカードを忘れてきた。

解き方 冒頭で ... I don't know where to take them for dinner. と言う男性に対して，女性が心当たりの店を提案したところ，... they were closed for renovations. と答えています。顧客を連れていこうと思ったレストランが休業中ということですから，(B) が正答です。be closed（閉まっている）を be not open（開いていない）と言い換えています。client を連れていくための店選びに困っているわけであって，(A) や (C) のように予定の変更や，顧客に会えないという問題ではありません。

10.

Disc 1 ····· 22 正答：(C)

女性は次に何をしますか。

(A) レストランに電話をする
(B) 顧客に会う
(C) 男性に何かをあげる
(D) イタリアを訪れる

解き方 女性が次にとる行動は最後の発言に示されています。女性は I'll give you their business card; ... と述べているので，(C) が正答です。business card を something というあいまいな語句に言い換えています。

語 句 □ client「顧客」 □ actually「実は，実際のところ」 □ reservation「予約」 □ renovation「改装（工事）」 □ business card「名刺，業務用カード」

11-12

Disc 1 ····· 23

Questions 11 and 12 refer to the following conversation.

W: Did you know the ATM in the lobby isn't working? It won't accept my bank card.

M: Yes, madam. A few guests have complained about it. We have called someone to come and repair it.

W: What should I do in the meantime? I need cash if I use a taxi.

M: There's a bank a few blocks from here. If you like, I'll give you a map.

設問 11-12 は次の会話に関するものです。

W: ロビーの ATM が作動しないのをご存じでしたか。私の銀行カードが入らないのです。

M: はい，お客様。何人かのお客様から苦情をいただいておりまして，修理の手配をいたしました。

W: それまでの間，私はどうしたらよいのですか。タクシーを利用するかもしれないので現金が必要です。

M: 数ブロック先に銀行がございます。よろしければ地図をお渡しします。

11.

Disc 1 ····· 23 正答：(D)

何が問題ですか。

(A) ATM は現金が切れている。
(B) ATM は預け入れができない。
(C) 列が長すぎる。
(D) 女性は自分のカードが使えない。

解き方 選択肢中の ATM というキーワードに気づくだけで，ATM のトラブルとその解決策に関する内容だと予測できます。女性が最初の発言で It won't accept my bank card. と言っているので，カードを入れても機械の中に入っていかないことが問題であるとがわかります。(D) が正答です。The woman を主語にしてトラブルの内容を言い換えています。

12.

Disc 1 ····· 23 正答：(A)

女性は何をするように助言されていますか。

(A) 銀行に行く
(B) 顧客サービスに電話する
(C) 1 時間後に戻ってくる
(D) だれかに助けを求める

解き方 現金を引き出したい女性に対する助言は，男性の最後の発言に示されています。必要であれば地図を渡すので，銀行へ行くように述べています。(A) が正答です。他の選択肢は会話の内容と無関係です。

語　句
□ ATM「現金自動預払機（=automated teller machine)」
□ accept「～を受理する」 □ complain about ...「～について苦情を言う」
□ repair「～を修理する」 □ meantime「その間」

5 詳細情報を問う——理由・意見・提案

理由を問う設問は基本的に Why ...? の形をとりますが，What caused...? など why 以外の疑問詞を用いた表現も用いられます。

- Why is the man going to Denver?　（男性はなぜデンバーへ行きますか）
- Why was the man unable to work on the budget?　（男性はなぜ予算に取り組むことができなかったのですか）
- Why will the extra days be needed?（なぜ追加の日数が必要になりますか）
- What caused the delay in shipping?　（発送の遅れは何が原因でしたか）
- What was the reason for the man's late arrival?　（男性の到着が遅れた理由は何でしたか）

意見を問う設問では「～についてどう考えていますか」以外に，complaint（苦情）や concern（懸念），like（～を好む）などの具体的な表現が用いられることもあります。

- What does the woman think of the new hire?　（その新入社員について女性はどう考えていますか）
- How does the man feel about the proposed plan?　（提案された計画について男性はどのように感じていますか）
- What does the woman say about the policy change?　（方針の変更について女性は何と述べていますか）
- What does the woman like about her assignment?　（女性は自分に与えられた課題の何が気に入っていますか）
- What do the speakers find interesting about the news?　（その知らせについて話者は何に興味を感じていますか）
- What is the man's complaint about the service?　（そのサービスに対する男性の不満は何ですか）

- What is the man concerned about? (男性は何を懸念していますか)
- What is the woman's concern? (女性は何を懸念していますか)

意見からさらに踏み込んで,「～してはどうですか」「～するべきです」という提案について問う設問も少なくありません。それらの提案は会話の相手に向けたものであったり,会話の話題として登場している第三者（人物や企業）に向けたものであったりします。

- What does the woman suggest the man do? (女性は男性に対して何をするように勧めていますか)
- What does the woman recommend that the man do? (女性は男性に対して何をするように勧めていますか)
- What is the man asked to do? (男性は何をするよう求められていますか)
- What is the woman's proposal? (女性の提案は何ですか)
- According to the woman, what should the manager do? (女性によれば,部長は何をすべきですか)
- What is the man's suggestion about the hiring policy? (雇用方針についての男性の提案は何ですか)

▼ Practice

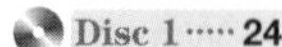

13. Why is the woman in the store?

(A) To buy a birthday present
(B) To return a purchase
(C) To find a new set of headphones
(D) To have an item fixed

14. What does the man suggest the woman do?

(A) Come back in two weeks
(B) Extend the warranty
(C) Read the store's Web site
(D) Contact the manufacturer

Disc 1 ····· 25

15. What caused the scheduling conflict?

(A) The man making too many reservations
(B) The woman changing her meeting time
(C) A problem with the computer program
(D) A sudden visit from clients

Ⓐ Ⓑ Ⓒ Ⓓ

16. What is the woman's proposal?

(A) The man should go to Mexico as planned.
(B) She will wait for the man to finish with the room.
(C) They should try to reschedule their meetings.
(D) The man should complain to the company.

Ⓐ Ⓑ Ⓒ Ⓓ

▼ Answer Key

13-14

Disc 1 ····· 24

Questions 13 and 14 refer to the following conversation.

W: Hi. I received this music player as a birthday present a few months ago, but now I can only get sound in one ear no matter what kind of headphones I attach to it.

M: I'm sorry, madam, but we don't repair that manufacturer's products at this store.

W: Are you saying I can't get it fixed then? It's still under warranty.

M: No, you can, just not here. You need to go to their Web site and register your product. After that you can contact them, and they will send someone to pick it up and repair it.

設問 13-14 は次の会話に関するものです。

W: すみません。数か月前に誕生日プレゼントとしてこの音楽プレーヤーをいただいたのですが，どんな種類のヘッドホンを付けても音が片耳からしか聞こえなくなりました。

M: お客様，申し訳ございませんが，そのメーカーの製品の修理は当店では行っておりません。

W: 修理してもらえないと言うのですか。まだ保証期間内ですよ。

M: いいえ，修理は可能ですが，当店ではできないのです。メーカーのウェブサイトにアクセスし，製品を登録していただく必要があります。そのうえでメーカーに連絡していただければ，引き取りに来て修理してもらえます。

13.

Disc 1 ····· 24 正答：(D)

女性はなぜ店にいますか。

(A) 誕生日プレゼントを買うため
(B) 購入品を返品するため
(C) 新しいヘッドホンを見つけるため
(D) 品物を修理してもらうため

解き方 女性は冒頭の発言で，自分の音楽プレーヤーはどのヘッドホンを付けても片耳からしか音が出ないと述べています。そして，自分の店では修理しないと言う男性に対して，Are you saying I can't get it fixed then? と問い返しています。女性は修理をしてもらう目的で来店したことがわかります。(D) が正答です。(A) は，女性の最初の発言中のキーワード a birthday present を繰り返してひっかけをねらっています。

14.

Disc 1 ····· 24 正答：(D)

男性は女性に何をするように勧めていますか。

(A) 2 週間後に再度来店する
(B) 保証を延長する
(C) 店のウェブサイトを読む
(D) メーカーに連絡する

解き方 最後の発言で男性は，After that you can contact them, and they will send someone to pick it up and repair it. と述べています。(D) が正答です。(C) は the store's Web site ですから誤答です。男性は their (=manufacturer's) Web site と述べています。

語 句
□ no matter what ...「どんな～であれ」 □ attach「～を取り付ける」
□ repair「～を修理する」 □ manufacturer「製造者，メーカー」 □ product「製品」
□ fix「～を修理する」 □ under warranty「保証期間内で」
□ register「～を登録する」 □ contact「～と連絡を取る」
□ pick up ...「～を引き取る」
＊ほかにも「車で迎えにいく，（健康・景気などの）調子が上向く」などの重要な意味がある。

15-16

Disc 1 ····· 25

Questions 15 and 16 refer to the following conversation.

M: Hey, Joan. It looks like the software for reserving meeting rooms had a problem and it reserved a room at the same time for your meeting and mine.

W: That sounds like a problem. What should we do? How long is your meeting going to be? Mine was just going to be 15 minutes long. Would you mind if I go first?

M: Usually I wouldn't mind, but I have some clients from Mexico that I'm meeting that day, and they'll be on a pretty tight schedule.

W: Oh, I see. Then your meeting should take priority. I can wait until you're done.

設問 15-16 は次の会話に関するものです。

M: こんにちは，ジョーン。会議室を予約するためのソフトウェアに問題があったようで，あなたの会議と私の会議が同じ部屋で同時刻に予約されているのです。

W: それは問題ですね。どうしましょうか。あなたの会議はどれくらいかかる予定ですか。私の会議は 15 分ほどの予定です。私が先に利用してもかまいませんか。

M: いつもならかまわないのですが，その日は会うことになっている顧客がメキシコから数人いらして，彼らは予定がかなり詰まっているのです。

W: ああ，そうですか。それなら，あなたの会議を優先すべきですね。あなたが終わるまで待ちましょう。

15.

Disc 1 ····· 25　**正答：(C)**

何が原因で予定がかち合いましたか。

(A) 男性による予約の入れすぎ
(B) 女性による会議時刻の変更
(C) コンピュータプログラムに生じた問題
(D) 顧客の突然の訪問

解き方　会議室の予約に問題が生じた原因は，冒頭の男性の発言で It looks like the software for reserving meeting rooms had a problem ... と述べているように，ソフトウェアの問題です。それを言い換えた (C) が正答です。会話に出てくる reserve や meeting，client といったキーワードにひっかからないようにします。

16.

Disc 1 …… 25　正答：(B)

女性の提案は何ですか。

(A) 男性は予定どおりメキシコに行くべきである。
(B) 彼女は男性が部屋を使い終えるのを待つ。
(C) 彼らは会議の予定を組み直すべきである。
(D) 男性は会社に苦情を言うべきである。

解き方 女性は最初の発言で，自分が先に会議室を使ってもよいかと尋ねました。男性が顧客のスケジュールの都合で困る旨を伝えると，女性は I can wait until you're done. と答えています。(B) が正答です。

語 句
□ software「ソフトウェア」 □ reserve「～を予約する」
□ sound like ...「～のようである」 □ tight schedule「過密スケジュール」
□ take priority「優先される」 □ until you're done「あなたが終わるまで」

6　詳細情報を問う――推測情報・時・数値

推測情報を問う設問は，会話中では言葉で明確に述べていない情報が問われます。会話の内容から推測したり，話者の気持ちを推し量って判断する必要があり，難度の高い設問です。推測情報を問う代表的な設問は次のとおりです。

- What does the man imply?（男性は何を示唆していますか）
- What is implied about the workshop?（ワークショップについて何が示唆されていますか）
- What can be inferred from the conversation?（この会話から何が推測できますか）

時や数値を問う問題は，日時や曜日，日付，時間，金額，数量などの詳細情報が問われます。When ...? や What time ...?，How many ...?，How long ...?，How far ...? などの形で問われます。

- When will the meeting be over?（会議はいつ終わりますか）
- What time will the shop close?（店は何時に閉まりますか）
- How long is the payment overdue?（その支払いはどれくらい遅れていますか）

▼ Practice

17. When was the repair supposed to be completed?

(A) Yesterday morning
(B) Yesterday afternoon
(C) This morning
(D) This afternoon

Ⓐ Ⓑ Ⓒ Ⓓ

18. What does the man imply?

(A) He should have called the repairman sooner.
(B) He could do a better job fixing the machine.
(C) He will help the repairman.
(D) He wants the company to save money.

Ⓐ Ⓑ Ⓒ Ⓓ

19. What can be inferred from the conversation?

(A) A plane has been delayed.
(B) Dave will be late today.
(C) There is a thunderstorm in the area.
(D) The meeting room cannot be reserved.

Ⓐ Ⓑ Ⓒ Ⓓ

20. When will the meeting be rescheduled for?

(A) This afternoon
(B) Tomorrow morning
(C) Thursday
(D) Friday

Ⓐ Ⓑ Ⓒ Ⓓ

▼ Answer Key

17-18

Disc 1 ····· 26

Questions 17 and 18 refer to the following conversation.

M: I thought the copy machine was supposed to be fixed this morning. It's two in the afternoon. Why is the repairman still here?

W: He said he was missing a part and had to go back to his company to get it.

M: If I had his tools, I know that thing would be working in five minutes.

W: Then we wouldn't have to pay for repairs ever again.

設問 17-18 は次の会話に関するものです。

M: コピー機はけさ直ると思っていました。もう午後２時です。なぜまだ修理の人がいるのですか。

W: 部品が足りないので会社に取りに戻らなければならなかったそうです。

M: 私が彼の修理道具を持っていたら，５分で動くようにしたのですが。

W: それなら今後は二度と修理費を支払う必要はありませんね。

17.

Disc 1 ····· 26　正答：(C)

修理はいつ完了する予定でしたか。

(A) 昨日の朝
(B) 昨日の午後
(C) けさ
(D) 今日の午後

解き方 冒頭で男性は I thought the copy machine was supposed to be fixed this morning. と述べています。(C) が正答です。be supposed to *do* は「～する予定になっている，～するはずだ」という重要表現です。

18.

Disc 1 ····· 26 正答：(B)

男性は何を示唆していますか。

(A) 彼は修理人にもっと早く電話するべきだった。
(B) 彼ならもっとうまく機械を修理できる。
(C) 彼は修理人を手伝うだろう。
(D) 彼は会社にお金を節約してほしい。

解き方 If I had his tools, I know that thing would be working in five minutes. という男性の2回目の発言が理解できているかどうかを問う設問です。that thing は the copy machine を指し，自分が修理人と同じ修理道具を持っていれば，5分でその機械をちゃんと動くようにできるだろうと述べているので，それを言い換えた (B) が正答です。(D) は，女性の最後の発言にひっかけた誤答です。

語句
□ be supposed to *do*「～する予定になっている，～するはずだ」
□ repairman「修理人」 □ miss「～がない」 □ part「部品」 □ tool「道具」
□ work「作動する」

19-20

Disc 1 ····· 27

Questions 19 and 20 refer to the following conversation.

W: It's a shame our clients are still stuck at the airport because of the snowstorm. Now there's no reason to have the meeting today.

M: Well, Dave called in sick, maybe it's for the best. No point in pushing the meeting back to this afternoon either.

W: Should we have it tomorrow morning then?

M: I would make it for Thursday, just to be on the safe side. Also, I won't be here on Friday, so I want to get it out of the way.

設問 19-20 は次の会話に関するものです。

W: 残念ながら，吹雪のため顧客は今も空港に足止めになっています。今日会議をする必要はありませんね。

M: デイブからも病気で休むと電話があったので，たぶんこれでよかったのですよ。今日の午後に延期する意味もありません。

W: では明日の朝にすべきでしょうか。

M: 念のために木曜日にしましょう。それに，金曜日は私は不在なので，その日は避けたいと思います。

19.

Disc 1 ····· 27 正答：(A)

会話から何が推測できますか。

(A) 飛行機が遅れている。
(B) デイブは今日遅刻するだろう。
(C) 一帯は激しい雷雨となっている。
(D) 会議室が予約できない。

解き方 It's a shame our clients are still stuck at the airport because of the snowstorm. という冒頭の女性の発言から，大雪のために飛行機が飛べないことが推測されます。(A) が正答です。デイブは遅刻するのではなく休むと述べているので (B) は誤答です。(C) はまぎらわしいですが，生じているのは snowstorm であって thunderstorm ではないので誤答です。会議室に関する発言はないので (D) も誤りです。

20.

Disc 1 ····· 27 正答：(C)

会議はいつに変更されますか。

(A) 今日の午後
(B) 明日の朝
(C) 木曜日
(D) 金曜日

解き方 女性の2回目の発言にある I would make it for Thursday, ... から木曜日になるであろうことが予想できます。(C) が正答です。男性は最初の発言で Now there's no reason to have the meeting today. と述べているので (A) は誤答です。(B) は男性の提案ですが，女性が I would make it for Thursday, ... と答えています。(D) は女性が避けてほしい日として挙げたものです。

語 句
- □ It's a shame (that) ...「～とは残念です」 □ be stuck at ...「～で足止めになる」
- □ call in sick「病気で休むと連絡を入れる」
- □ maybe it's for the best「結局これでよかったのでしょう」
- □ (There's) No point in *doing*「～する意味はない」
- □ to be on the safe side「大事を取って，念のために」
- □ get ... out of the way「～を取り除く」

7 言い換え表現

最後に，会話問題全体として言い換え表現が多用されることに注意します。応答問題と同様に，選択肢には会話中のキーワード（動詞，名詞，形容詞）をそのまま繰り返したり，音の似た単語を含むものが数多く見られます。多くの場合，これらの選択肢は誤答です。会話中の記憶に残りやすい語句をひっかけに用いているのです。逆に正答選択肢では，会話中の文や表現を別の語句を用いて言い換えていることが少なくありません。

語句レベルでの言い換え

● following the conference （会議に続いて）

➪ after the gathering （行事の後で）

● attended to an urgent matter （緊急の用事に対応した）

➪ addressed an emergency （緊急事態に対応した）

● made a contract （契約をまとめた）

➪ closed a deal （取引をまとめた）

● doesn't have it in stock （在庫を切らしている）

➪ it is out of stock （在庫切れである）

● is undergoing a restructuring （リストラが進行中である）

➪ is being streamlined （合理化されている）

文レベルでの言い換え

● I think I've caught a cold. （風邪をひきました）

➪ He is not feeling well. （彼は体調がよくない）

● I won't be able to come to the meeting. （会議に出られそうもありません）

➪ He hopes to reschedule his appointment. （彼は約束の変更を望んでいる）

● We need to update our report right away.
（報告書をすぐに最新の内容にする必要があります）

➪ The document should be revised immediately.
（その文書はすぐに修正されるべきである）

● I'm e-mailing my project idea to my boss for his review.
（プロジェクトのアイデアを上司にメールで送って，検討してもらいます）

➪ Her proposal will be under consideration.（彼の提案は検討されるだろう）

● We need to request a budget increase for the sales campaign.
（販促の予算を増やす必要があります）

➪ The fund for the business operation is not enough.
（事業資金が十分でない）

▼ Practice

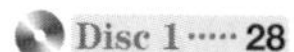

21. What does the woman inquire about?

(A) Rooms available
(B) Car rentals
(C) Check-in time
(D) Childcare service

Ⓐ Ⓑ Ⓒ Ⓓ

22. What is the woman advised to do?

(A) Talk to the staff during check-in
(B) Book immediately
(C) Call again later
(D) Hold on the line

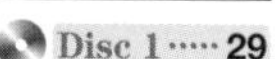

23. What does the man imply?

(A) He will wait a few more minutes.
(B) The distribution center is already closed.
(C) No more packages can be accepted.
(D) The truck will be late tomorrow.

24. What can be inferred from the conversation?

(A) Some items will not be delivered today.
(B) The man lost the woman's package.
(C) The woman has to leave in a few minutes.
(D) The delivery truck left already.

Ⓐ Ⓑ Ⓒ Ⓓ

▼ Answer Key

21-22

Disc 1 …… 28

Questions 21 and 22 refer to the following conversation.

W: Hello, I'm calling to find out about your hotel's babysitting service.

M: Yes, we offer one to our patrons. This service is available on weekdays only, however.

W: I see. Is it better to sign up after checking in or before?

M: Our service is limited, so you should make arrangements now if possible.

設問 21-22 は次の会話に関するものです。

W: すみません，そちらのホテルの託児サービスについて知りたくてお電話しています。

M: はい，当ホテルではお客様へ託児サービスを提供しております。しかしながら，このサービスは平日のみのご提供となります。

W: わかりました。申し込むのはチェックインの前と後ではどちらがよろしいですか。

M: このサービスには限りがございますので，可能であれば今すぐにお願いいたします。

21.

Disc 1 …… 28 正答：(D)

女性は何について問い合わせていますか。

(A) 空室
(B) レンタカー
(C) チェックイン時刻
(D) 託児サービス

解き方 冒頭の発言で女性は，Hello, I'm calling to find out about your hotel's babysitting service. と切り出しています。babysitting service を言い換えた (D) が正答です。

22.

Disc 1 …… 28 正答：(B)

女性は何をするように助言されていますか。

(A) チェックインする間にスタッフに話す
(B) 今すぐに予約する
(C) あとで電話をかけ直す
(D) 電話を切らずに待つ

解き方 最後の発言で男性は ..., so you should make arrangements now if possible. と述べていますので，make arrangements を book（～を予約する）という具体的な動詞で言い換えている (B) が正答です。

語句
□ babysitting service「託児サービス」 □ patron「顧客，ひいきの客」
□ available「利用可能な」 □ sign up「申し込む」
□ make arrangements「手続きをする」

23-24

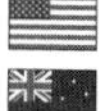

Disc 1 …… 29

Questions 23 and 24 refer to the following conversation.	**設問 23-24 は次の会話に関するものです。**
W: Could you wait a few more minutes? Some packages still aren't ready yet.	**W:** もう少し待っていただけますか。いくつかの小包がまだ用意できていないのです。
M: I'm sorry, but it's the last delivery of the day. I have to leave now so all the other packages get to the distribution center on time.	**M:** お客様，申し訳ございません。これが本日最後の配送です。すぐに戻って，他の小包をすべて時間どおりに配送センターに届けなくてはなりません。
W: OK, I guess I can send the rest out tomorrow morning.	**W:** わかりました，残りは明朝に発送します。

23.

Disc 1 …… 29　正答：(C)

男性は何を示唆していますか。

(A) 彼はもう数分待つだろう。
(B) 配送センターはすでに閉まっている。
(C) これ以上の小包は受け付けられない。
(D) 明日のトラックは遅れるだろう。

解き方　男性は ... it's the last delivery of the day. と述べているので，今日はこれ以上の小包は受け付けてもらえないことがわかります。(C) が正答です。(A) は冒頭の女性の発言にある wait a few more minutes にひっかけた誤答です。

24.

Disc 1 …… 29　正答：(A)

会話から何が推測できますか。

(A) 一部の品は今日は発送されない。
(B) 男性は女性の小包を紛失した。
(C) 女性は数分で出かけなくてはならない。
(D) 配送トラックはすでに出発した。

解き方　2 回目の発言で女性は ... I can send the rest out tomorrow morning. と述べています。これを言い換えている (A) が正答です。(C) は男性の発言にある I have to leave now ... にひっかけた誤答です。

語　句　□ package「小包」 □ delivery「配達」 □ distribution center「配送センター」 □ on time「時間どおりに」 □ the rest「残りの品」

Part 4

説明文問題
Short Talks

I 出題形式・特徴

出題形式

Part 4 は説明文問題です。30 問出題されます。全体で 10 編のひとりの話者によるトーク（説明文）を聞き，それぞれについて 3 問の設問に答える形式です。トークはすべて独立した内容で，互いに関連はありません。各設問に対して 4 つの選択肢から適切な解答を選びます。各設問の間のポーズ（解答時間）は 8 秒です。

テストブックには設問と 4 つの選択肢が印刷されています。トークは印刷されていません。印刷されている設問と選択肢は 3 問ごとに区切り線が入っているので，読み上げられるトークとの対応に迷うことはないでしょう。また，それぞれのトークが読み上げられる直前には Questions 71 through 73 refer to the following talk.（71-73 番の設問は次のトークに関するものです）という指示が読み上げられますので，トークと設問の対応を確認できます。なお，設問は印刷されているだけでなく，音声でも読み上げられます。

トークの長さは 60 語から 170 語と幅があり，平均で 110 語程度です。種類としてはアナウンスメント，スピーチ，広告（宣伝），録音メッセージ，ニュース，ガイダンス，天気予報，放送，指示案内などがあります。上記の指示 Questions 71 through 73 refer to the following talk. の下線部分に announcement（アナウンスメント），speech（スピーチ），advertisement（広告），voice-mail message（ボイスメール），recorded message（録音メッセージ），news（ニュース），report（レポート），broadcast（放送），instructions（指示案内）などの語を用いてトークの種類が示されますから，注意して聞きましょう。あらかじめトークの種類がわかっていれば，それだけで聞き取りが楽になります。

設問は 5W1H（when，where，who，what，why，how）の疑問詞疑問文です。構文もシンプルでわかりやすいものです。選択肢は文，語句のどちらかで統一されており，語句のほうが多くなっています。設問の内容はトーク中の情報に基づいています。設問の順序と，各設問のヒントとなるトーク中の情報の順序は多くの場合一致しています。

まず，Part 4 の指示文が音声で流れます（約 30 秒）。これはテストブックに印刷されていて，毎回変わりません。したがって，ここで理解しておけば実際の試験で読む必要はありません。むしろ，後述するように，この約 30 秒を使って No. 71 以降の設問（と選択肢）をできるだけ多く読んで，トークの内容を予測するようにします。

▼指示文

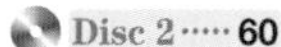

Disc 2……60

Part 4

Directions: You will hear some talks given by a single speaker. You will be asked to answer three questions about what the speaker says in each talk. Select the best response to each question and mark the letter (A), (B), (C), or (D) on your answer sheet. The talks will not be printed in your test book and will be spoken only one time.

PART 4
指示文：ひとりの話者によるトークをいくつか聞きます。各トークで話者が述べたことについて3つの質問に答えてください。各問題について適切な解答を選び，アンサーシートに (A), (B), (C), (D) をマークします。トークはテストブックには印刷されておらず，1回だけ読み上げられます。

この後，設問 No. 71-73 用のトークが始まります。トークが終わると3つの設問が読み上げられます。ひとつの設問が終わり，次の設問に移る間に8秒のポーズがあります。この間に即決で解答します。基本的な解き方は次のようになります。

① 指示文が読まれている間に No. 71-73 の設問をすばやく読む。そのうえで，トークについて聞き取るべき情報をつかむ。

② 聞き取るべき情報から設問 No. 71-73 用のトークの内容を予測したうえでトークを聞く。

③ トークが終わったら設問 No. 71-73 を即断即決で解答する。読み上げられる設問を聞く必要はなく，とにかく最短時間で3問を解き終える。

④ 3問を解き終えたら，残りの解答時間を使って No. 74-76 の設問をすばやく読む。そのうえで，トークについて聞き取るべき情報をつかむ。

⑤ 以降，すべてのトークについて②から④までを繰り返す。

説明文問題も会話問題同様に，まとまった分量の英語を聞いてその「内容を理解する」力を測りますが，聞き取る素材は会話ではなく，ひとりの話者が読み上げるトークです。アナウンスメント，スピーチ，広告，録音メッセージなど，トークの種類はさまざまですが，【導入 ➪ 展開・詳細 ➪ 結論・締めくくり】という3段階の構成はほぼ共通しています。そして，3つの設問もこの3段階のそれぞれについて問われることが多くなっています。段階を追って伝えられる「情報」を理解し，さらに話者の「考え」や「意図」を推測する必要があります。

また，会話問題と同じく，「速読する力」も求められます。各トークに関する3つの設問と計12の選択肢を短時間で読んで理解しなければなりません。まずは指示文が読まれている間に71, 72, 73の設問を先読みします。選択肢まで読めなくても，3つの設問だけは必ず読んで，聞くべきポイントを先につかみます。さらに，トークの内容を予測しながら聞けるようになればかなり有利です。設問の先読み ➪ トークを聞く ➪ 3問をまとめて問いてから，次のトークの設問を先読みする。このように常に「先手攻撃」をかける積極的なリスニングが説明文問題攻略の鍵です。

また，長文のリスニングでは，細部までをすべて聞き取ろうとするのではなく，まずはメッセージ全体の流れをつかむことが大切です。「いつ，どこで，だれが，だれに対して，どのような理由で，何を伝えているか」を確実に聞き取ります。そのうえで，先読みした設問から把握した「聞き取らなければならない詳細情報」だけを逃さないようにすることが大切です。

目標正答数

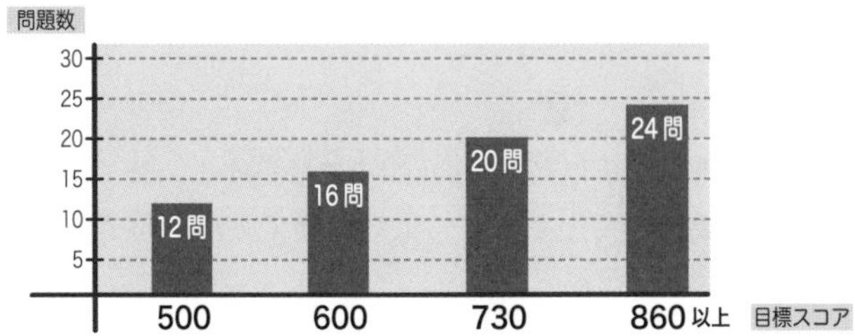

出題パターン

説明文問題の出題パターンは①基本情報（目的･場所･時間），②基本情報（話題･職業），③詳細情報（問題・行動・方法），④詳細情報（理由・意見・提案），⑤詳細情報（推測情報・時・数値），⑥言い換え表現の6つに分かれます。

2 基本情報を問う――目的・場所・時間

説明問題も会話問題同様に，設問は基本情報を問うものと詳細情報を問うものに分かれます。まず確実に攻略したいのが基本情報（要点，目的，文脈など）を問う設問です。基本情報を問う設問は1問目，2問目で出題頻度が高くなっており，特に1問目の70パーセント近くは基本情報を問うものです。「トークの目的」「トークが行われている場所」「トークが行われている時間」を問う設問は，全体にヒントが用意されているので取り組みやすいパターンです。

目的を問う代表的な設問は次のとおりです。

- What is the purpose of the talk?　（このトークの目的は何ですか）
- Why did the caller leave the message?　（電話をかけた人はなぜこのメッセージを残しましたか）
- Why is the speaker making the announcement?　（話者はなぜこの発表を行っていますか）

目的を問う設問の選択肢はほとんどが不定詞句で統一され，短くて理解しやすくなっています。

トークが行われている場所を問う代表的な設問は次のとおりです。

- Where does the talk (probably) take place?　（このトークは〔おそらく〕どこで行われますか）
- Where is the talk (probably) taking place?　（このトークは〔おそらく〕どこで行われていますか）
- Where would the instructions (most likely) be heard?　（この指示は〔おそらく〕どこで聞かれますか）
- Where is the speaker?　（話者はどこにいますか）
- Where is the seminar being held?　（セミナーはどこで開かれていますか）

トークが行われている場所以外についてWhere ...?は「～はどこにいますか」「～するのはどこですか」「～したのはどこですか」という設問です。

- Where is the headquarters located?（本社はどこにありますか）
- Where will the listeners go next?（聞き手の人々は次にどこに行きますか）
- Where was the cargo's original destination?（貨物の当初の目的地はどこでしたか）

トークが行われている時間を問う代表的な設問は次のとおりです。

- When is the announcement being made?（この発表はいつ行われていますか）
- When did the caller leave the message?（電話をかけた人はいつこのメッセージを残しましたか）
- When does the talk take place?（このトークはいつ行われますか）
- When is the radio program broadcast?（このラジオ番組はいつ放送されますか）

トークが行われている時間以外について When ...? は「～はいつですか」「～するのはいつですか」「～したのはいつですか」という設問です。

- When will the flight arrive in Tokyo?（フライトはいつ東京に到着しますか）
- When is the presentation scheduled for?（プレゼンテーションはいつに予定されていますか）
- When should the employees pick up the forms?（従業員はいつ用紙をもらわなければなりませんか）

▼ Practice

Disc 1 ····· 31

1. What is the main purpose of the talk?

(A) To give new hires an overview
(B) To give visitors a tour of the facility
(C) To explain changes to the production process
(D) To explain how food is made

Ⓐ Ⓑ Ⓒ Ⓓ

2. Where is the talk most likely taking place?

(A) At a restaurant
(B) At a warehouse
(C) At a factory
(D) At a shipping company

Disc 1 ····· 32

3. What is the main purpose of the talk?

(A) To announce the speaker's retirement
(B) To give advice on making speeches
(C) To ask for investors to give money
(D) To introduce a colleague

Ⓐ Ⓑ Ⓒ Ⓓ

4. Where most likely is the talk being given?

(A) In a theater
(B) In the company's lobby
(C) At city hall
(D) At a restaurant

Ⓐ Ⓑ Ⓒ Ⓓ

▼ Answer Key

1-2

Disc 1 ····· 31

Questions 1 and 2 refer to the following talk.

1 Now that you've finished with
your orientation with the human
resources department, I'd like to
give you all a tour of the facilities
2 before your training begins. As you
are already aware, this is where
food is manufactured for all our
3 restaurants in the state. Right now
I'll just show you how we prepare
4 baked goods. I'll walk you through
all the production and packaging
steps before the food is sent out to
5 warehouses throughout the state. If
you have any questions during the
tour, please don't hesitate to ask.

設問 1-2 は次のトークに関するものです。

人事部のオリエンテーションが終了しましたので，研修が始まる前に皆さんに施設を見学していただこうと思います。すでにお気づきでしょうが，ここでは州内の当レストラン全店用の食品が製造されています。今から，パン・ケーキ類が製造される様子をお見せしましょう。食べ物が州全域の倉庫へと発送される前の製造から袋詰めまでをひとととおりご案内します。見学中に何か質問がありましたら，遠慮なくお尋ねください。

1.

Disc 1 ····· 31　正答：(A)

このトークの主な目的は何ですか。

(A) 新規採用者に概略を示すこと
(B) 訪問者に施設を案内すること
(C) 製造工程の変更を説明すること
(D) 食べ物の製造方法を説明すること

解き方　冒頭の文の後半で ..., I'd like to give you all a tour of the facilities ... と述べていますが，その前にまず Now that you've finished with your orientation with the human resources department, ... と告げていることに注意します。施設を案内する対象は人事部のオリエンテーションを終えた人々（つまり新規採用者）ですから，単なる訪問者（visitors）ではありません。新規採用者を対象に，製造工程の概略を示すための見学ですから (A) が正答です。(B) は誤答です。(C) はトークの内容と無関係です。製造方法ではなく製造工程を説明するための見学ですから，(D) も誤答です。

2.

Disc 1 ····· 31 正答：(C)

このトークはおそらくどこで行われていますか。

(A) レストランで
(B) 倉庫で
(C) 工場で
(D) 配送会社で

解き方 2文目の後半で ..., this is where food is manufactured ... と述べていることから，食品を製造するところ，つまり factory（工場）にいるとわかります。(C) が正答です。(A)，(B)，(D) は all our restaurants（2文目），... before the food is sent out to warehouses ...（4文目）というキーワードにひっかけた誤答です。

語　句 □ now that ...「今や～なので」 □ human resources department「人事部，人材開発部」 □ facility「施設」 □ manufacture「～を製造する」 □ baked goods「焼いた食品（ケーキ，パン，クッキーなど）」 □ production「製造」 □ packaging「包装，梱包」 □ warehouse「倉庫」 □ new hire「新採用者」 □ overview「概略」 □ production process「製造工程」 □ factory「工場」

3-4

Disc 1 ····· 32

Questions 3 and 4 refer to the following talk.

1 I'll make this introduction brief
because one, I'm not very good at
giving speeches, and two, I want to
let Marisa have as much time as she
2 needs. She's been on the theater's
3 board for over 35 years. I've had the
pleasure of working with her for 15 of
those years, but now after many hard
years of contribution not only to this
building, but also to the arts, she is
going to retire and enjoy some well-
4 earned relaxation. It's only fitting that
we say goodbye to her here, in the
5 auditorium of the theater she built. It
was due to her dedication in finding
investors and talking to city officials
that we are able to have this building.

設問 3-4 は次のトークに関するものです。

私からの紹介は手短に済ませます。まず私はあまりスピーチが得意でありませんし，次にマリサには好きなだけ話す時間を用意したいからです。彼女は35年間以上にわたって当劇場の運営に携わってきました。私は幸いにもそのうちの15年間を彼女とともに働いてきましたが，この建物だけでなく，芸術に対しても懸命に貢献してきた年月を経て彼女は退職し，当然の報酬として休養を満喫することになります。彼女が建設した劇場にあるこの講堂で，彼女にお別れを言うのがもっともふさわしいでしょう。私たちがこの建物を手にしていられるのは，彼女が投資家を探し，市当局と話し合うことに尽くしてくださったおかげなのです。

3.

Disc 1…… 32　正答：(D)

このトークの主な目的は何ですか。

(A) 話者の退職を発表すること
(B) スピーチの仕方について助言すること
(C) 資金の提供を投資家に求めること
(D) 同僚を紹介すること

解き方　冒頭でまず I'll make this introduction brief ... と述べていることから，このトークは introduction（紹介）であるとわかります。次に同じ文の後半で ..., I want to let Marisa have as much time as she needs. と述べていることから，話者の後でマリサという女性が話すとわかります。その女性については 3 文目で I've had the pleasure of working with her for 15 of those years, ... と述べていますので，女性は話者の同僚です。(D) が正答です。

4.

Disc 1…… 32　正答：(A)

このトークはおそらくどこで行われていますか。

(A) 劇場で
(B) 企業のロビーで
(C) 市庁舎で
(D) レストランで

解き方　4 文目で It's only fitting that we say goodbye to her here, in the auditorium of the theater she built. と述べているので，スピーチは女性が建設に尽くした劇場内の講堂で行われていると判断できます。(A) が正答です。

語　句
□ introduction「紹介」 □ brief「短い」 □ be on the board「取締役である」
□ contribution to ...「～への貢献」 □ well-earned「当然の報酬である」
□ auditorium「講堂」 □ dedication「献身，熱意」 □ investor「投資家」
□ retirement「退職」 □ city hall「市庁舎」 □ colleague「同僚」

3 基本情報を問う――話題・職業

トークの話題，話者（あるいは聞き手）の職業という基本情報を問う出題パターンです。出題頻度が高く，トーク全体にヒントが用意されているので，確実に正答しましょう。話題を問う代表的な設問は次のとおりです。

- What is the talk mainly about?（このトークは主に何についてのものですか）
- What is being announced?（何が発表されていますか）
- What is being advertised?（何が宣伝されていますか）
- What is the topic of the talk?（このトークの話題は何ですか）

話題以外について What ...? は「～は何ですか」「何に［を／が］～していますか」「何に［を／が］～しましたか」という設問です。

職業を問う設問は話者の職業についてのものだけでなく，聞き手の職業を問う場合もあるので注意が必要です。職業を問う代表的な設問は次のとおりです。

- Who is the speaker?（話者はだれですか）
- Who is probably talking?（おそらくだれが話していますか）
- Who is the speaker talking to?（話者はだれに向かって話していますか）
- Who is the speaker addressing?（話者はだれに向かって話していますか）
- Who are the listeners?（聞き手はだれですか）
- Who is the message intended for?（このメッセージはだれに向けたものですか）
- Who is the advertisement made for?（この広告の対象はだれですか）
- Who is the intended audience for the directions?（この指示はだれに向けたものですか）

なお，Who is Paul Rivera? のように《Who is + 固有名詞》の場合は，トークに登場する人物に関する設問であることがほとんどです。

▼ Practice

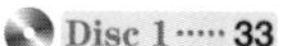

5. What is the talk mainly about?

(A) Recruiting new employees
(B) Giving speeches
(C) Administering a test
(D) Writing reports

6. Who is the likely audience for the talk?

(A) Hiring personnel
(B) College graduates
(C) New recruits
(D) Sales staff

7. What is the announcement mainly about?

(A) A new product
(B) A special event
(C) A defective product
(D) Car stereos

8. Who is the intended audience for the announcement?

(A) Maintenance staff
(B) Sales staff
(C) Store customers
(D) Car dealers

Ⓐ Ⓑ Ⓒ Ⓓ

▼ Answer Key

5-6

Disc 1 …… 33

Questions 5 and 6 refer to the following talk.

1 Each of you will be responsible for
2 testing five applicants each. Please
go to your room at the assigned time
and pass out the test materials to
3 each person. Please inform them that
they may not open the test booklets
until you tell them to begin, at which
time they will have 45 minutes to
4 complete the test. Once the test is
over, collect the materials and send
5 them over to Human Resources. You
will then proceed to the private rooms
where you will conduct the interview
portion of the test with each applicant
6 individually. You will have five minutes
7 with each applicant. Please do not
8 go over the allotted time. When you
are done, please write a report with
your recommendation for the best
candidate and send it to HR.

設問 5-6 は次のトークに関するものです。

皆さん各人に応募者５人の試験を担当していただきます。割り当てられた時間に部屋に行き，各人に試験用資料を配ってください。試験開始と言うまで試験冊子を開かないよう伝えてください。試験終了まで 45 分あります。試験が終了したら，試験用資料を回収して人事部に回してください。そのうえで個室に進んで，応募者ひとりひとりと面接試験を行うことになります。面接時間はひとり５分です。割り当てられた時間を超えないようにしてください。終了したら報告書を書いて，最良の候補者を推薦したうえで人事部に送ってください。

5.

Disc 1 …… 33　正答：(C)

このトークは主に何についてのものですか。

(A) 新規雇用者を求人すること
(B) スピーチをすること
(C) 試験を実施すること
(D) 報告書を書くこと

解き方 Each of you will be responsible for testing five applicants each. という冒頭の文から，このトークは就職希望者に対して行う試験の監督者に対する指示であることがわかります。その後にテストの実施方法と面接の手順，そして報告書の書き方に関する説明が続いているので，(C) が正答です。求人について話しているわけではないので，(A) は誤答です。報告書を書くことは監督業務の一部にすぎないので (D) も誤りです。

6.

Disc 1 …… 33 正答：(A)

このトークの聴衆はおそらくだれですか。

(A) 採用担当者
(B) 新卒者
(C) 新入社員
(D) 販売員

解き方 Each of you will be responsible for testing five applicants each.（1 文目），... you will conduct the interview portion of the test ...（5 文目），..., please write a report with your recommendation for the best candidate and send it to HR.（8 文目）という文から，聞き手は「応募者を選別する」人であることがわかります。したがって，(A) が正答です。

語　句
□ be responsible for ...「～に対して責任がある」 □ applicant「応募者」
□ the assigned [allotted] time「割り当てられた時間」
□ pass out ...「～を配る」 □ inform「～に…を伝える」
□ complete「～を終える」 □ proceed to ...「～へ進む，続けて～する」
□ conduct「～を行う」 □ recommendation「推薦，勧告」 □ candidate「候補者」
□ administer「～を行う」 □ graduate「卒業生」

7-8

Disc 1 …… 34

Questions 7 and 8 refer to the following announcement.

1 May we have your attention, please.
2 Thank you for shopping at Radios And
3 More. We are pleased to announce
that we will be holding a spring sale
4 from March 21st until March 30th. We
will be offering special discounts on
home electronics where you can save
anywhere from 5 to 35 percent on
5 select items. All items purchased at
this time will receive a free two-year
warranty, which means no cost for any
repairs, no matter what the problem.
6 Also, any car stereos bought during
this time will receive free installation.
7 Make sure you come to Radios And
More for all your electronics needs.

設問 7-8 は次のアナウンスメントに関するものです。

皆様にお知らせします。ラディオズ・アンド・モアでのショッピングをありがとうございます。3 月 21 日から 3 月 30 日まで春のセールを開催することをお知らせいたします。家庭用電子機器の特別割引を提供いたします。特別商品はどれでも 5 パーセントから 35 パーセント割引きいたします。今回ご購入いただいた全品は 2 年間無料で保証いたしますので，いかなる修理も，問題を問わず無料となります。また，この期間にご購入いただいたカーステレオは無料でお取り付けいたします。電子機器をお求めなら，ぜひラディオズ・アンド・モアにお越しください。

7.

Disc 1 ····· 34　正答：(B)

このアナウンスメントは主に何についてのものですか。

(A) 新製品
(B) 特別イベント
(C) 欠陥製品
(D) カーステレオ

解き方　3文目で ... we will be holding a spring sale ... と述べており，その後にセールの売り物である商品，サービスの説明が続くので，(B) が正答です。spring sale を一般的な名詞 special event と言い換えています。home electronics，select items，car stereos など，製品に関連した表現が (A) や (D) のひっかけとなっています。

8.

Disc 1 ····· 34　正答：(C)

このアナウンスメントはだれに向けたものですか。

(A) 整備員
(B) 販売員
(C) 店の顧客
(D) 自動車販売業者

解き方　2文目で Thank your for shopping at Radios And More. と述べているので，顧客に対して呼びかけていることがわかります。セールの内容を知らせ，最後にも電化製品が必要なら Make sure you come to Radios And More ... と述べているので，(C) が正答です。

語 句
□ offer「～を提供する」 □ home electronics「家庭用電子機器」 □ item「品目」
□ purchase「～を購入する」 □ warranty「保証」 □ repair「修理」
□ no matter ...「～を問わず」 □ installation「取り付け」
□ defective product「欠陥商品」 □ audience「聴衆」 □ maintenance「整備」

4 詳細情報を問う――問題・行動・方法

詳細情報を問う設問としては，まず問題，行動，方法を問う設問が頻繁に登場します。問題はアナウンスメント，録音メッセージ，指示などのトークで頻出です。まず問題が報告され，その問題に対処するための行動，あるいは一時的な解決策などが示されます。問題を問う代表的な設問は次のとおりです。

- What is the problem? （何が問題ですか）
- What problem is being mentioned? （どんな問題が述べられていますか）
- What happened to the facility? （施設に何が起こりましたか）
- What caused the delay in production? （生産の遅れの原因は何ですか）
- What is the cause of the rescheduling? （予定変更の原因は何ですか）

最後の2文は「問題の原因」を問うものであることに注意してください。次に，問題に対処するための行動，解決策などを問う代表的な設問は次のとおりです。

- What are listeners asked to do? （聞き手は何をするように求められていますか）
- What are employees expected to do? （従業員は何をするように期待されていますか）
- What are participants told to do? （参加者は何をするように指示されていますか）
- What is Ms. Clay going to do? （クレイさんは何をしますか）
- How can customers get reimbursement? （顧客はどのようにして返金してもらえますか）
- How are audience members asked to exit? （聴衆はどのように退出するように求められていますか）

▼Practice

Disc 1 …… 35

9. What is the problem with the parking lot?

(A) It is going to be closed permanently.
(B) It is under construction.
(C) There are not enough parking spaces.
(D) There are cars parking without permission.

Ⓐ Ⓑ Ⓒ Ⓓ

10. What will visitors be required to do?

(A) Call ahead
(B) Check in with security personnel
(C) Apply for a sticker
(D) Pay a registration fee

Ⓐ Ⓑ Ⓒ Ⓓ

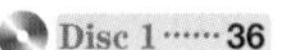

11. What caused the delay in construction?

(A) Inclement weather
(B) Late application for permits
(C) Lack of money
(D) Damaged materials

Ⓐ Ⓑ Ⓒ Ⓓ

12. What is the ceremony staff going to do?

(A) Make some phone calls
(B) Donate money to the project
(C) Talk to the construction company
(D) Attend a meeting

Ⓐ Ⓑ Ⓒ Ⓓ

▼ Answer Key

9-10

Disc 1 ····· 35

Questions 9 and 10 refer to the following announcement.

1 Recently there have been many
cases of unknown cars using the
company's parking lot for extended
2 periods of time. To cut down on
this, all employees will be required
to affix a sticker to their windshield
that indicates they are allowed to
3 park there. Please apply for a sticker
4 at Human Resources. Visitors may
use the parking lot as well, but they
must check in with a security guard
at the entrance of the parking lot.
5 They will be given a sign to display
during the duration of their visit.
6 Any unregistered cars will be towed
at the owner's expense.

設問 9-10 は次のアナウンスメントに関するものです。

このところ不明車が長時間当社の駐車場を利用している事例が多くなりました。これを減らすため，全従業員は駐車が許されていることを示すステッカーをフロントガラスに貼付してください。ステッカーは人事部に申請してください。訪問者も駐車場を利用できますが，駐車場の入口で保安係に届け出なければなりません。当社に留まる間は掲示する標識が与えられます。無届け車両は所有者の費用負担で牽引されます。

9.

Disc 1 ····· 35 正答：(D)

駐車場の問題は何ですか。

(A) 永久に閉鎖される予定である。
(B) 工事中である。
(C) 十分な駐車スペースがない。
(D) 車が許可なく駐車されている。

解き方 冒頭で Recently there have been many cases of unknown cars using the company's parking lot for extended periods of time. と無届け駐車の問題を述べています。この unknown cars using the company's parking lot を cars parking without permission と言い換えた (D) が正答です。

10.

Disc 1 ····· 35 正答：(B)

訪問者は何をしなければなりませんか。

(A) 電話で事前に連絡する
(B) 警備員へ届け出る
(C) ステッカーを申請する
(D) 登録料を支払う

解き方 4 文目で訪問者について，... they must check in with a security guard at the entrance of the parking lot. と述べているので，(B) が正答です。ステッカーを必要とするのは従業員ですから (C) は誤答です。

語 句 □ extended periods of time「長時間」 □ affix a sticker「ステッカーを貼る」 □ windshield「フロントガラス」 □ check in with ...「到着したことを～に告げる」 □ duration「存続（期間）」 □ unregistered「未登録の」 □ tow「～を牽引する」 □ at *someone's* expense「～の費用負担で」 □ permanently「永久に」 □ under construction「工事中で」 □ permission「許可」

11-12

Disc 1 ····· 36

Questions 11 and 12 refer to the following talk.

1 As most of you may know, we had
some problems getting the permits to
2 construct our fitness center. Fortunately
they came through, and we were able
3 to start on schedule. Now the project's
completion date will have to be pushed
back because of the recent freezing
temperatures and snowstorms that
4 have halted construction. Some of the
materials were also damaged and will
5 have to be reordered. This means that
we will not be able to have our opening
ceremony next month as originally
6 planned. I want all the staff involved
with that ceremony to meet with me
7 tomorrow to discuss what to do. I will
be spending the rest of the day making
phone calls and trying to find out when
construction will resume.

設問 11-12 は次のトークに関するものです。

大部分の方がご存じでしょうが，当社フィットネスセンターを建設するための許可を得るのにいくつか問題がありました。幸い許可が取れたので，予定どおり開始することができました。最近の厳しい寒さと吹雪で工事が中断したため，プロジェクトの完成期日は遅れざるを得ないでしょう。また，資材の一部が破損したため，再注文しなければなりません。これにより，当社は来月に予定していた開館式を行えません。式典に関係する全スタッフと明日会い，どうするか話し合いたいと思います。私は今日は終日電話をして建設再開がいつになるかを確認しようと思います。

11.

Disc 1 …… 36 **正答：(A)**

工事の遅れの原因は何ですか。

(A) 悪天候
(B) 許可申請の遅れ
(C) 資金不足
(D) 破損資材

解き方 フィットネスセンター建設に関わる問題として，認可の遅れ，悪天候，資材の破損という3つが述べられているので，混乱しないよう注意が必要です。これらの問題のうち，工事の遅れにつながった理由は，3文目で ... because of the recent freezing temperatures and snowstorms that have halted construction. と述べています。厳しい寒さと吹雪を inclement weather と言い換えた (A) が正答です。

12.

Disc 1 …… 36 **正答：(D)**

式典スタッフは何をしますか。

(A) 電話をかける
(B) プロジェクトに献金する
(C) 建設企業と話し合う
(D) 会議に出席する

解き方 6文目で I want all the staff involved with that ceremony to meet with me tomorrow to discuss what to do. と述べています。話者は式典スタッフに対して，明日に善後策を話し合いたいと述べているので，(D) が正答です。(A) は話者の今後の行動なので誤りです。

語　句
□ permit「許可」 □ construct「～を建設する」 □ completion「完成」
□ push back ...「～を延期する」
□ freezing temperature「凍えるような寒さ，氷点下の気温」
□ halt「～に歯止めをかける」 □ reorder「～を再注文する」
□ resume「～を再開する」 □ inclement weather「荒れ模様の天候」
□ donate money「金を寄付する」 □ attend a meeting「会議に出席する」

5 詳細情報を問う——理由・意見・提案

理由を問う設問は基本的に Why ...? の形をとりますが，What caused...? など why 以外の疑問詞を用いた表現も用いられます。

- Why is the speaker calling? （話者はなぜ電話をかけていますか）
- Why was the sale extended? （売り出しはなぜ延長されましたか）
- Why are listeners requested to come early? （聞き手はなぜ早めに来るように求められていますか）
- What caused the cancellation of the flight? （フライトはなぜキャンセルされましたか）
- What is the cause of the supply shortage? （備品が不足している原因は何ですか）
- What is the reason for Mr. Kenny's absence? （ケニーさんが不在である理由は何ですか）
- What reason is mentioned for the repair? （修理の理由として何が述べられていますか）

意見，提案を問う問題にはわかりやすい特徴があります。say [mention] about ...（～について述べる），suggest（～を提案する），recommend（～を勧める），advise（～を忠告する）などの動詞やその派生語を含む設問は話者の意見，提案を問うものと判断できます。

- What does the speaker say about the new project? （話者は新プロジェクトについて何を述べていますか）
- What does the speaker mention about Ms. Cowley's leaving? （話者はカウリーさんの退職について何を述べていますか）
- What does the speaker suggest participants do? （話者は参加者に何をするように勧めていますか）

- What does the speaker recommend that new hires do?
(話者は新入社員に何をするように勧めていますか)
- What does the speaker advise consumers to do?
(話者は消費者に何をするように助言していますか)
- What is the speaker's advice? (話者の助言は何ですか)
- What is the speaker's recommendation? (話者は何を勧めていますか)

▼ Practice

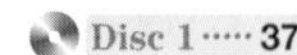
Disc 1 ····· 37

13. What is the main purpose of the message?

(A) To ask for more money
(B) To request an extension
(C) To check on the clients
(D) To find out the project's status Ⓐ Ⓑ Ⓒ Ⓓ

14. What does the speaker advise Jennifer to do?

(A) Contact the client
(B) Ask a colleague for help
(C) Work overtime
(D) Ask for an extra day Ⓐ Ⓑ Ⓒ Ⓓ

Disc 1 ····· 38

15. Why is one of the guests unavailable today?

(A) A business emergency came up.
(B) The weather kept him away.
(C) He had problems with his transportation.
(D) He could not find a mechanic. Ⓐ Ⓑ Ⓒ Ⓓ

16. How does the speaker think the agenda should be revised?

(A) She wants to cancel the event.
(B) She wants to show a movie.
(C) She wants to give a speech.
(D) She wants the woman to speak longer. Ⓐ Ⓑ Ⓒ Ⓓ

▼ Answer Key

13-14

Disc 1 ····· 37

Questions 13 and 14 refer to the following voice-mail message.

1-3 Hello, Jennifer. This is Wes. I'm just
calling to check on how everything
4 is going with the project. I know
you've been working overtime this
past week to get it done on time.
5 I'm going to be calling the client
tomorrow to give them an update
6 on what you've been doing. Do you
think you'll still be able to meet the
7 scheduled delivery date? If you think
you might not make it, give Carol a
call and tell her to give you a hand.
8 She'll be back from her business trip
9 tomorrow. Give me a call back when
you get in so we can discuss this.

設問 13-14 は次のボイスメール・メッセージに関するものです。

こんにちは，ジェニファー。ウェスです。プロジェクトの状況確認をするためにお電話しました。予定どおりに仕上げるためにこの１週間残業なさっていますね。私は顧客に明日電話して，あなたの進行状況を伝えることになっています。予定された納品日に間に合わせることができそうですか。間に合いそうもなければ，キャロルに電話して手伝ってくれるように言ってください。彼女は出張から明日帰ってきます。戻ってきたら電話をください，この件を話し合いましょう。

13.

Disc 1 ····· 37 正答：(D)

このメッセージの主な目的は何ですか。

(A) 資金を求めること
(B) 延長を求めること
(C) 顧客について確認すること
(D) プロジェクトの現状を知ること

解き方 3 文目で I'm just calling to check on how everything is going with the project. と電話の目的を述べています。プロジェクトの進行状況を知るのが目的ですから，(D) が正答です。check on ⇨ find out，how everything is going with the project ⇨ the project's status と言い換えています。電話，レター，メール，ファクスなどの通信文では，通常はその目的は冒頭で述べます。

14.

Disc 1 …… 37　**正答：(B)**

話者はジェニファーに対して何をするように助言していますか。

(A) 顧客に連絡する
(B) 同僚に助けを求める
(C) 残業する
(D) 1日延ばしてもらう

解き方 7文目で，間に合いそうになければ ... give Carol a call and tell her to give you a hand. と述べています。give a hand は「助ける，手伝う」という意味ですから，(B) が正答です。Carol ➪ colleague，tell her to give you a hand ➪ ask ... for help と言い換えています。

語　句
□ work overtime「時間外労働をする」 □ give ... an update「～に最新情報を伝える」
□ delivery date「配達日，納品日」 □ make it「間に合わせる」
□ give ... a hand「～に手を貸す，～を手伝う」 □ extension「延長，拡大」
□ status「状態」 □ make [meet] the deadline「締め切りに間に合わせる」
□ colleague「同僚」

15-16

Disc 1 …… 38

Questions 15 and 16 refer to the following talk.

1 I'm glad to see that all of you made
it today despite the snowstorm we
2 had last night. I have a couple of
updates about the workshop for today.
3 Originally we were to have two guest
speakers, Carol DeLaney and Chuck
4 Hazel. Unfortunately, only Carol will
be able to give her lecture as planned.
5 Chuck, on the other hand, will not be
able to make it because his flight was
canceled for mechanical problems.
6 Instead of just canceling his portion
of the workshop, I thought we could
show a film of one of his speeches
that he gave on a previous occasion.
7 Aside from that, I don't foresee any
other changes to the agenda.

設問 15-16 は次のトークに関するものです。

昨夜の吹雪にもかかわらず，本日皆さん全員にご出席いただけて喜んでおります。本日のセミナーについていくつかお知らせがございます。当初キャロル・デラニーさんとチャック・ヘイゼルさんのお2人の講演を予定しておりました。残念ながら，予定どおりに講演していただくのはキャロルさんだけになります。チャックさんはというと，機械故障によりフライトがキャンセルされたためお越しいただけません。彼のセミナーをただ中止するのではなく，前回行われた彼の講演を上映しようと思います。それ以外は，予定表に関して変更はございません。

15.

Disc 1 ····· 38 正答：(C)

今日ゲストのひとりが出席できないのはなぜですか。

(A) 仕事で緊急事態が発生した。
(B) 天候のために来られなかった
(C) 利用する輸送機関に問題が生じた。
(D) 整備士を見つけられなかった。

解き方 4文目で講演者はキャロルだけになると伝え，5文目でChuckは来られないと述べた後で，理由として ... because his flight was canceled for mechanical problems. と説明しています。機械の故障のためにフライトがキャンセルされたことがわかります。これを言い換えた (C) が正答です。冒頭で snowstorm というキーワードが出ていますが，チャックが来られなくなった理由とは関係ありません。(B) は誤答です。(D) は mechanical problems と音の似た mechanic を用いたひっかけです。

16.

Disc 1 ····· 38 正答：(B)

話者は予定表をどのように変えるつもりですか。

(A) 彼女は行事を中止したい。
(B) 彼女は映画を上映したい。
(C) 彼女は講演したい。
(D) 彼女は女性の講演時間を延ばしたい。

解き方 6文目でチャックの講演を単に中止するのではなく，..., I thought we could show a film of one of his speeches ... と提案しています。講演から映画の上映に予定を変更したいということですから，(B) が正答です。

語句
□ originally「そもそもは」 □ on the other hand「一方」
□ mechanical problem「機械の故障」 □ instead of ...「～の代わりに」
□ portion「部分」 □ previous「以前の」 □ aside from ...「～は別として」
□ foresee「～を予感［予測］する」 □ agenda「予定表」
□ unavailable「出席できない」 □ transportation「輸送手段」
□ mechanic「整備士」

6 詳細情報を問う——推測情報・時・数値

推測情報を問う設問は，トーク中に言葉で明確に述べていない情報が問われます。トーク全体の内容から推測したり，話者の意図や考えを自分なりに判断する必要があるので，難度も高くなります。推測情報を問う代表的な設問は次のとおりです。

- What does the speaker imply about the report?
  （報告書について話者は何を示唆していますか）
- What is implied about the products to be launched?
  （発売される商品について何が示唆されていますか）
- What can be inferred about the negotiation?
  （交渉について何が推測されますか）
- What is mentioned [said] about the merger plan?
  （合併案について何が述べられていますか）

時や数値を問う問題は，日時や曜日，日付，時間，金額，数量などの詳細情報が問われます。When ...? や What time ...?，What ...?，How many ...?，How long ...?，How far ...? などの表現が用いられます。

- When will the manager talk with his team?
  （部長はいつ部下たちと話しますか）
- What is the minimum fee for the service?
  （サービスの最低料金はいくらですか）
- How many stores will open this year?
  （今年いくつの店がオープンしますか）
- How far is the next stop for the tour bus?
  （ツアーバスの次の停車地までどれくらいの距離ですか）

▼ Practice

Disc 1 ····· 39

17. What does the speaker imply about the product line?

(A) The sales price has been reduced.
(B) It is cheaper to make now.
(C) Sales are higher than expected.
(D) It has not been successfully promoted. Ⓐ Ⓑ Ⓒ Ⓓ

18. When will the new incentives be discussed?

(A) Before the speaker visits the vendors
(B) In two weeks
(C) After a colleague returns
(D) Once a customer survey has been conducted Ⓐ Ⓑ Ⓒ Ⓓ

Disc 1 ····· 40

19. What can be inferred about the survey?

(A) Each team will have three people.
(B) Students are the target of the survey.
(C) Each participant can make up questions.
(D) No personal information will be recorded. Ⓐ Ⓑ Ⓒ Ⓓ

20. How many respondents are needed to ensure reliable survey results?

(A) 50
(B) 100
(C) 150
(D) 200 Ⓐ Ⓑ Ⓒ Ⓓ

▼ Answer Key

17-18

Disc 1 ···· 39

Questions 17 and 18 refer to the following talk.

1 As many of you know, sales of
our new hands-free headsets have
been less than expected, and we
need to do something to promote
2 them to consumers. In the past,
we have offered our products at
reduced prices, but I don't think
that will work in this case because
the problem is that consumers
3 don't know the product exists. One
proposal I received was to offer the
headsets as a bundle with new cell
4 phones. Unfortunately, we can't do
this without more market research.
5 As you know, Tim has been visiting
vendors the past two weeks, but
when he gets back, we can discuss
what kinds of incentives we would
like to go with.

設問 17-18 は次のトークに関するものです。

皆さんの多くがご存じでしょうが，当社の新しいハンズフリー・ヘッドホンの販売が期待を下回っているので，消費者への販促活動を行う必要があります。過去において当社製品の割引販売を行ったことがありますが，今回はそれがうまくいくとは思いません。なぜなら，消費者が製品の存在そのものを知らないことが問題だからです。私が受けた提案のひとつは，新しい携帯電話の付属品としてヘッドホンを提供することでした。残念ながら，さらに市場調査を行ったうえでなければこれを実行できません。ご存じのとおり，ティムが2週間かけて販売店を回っていますので，彼が戻ったら，どんな消費者刺激策を採るかを話し合います。

17.

Disc 1 ···· 39　**正答：(D)**

製品ラインについて話者は何を示唆していますか。

(A) 販売価格が引き下げられた。
(B) 今はもっと安く作れる。
(C) 売り上げは予想を上回っている。
(D) 販促活動が成功していない。

解き方 冒頭でまず製品の売れ行きが期待を下回っていることを報告し，販促活動を行う必要を述べています。2文目で，割引販売という従来の方法は今回はうまくいかないだろうという見通しに続いて，... because the problem is that consumers don't know the product exists. という理由が示されています。製品の存在が消費者に知られていないということは，これまでの販促活動がうまくいっていないと考えられるので，(D) が正答です。

18.

Disc 1 ····· 39　正答：(C)

消費者刺激策についていつ話し合われますか。

(A) 話者が販売店を視察する前に
(B) 2週間後に
(C) 同僚が戻った後で
(D) 消費者アンケートが実施されるとすぐに

解き方　トークの最後で，2週間かけて販売店を回っているティムのことに触れて，..., but when he gets back, we can discuss what kinds of incentives we would like to go with. と述べているので，ティムが戻ってから話し合うことになります。Tim を colleague に言い換えた (C) が正答です。

語　句
□ hands-free headsets「ハンズフリー・ヘッドセット」
＊マイクがついている電話用イヤホン，ヘッドホン。受話器を持つ必要がない。
□ promote「～の販売を促進する」 □ at reduced prices「値引きをして，安値で」
□ exist「存在する」 □ a bundle with ...「～の付属品，同梱品」
□ vendor「売る人，業者」 □ incentive「動機，やる気を起こさせるもの」
□ expectation「予期，期待」 □ survey「調査」

19-20

Disc 1 ····· 40

Questions 19 and 20 refer to the following talk.

1 Joanne is passing out the materials for
the surveys you all will be conducting.
2 Each group of two will be given a
3 different college to target. Be sure to
ask the questions in the order they
4 appear on your materials. While you
do not need to record names for
each respondent, you will need to
5 record their age and sex. Last time
we conducted surveys we only got
50 respondents from each location.
6 In order to ensure that we have a
fair cross section to sample from, we
would like you to interview 150 more
people than last time for each location.
7 Now if you will open your envelopes,
we can review the survey materials.

設問 19-20 は次のトークに関するものです。

皆さんに実施していただくアンケートについての資料をジョアンがお配りします。2人ひと組で異なる大学1校を対象としてもらいます。必ず資料に示されている順序で質問してください。回答者の氏名を記録する必要はありませんが，年齢と性別は記録してください。前回の実施では，各大学で50人の回答者しか集まりませんでした。偏りのない標本集団を作るため，各大学で前回より150人多い人々を対象に面接していただきたいのです。では，封筒を開けて，アンケート資料に目を通してください。

19.

Disc 1 …… 40 正答：(B)

アンケートについて何が推測できますか。

(A) 各チームは３名である。
(B) 調査対象は学生である。
(C) 各参加者が質問を作れる。
(D) 個人情報は記録されない。

解き方 2文目で Each group of two will be given a different college to target. と述べているので，アンケートは複数の大学で行われることがわかります。したがって，調査対象は学生であると推測されます。(B) が正答です。対象者の個人名は記録されないものの，年齢，性別は記録されるので (D) は誤答です。

20.

Disc 1 …… 40 正答：(D)

信頼できるアンケート結果を得るには何人の回答者が必要ですか。

(A) 50 人
(B) 100 人
(C) 150 人
(D) 200 人

解き方 5文目で前回の調査について ... we only got 50 respondents ... と述べ, 6文目で ..., we would like you to interview 150 more people ... と指示しています。前回の回答者数 50 人にさらに 150 人を追加してほしいと述べているので，(D) が正答です。トーク中にキーワードとして出てくる (A)，(C) にひっかからないようにします。

語　句
□ pass out ...「～を配る」 □ survey「調査」 □ respondent「回答者」
□ location「場所，地域」 □ ensure「～を確実にする」
□ fair cross section「偏りのない横断的な調査対象」 □ envelope「封筒」
□ reliable「信頼できる」

7 言い換え表現

説明文問題でも全体として言い換え表現が多用されます。選択肢にはトーク中のキーワード（動詞，名詞，形容詞）をそのまま繰り返したり，音の似た単語を含むものが数多く見られます。多くの場合，これらの選択肢は誤答です。トーク中の記憶に残りやすい語をひっかけに用いているわけです。逆に正答選択肢では，トーク中の文や表現を別の語句を用いて言い換えている傾向があります。

語句レベルでの言い換え

● mark down the prices （値下げする）
➪ give a special offer （特別提供する）

● clinched the deal （取引をまとめた）
➪ reached an agreement （合意した）

● make agendas （議題を用意する）
➪ prepare a list of discussion topics （論点のリストを用意する）

● run business more efficiently （事業の効率を高める）
➪ improve productivity （生産性を改善する）

● is worrying about financing the project
（プロジェクトの財源を懸念している）
➪ is concerned about funding a business （事業資金について懸念する）

文レベルでの言い換え

● You can buy two of these albums for the price of one.
（これらのアルバムは１冊分の価格で２冊購入していただけます）

➪ The store offers a 50-percent discount on the albums.
（店はアルバムを半額で提供している）

- We have to take into account budget limitations.
  （予算の制約を考慮しなければならない）

➪ Budgetary constraints should be considered.
（予算の制約を検討しなければならない）

- The negotiation will be resumed later this week.
  （交渉は今週後半に再開されるだろう）

➪ Further discussion will take place soon.
（さらなる議論がすぐに行われるだろう）

- The survey shows the participants found the workshop informative. （調査によれば，参加者はワークショップが有益だったと考えている）

➪ The event received positive feedback. （そのイベントは好評だった）

- Today marks the 10th anniversary of the company's founding.
  （今日はその企業の創業 10 周年の日である）

➪ The company was set up 10 years ago.
（その企業は 10 年前に創業された）

▼ Practice

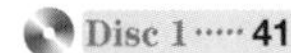

21. What is the announcement mainly about?

(A) Revising working policies
(B) Handing out salary raises
(C) Starting a new work schedule
(D) Meeting deadlines　Ⓐ Ⓑ Ⓒ Ⓓ

22. What should an employee who needs more time do?

(A) Ask another section for help
(B) Just do overtime
(C) Obtain permission
(D) E-mail the speaker

23. What does the speaker say about the studio?

(A) It cannot be reserved for an entire month.
(B) It was not booked for a certain Saturday.
(C) It costs $1,200 a day to use.
(D) It will be closed all of next week.

24. What is said about the director?

(A) He hopes to confirm the schedule.
(B) He is not available on Saturdays.
(C) He will e-mail his questions to Brandon.
(D) He will give a discount on the fees.　Ⓐ Ⓑ Ⓒ Ⓓ

▼ Answer Key

21-22

Disc 1 ····· 41

Questions 21 and 22 refer to the following announcement.

1 There will be one important policy
change starting in May: we're going
to limit the amount of overtime
that can be done during a week.
2 Employees will no longer be
allowed to work more than four
hours of overtime a day, or more
3 than 20 hours a week. You will still
receive one-point-five times your
normal salary for all extra work,
but everyone must be finished by
4 9:00 P.M. every night. If you need to
put in more time to finish a project,
then you need to make a request in
writing to your section supervisor.

設問 21-22 は次のアナウンスメントに関するものです。

5 月初めに重要な方針変更があります。当社は週当たりの残業時間について制限を設けます。従業員は一日 4 時間，一週間当たり 20 時間を超える時間外労働は行えなくなります。今までどおり残業に対して通常の 1.5 倍の給与を受け取ることはできますが，全員が毎晩午後 9 時までには終えなければなりません。プロジェクトを完了させるためにもっと多くの時間を費やす必要がある場合は，部署の上司に対して文書で申請する必要があります。

21.

Disc 1 ····· 41 正答：(A)

このアナウンスメントは主に何についてのものですか。

(A) 就業規定を修正すること
(B) 昇給を与えること
(C) 新しい勤務予定を開始すること
(D) 締め切りに間に合わせること

解き方 冒頭でトークの話題について述べています。There will be one important policy change starting in May: ... と切り出しており，続いて残業時間の制限を発表しているので，(A) が正答です。one important policy change と overtime を合わせて Revising working policies と言い換えています。

22.

Disc 1 …… 41　正答：(C)

さらに多くの時間を必要とする従業員は何をすべきですか。

(A) 他の部署に手伝いを求める
(B) 残業する
(C) 許可を得る
(D) 話者に電子メールを送る

解き方　規定時間以上の残業が必要な場合については，トークの最後で ..., then you need to make a request in writing to your section supervisor. と指示しています。上司に文書で申請するということは，言い換えれば「許可を得る」ということですから，(C) が正答です。

語　句　□ policy change「方針変更」 □ limit「～を制限する」 □ overtime「残業（時間）」 □ one-point-five times「1.5 倍」 □ put in ...「～を費やす」 □ in writing「文書で」 □ supervisor「上司」 □ meet a deadline「締め切りに間に合わせる」

23-24

Disc 1 …… 42

Questions 23 and 24 refer to the following telephone message.

1 This is Julie Diaz from Sound Creations.
2 I'm returning a call from Brandon
3 Baker. I have answers for the questions
4 you left with my secretary. We have
reserved the studio for three weeks as
5 per your request. The cost is $1,000 per
6 day. Unfortunately, it is not available
7 on the second Saturday. We still believe
you will be able to get all of your
8 recording done in the time allotted. The
9 director will be Joe Hapabo. He will call
10 tomorrow about the schedule. If you
have any concerns or questions, please
e-mail me.

設問 23-24 は次の電話メッセージに関するものです。

サウンドクリエイションズのジュリー・ディアスです。ブランドン・ベーカーさんからお電話をいただきました。私の秘書にお伝えいただいた質問についてお答えします。ご依頼どおり，スタジオを 3 週間予約いたしました。費用は一日 1,000 ドルです。あいにく，第二土曜日は利用できません。それでも，この割り当ての時間内に録音を完了していただけると思います。ディレクターはジョー・ハパボさんです。明日彼が予定についてお電話いたします。懸念や質問がございましたら，メールでお知らせください。

23.

Disc 1 ····· 42 正答：(B)

スタジオについて話者は何を述べていますか。

(A) 1か月間の予約はできない。
(B) 特定の土曜日は予約が取れなかった。
(C) 利用料金は一日 1,200 ドルである。
(D) 来週はずっと閉鎖される。

解き方 6文目で Unfortunately, it is not available on the second Saturday. と述べているので，スタジオは第二土曜日は利用できません。言い換えれば，第二土曜日は予約されていないわけですから，(B) が正答です。スタジオの予約は3週間ですが，1か月の予約はできないとは述べていないので (A) は誤答です。

24.

Disc 1 ····· 42 正答：(A)

ディレクターについて何を述べていますか。

(A) 彼はスケジュールを確認したがっている。
(B) 彼は土曜日に都合がつかない。
(C) 彼はブランドンさんに質問の電子メールを送る。
(D) 彼は料金を割り引いてくれる。

解き方 ディレクターについての話は8文目から始まり，9文目で He will call tomorrow about the schedule. と述べています。call tomorrow about the schedule をもっと具体的に confirm the schedule と言い換えている (A) が正答です。

語　句
□ return a call「電話を返す」 □ reserve「～を予約する」
□ available「利用できる」 □ in the time allotted「割り当てられた時間内で」
□ concern「懸念，心配」 □ entire month「まる1か月」

II

攻略ストラテジー
Strategies

Part 1

写真描写問題
Photographs

1 どこで・だれが・何をしているか——人物写真（ひとり）

人物写真問題（ひとり）では，ひとりの人物に焦点が当たっています。写真を見たらすぐに「その人物は今どこにいるか，だれなのか，何をしているのか」を考えます。そして，その人物の動作・行動・状態に注意しながら選択肢を聞き，正誤を即断即決します。動作・行動・状態，場所，位置関係，服装・姿勢・所持品などが適合していない選択肢はすぐに誤答と判断します。

人物写真問題（ひとり）の選択肢の多くは現在進行形です。とりわけ次に挙げる52表現は頻出ですから，確実に覚えましょう。これらの表現は正答として用いられるのはもちろんのこと，誤答としても用いられます。

❖ is assembling ...	～を組み立てている
❖ is boarding ...	（乗り物）に乗り込んでいる
❖ is climbing a ladder	はしごを登っている
❖ is conducting ...	～を行っている
❖ is crossing *one's* arms [legs]	腕［脚］を組んでいる
❖ is distributing ...	～を配布している
❖ is drawing a picture	絵を描いている
❖ is emptying ...	～を空にしている
❖ is filling in [out] ...	～に記入している
❖ is filling [fueling] *one's* car	車にガソリンを入れている
❖ is fixing [repairing] ...	～を修理している
❖ is handing out ...	～を配っている
❖ is installing ...	～を設置している
❖ is kneeling down	ひざまずいている
❖ is laying ...	～を置いている，敷いている
❖ is leaning against ...	～に寄りかかっている
❖ is loading ...	（荷）を積んでいる
❖ is looking at ...	～を見ている
❖ is looking over ...	～に目を通している
❖ is monitoring ...	～を監視している
❖ is mowing the lawn	芝生を刈っている
❖ is opening ...	～を開けている

❖ is operating ...	～を操作している
❖ is organizing ...	～を整理している
❖ is packing ...	（荷物）を詰めている
❖ is picking up ...	～を拾い上げている
❖ is planting ...	～を植えている
❖ is pointing at ...	～を指差している
❖ is pouring ...	～を注いでいる
❖ is preparing ...	～を用意している
❖ is pushing ...	～を押している
❖ is putting on ...	～を身につけようとしている（動作）
❖ is reading ...	～を読んでいる
❖ is removing ...	～を取り外している
❖ is resting *one's* chin on *one's* hand	ほおづえをついている
❖ is sitting at [on] ...	～の前に［上に］座っている
❖ is standing by [near] ...	～の側［近く］に立っている
❖ is stepping into ...	～に乗り込もうとしている
❖ is sweeping ...	～を掃いている
❖ is taking a nap	昼寝をしている
❖ is taking notes	メモを取っている
❖ is talking on the phone	電話で話している
❖ is throwing ...	～を投げている
❖ is typing ...	～をタイプしている，打ち込んでいる
❖ is unloading ...	（荷）を降ろしている
❖ is using ...	～を使っている
❖ is walking ...	歩いている
❖ is walking *one's* dog	犬を散歩させている
❖ is washing ...	～を洗っている
❖ is watering ...	～に水をやっている，水をまいている
❖ is wearing ...	～を身につけている（状態）
❖ is working on ...	～に取り組んでいる

▼ Practice

Disc 1 ····· 45

1.

Ⓐ Ⓑ Ⓒ Ⓓ

2.

Ⓐ Ⓑ Ⓒ Ⓓ

▼ Answer Key

1.

Disc 1 ····· 45　正答：(C)

(A) The guard is glancing at the wall.
(B) The electrician is attaching a cover.
(C) The man is checking something on his instrument.
(D) The worker is busy fixing the floor.

(A) 保安係は壁をチラッと見ています。
(B) 電気技師はカバーを取り付けています。
(C) 男性は機器で何かを点検しています。
(D) 作業員は床の修理で忙しくしています。

解き方 男性が機器（instrument）を用いて電圧か何かをチェックしています。少し難しいかもしれませんが，(C) 以外の選択肢がすべて明確な誤答ですから，消去法で解答してもよいでしょう。

語　句
- □ guard「保安係，ガードマン」
- □ glance at ...「～をチラッと見る」
- □ attach「～を取り付ける」
- □ instrument「機器，計器」
- □ fix「～を修理する」

2.

Disc 1 ····· 45　正答：(D)

(A) The woman's bag is falling down the stairs.
(B) The woman has a long-sleeved blouse on.
(C) The woman is crossing her legs.
(D) The woman is sitting on the steps.

(A) 女性のかばんが階段から転げ落ちています。
(B) 女性は長袖のブラウスを着ています。
(C) 女性は脚を組んでいます。
(D) 女性は階段に座っています。

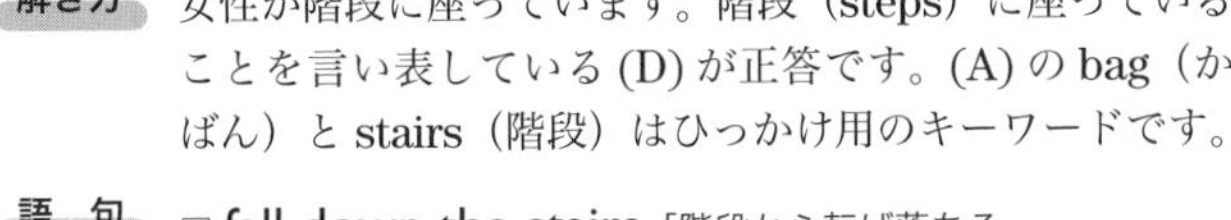

解き方 女性が階段に座っています。階段（steps）に座っていることを言い表している (D) が正答です。(A) の bag（かばん）と stairs（階段）はひっかけ用のキーワードです。

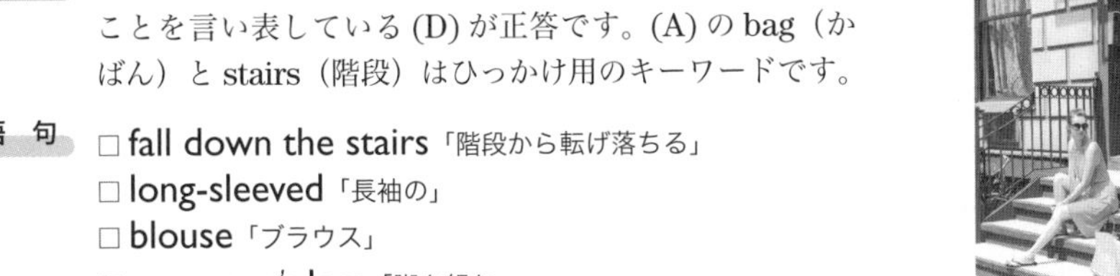

語　句
- □ fall down the stairs「階段から転げ落ちる」
- □ long-sleeved「長袖の」
- □ blouse「ブラウス」
- □ cross *one's* legs「脚を組む」

2 共通点・相違点——人物写真（複数）

人物写真問題（複数）では2人以上の人物が写っています。注目すべきは彼らの共通点と相違点です。写っているのが2人の場合は，2人の動作・状態・外見・姿勢は同じか，異なっているかに注目します。同じ動作をしている場合は，例えば They're shaking hands.（彼らは握手をしています）や They're facing each other.（彼らは向かい合っています）のような選択肢が正答になります。しかし，異なる動作・状態の場合には，The man is ...（男性は〜しています・〜の状態です）や，The woman is ...（女性は〜しています・〜の状態です）のような選択肢が正答になることもあります。あるいは互いの位置関係が焦点になる場合もあり，They're standing side by side.（彼らは並んで立っています）や The woman is running right behind the man.（女性は男性のすぐ後ろを走っています）などの選択肢が登場します。

3人以上の人物が写っている場合は，各人の動作・状態・外見・姿勢は共通している場合が多く，They're ...（彼らは〜しています・〜の状態です）や The people are ...（人々は〜しています・〜の状態です）のような選択肢が正答である確率が高くなります。ただし，ひとり，あるいは一部の人々の動作・状態・外見・姿勢が他と異なっている場合には，その異なる点を描写した選択肢が正答であることが多くなります。例えば，The man is addressing the audience.（男性は聴衆を前に演説を行っています），One woman is in uniform.（女性のひとりは制服を着ています）のような選択肢が挙げられます。

相違点を描写する選択肢については，その特定の人物ひとりに注目して正誤が判断できます。しかし，複数の人物の共通点を描写している選択肢については，特に次の20表現がよく出るので覚えておきましょう。これらの表現は多くの場合 They're ...，The men are ...，The women are ...，People are ...，The people are ... で始まります。これらの表現は正答選択肢で用いられることが多いのですが，もちろん誤答選択肢としても用いられます。

❖ are applauding ...	〜に拍手をしている
❖ are arranging ...	〜を準備［用意］している
❖ are carrying ...	〜を運んでいる
❖ are checking ...	〜をチェックしている
❖ are cleaning ...	〜を掃除している

❖ are crossing the road [street]	通りを渡っている
❖ are digging ...	～を掘っている
❖ are enjoying ...	～を楽しんでいる
❖ are getting on [off] ...	(乗り物に) 乗り込んでいる［から降りている］
❖ are having a meeting	打ち合わせを行っている
❖ are listening to ...	～を聞いている
❖ are lying on ...	～に横たわっている
❖ are performing ...	～を演奏している，行っている
❖ are playing musical instruments	楽器を演奏している
❖ are reviewing ...	～を見直している
❖ are sorting ...	～を分類している
❖ are talking about something	何かについて話している
❖ are waiting in a line	列に並んで待っている
❖ are walking side by side	並んで歩いている
❖ are waving at ...	～に手を振っている

すでに人物写真問題（ひとり）で紹介した52表現と，ここで紹介した20表現は人物写真問題全体で最頻出のものです。be動詞のis/areを使い分けるだけですから，どちらもしっかりとマスターしておいてください。

人物写真問題（ひとり）の場合と同じく，人物写真問題（複数）でも圧倒的に現在進行形が選択肢として用いられますが，現在進行形を用いないThe people are inside the church.（人々は教会の中にいます）のような選択肢が正答となる場合もあります。

▼ Practice

Disc 1 ····· 46

3.

Ⓐ Ⓑ Ⓒ Ⓓ

4.

▼ Answer Key

3.

Disc 1 ····· 46 正答：(A)

(A) The server is taking an order.
(B) The customer is paying the bill.
(C) The women are clearing off the table.
(D) The customer is requesting a menu.

(A) 給仕人は注文を取っています。
(B) 客は勘定を払っています。
(C) 女性たちはテーブルの上を片付けています。
(D) 客はメニューを頼んでいます。

解き方 給仕係の女性が客（customer）の注文を取っています。(A) が正答です。(B), (C), (D) は行動が異なります。server（給仕人，接待係）は，waitress, waiter を意味する性差のない（gender-free）語としてよく用いられます。

語　句
□ take an order「注文を取る」
□ pay the bill「勘定を払う」
□ clear off ...「～を片付ける」

4.

Disc 1 ····· 46 正答：(C)

(A) Some people are stepping off the bus.
(B) The driver is taking a break outside.
(C) Several children are waiting to board the vehicle.
(D) The school bus has already left the stop.

(A) 数人がバスから降りています。
(B) 運転手は外で休憩しています。
(C) 数人の子どもが車両に乗り込むのを待っています。
(D) スクールバスはすでに停留所を発車しました。

解き方 生徒たちがスクールバスに乗り込んでいるところです。(C) が正答です。board は「（乗り物）に乗り込む」という意味で，get on ... と同じです。また，school bus を言い換えている vehicle は「乗り物」という意味の TOEIC の必須語です。

語　句
□ step off ...「～から降りる」（=get off ...）
□ take a break「休憩する」
□ board「（乗り物）に乗り込む」
□ vehicle「乗り物」
□ stop「停留所」

3 どこで・何が・どのようになっているか――事物写真・光景写真

事物写真問題・光景写真問題では「事物の位置・状態」「特定の空間にある要素とその状態」がポイントになります。英文選択肢には次の6つの文型が多用されます。

1. 受動態（be 動詞＋過去分詞）

- The computer is positioned on the desk.
（コンピュータは机の上に置かれています）

2. 受動態進行形（be 動詞＋being＋過去分詞）

- A bridge is being built over the river.　（橋が川の上に建設中です）

3. be 動詞＋形容詞

- The door is half open.　（ドアが半開きになっています）

4. There 構文

- There are three technicians working in the laboratory.
（実験室では3人の技師が仕事をしています）

5. 現在時制

- The hotel overlooks the ocean.　（そのホテルからは海が見下ろせます）

6. 現在進行形

- A picture is hanging on the wall.　（1枚の絵が壁に掛かっています）

このうちで受動態，受動態進行形は特に出題頻度が高くなっています。選択肢として最頻出の受動態を15例挙げておきます。

❖ be broken	壊れている
❖ be closed	閉まっている
❖ be covered with ...	〜に覆われている
❖ be crowded with ...	〜で混雑している
❖ be displayed	展示されている
❖ be filed	（書類などが）ファイルされている
❖ be filled with ...	〜でいっぱいである

❖ be lined up	並べられている
❖ be occupied	占められている，いっぱいである
❖ be parked	駐車されている
❖ be piled up	山積みになっている
❖ be placed	置かれている
❖ be stacked	積み重ねられている
❖ be stored	保管されている
❖ be surrounded by ...	～に囲まれている

There構文の代わりに《主語＋be動詞＋場所を表す前置詞句／副詞句》のパターンも用いられますので，慣れておきましょう。次の基本的な前置詞（句），副詞句20表現の意味を確認してください。

❖ above ...	～の上に，上側に
❖ behind ...	～の後ろに
❖ beneath ...	～の真下に（＝underneath）
❖ between ...	～の間に
❖ beyond ...	～の向こうに
❖ by ...	～の側に
❖ in ...	～の中に
❖ on ...	～の上に（接触して）
❖ over ...	～の真上に，上空に
❖ at the back of ...	～の後ろに，後部に
❖ at the end of ...	～の端に，突き当たりに
❖ in front of ...	～の前に
❖ in the corner of ...	～の隅に
❖ in the middle of ...	～の真ん中に
❖ next to ...	～の隣に，横に
❖ on *one's* own	自力で，独力で
❖ on the right [left]	右［左］に
❖ on the top of ...	～の上に
❖ side by side	並んで
❖ upside down	逆さまに

最後に，選択肢として最頻出の慣用句を５例挙げておきます。

❖ be for sale	売りに出ている
❖ be full of ...	～でいっぱいである
❖ be on display	陳列されている，展示されている
❖ be out of order	故障している
❖ be out of stock	品切れである，在庫切れである

▼ Practice

Disc 1 ····· 47

5.

Ⓐ Ⓑ Ⓒ Ⓓ

6.

Ⓐ Ⓑ Ⓒ Ⓓ

▼ Answer Key

5.

Disc 1 ····· 47　正答：(B)

(A) The phone booth is on display in a museum.
(B) No one is using the pay phone.
(C) The sidewalk is busy with passersby.
(D) The phone is off the hook.

(A) 電話ボックスが博物館で展示されています。
(B) だれも公衆電話を使っていません。
(C) 歩道は通行人でいっぱいです。
(D) 受話器ははずれています。

解き方 phone booth（電話ボックス）の中にはだれもいないので, (B) が正答です。公衆電話の写真もよく出題されます。

語　句
□ phone booth「電話ボックス」
□ on display「展示されて」
□ pay phone「公衆電話」
□ sidewalk「歩道」
□ passersby「通行人（passerby の複数形）」
□ off the hook「(受話器が) はずれて」

6.

Disc 1 ····· 47　正答：(D)

(A) The ship is docked at the harbor.
(B) The sailboat is racing offshore.
(C) The suspension bridge is being restored.
(D) The boat is going under the bridge.

(A) 船は港に停泊しています。
(B) 帆船は沖を快走しています。
(C) つり橋は修復されているところです。
(D) 船は橋の下を進んでいます。

解き方 水上タクシー（water taxi）と思われる船が橋の下を進んでいます。(D) が正答です。「船」に関する語が (A)ship, (B) sailboat, (D) boat と３つの選択肢で使われていますが, 英文の内容を正確に聞き取り, 正答を判断することが重要です。

語　句
□ dock「(船) をドックに入れる」
□ harbor「港」
□ sailboat「帆船」
□ race「全速力で走る」
□ offshore「沖合で」
□ suspension bridge「つり橋」
□ restore「〜を修復する」

4 誤答キーワードを避ける――ひっかけ選択肢

誤答選択肢の中には，ひっかけをねらった誤答キーワードが各所に用意されています。代表的な誤答選択肢は次のようなものです。

1. 写真に写っていない名詞を含む

写真に写っていない名詞（人物，事物）を含む選択肢は誤答と即決できます。

2. 写真から明確に判断できないような推量，主観的意見，感情表現などを含む

The woman is worried about something.（女性は何かを心配しています）やPeople are feeling disappointed.（人々はがっかりしています）のように解釈を必要とする選択肢は，写真から明確に判断できないので誤答です。

3. all, any, every, none などを含む

これらの語を含む選択肢が自動的に誤答と判断できるわけではありませんが，誤答の可能性は高くなります。All attendees are ...（出席者はすべて～です）やAny worker is ...（どの従業員も～です），Everyone is ...（皆が～です），None of the staff are ...（どのスタッフも～ではありません）のような選択肢は要注意です。特に「全部，全体」を表す語（all, any, every）を含む選択肢は誤答である可能性が高いと言えます。

▼ Practice

 Disc 1 ····· 48

7.

Ⓐ Ⓑ Ⓒ Ⓓ

8.

Ⓐ Ⓑ Ⓒ Ⓓ

▼ Answer Key

7.

Disc 1 …… 48 正答：(A)

(A) The customer is doing grocery shopping.
(B) The baskets are upside down.
(C) The babysitter is putting a child in a cart.
(D) The woman is reaching for the cereal box.

(A) 客は食料品の買い物をしています。
(B) かごはさかさまになっています。
(C) ベビーシッターは子どもをカートに入れているところです。
(D) 女性はシリアルの箱を取ろうと手を伸ばしています。

解き方 子どもをショッピングカート（shopping cart）に入れた女性がスーパーで買い物をしています。(A) が正答です。do grocery shopping（食料品の買い物をする）は重要表現です。

語　句
- □ customer「客」
- □ upside down「さかさまに」
- □ babysitter「ベビーシッター」
- □ put *A* in *B*「A を B に入れる」
- □ reach for ...「～を取ろうと手を伸ばす」

8.

Disc 1 …… 48 正答：(B)

(A) They're skipping near the bench.
(B) They're playing on the beach.
(C) They're sunbathing hand in hand.
(D) They're afraid of big waves.

(A) 彼らはベンチの近くをスキップしています。
(B) 彼らはビーチで遊んでいます。
(C) 彼らは手をつないで日光浴をしています。
(D) 彼らは大波を恐れています。

解き方 3人が楽しそうにビーチを走っています。(B) が正答です。(A) の bench（ベンチ）は写真に写っていません。同時に，beach（ビーチ）との音の混同をねらったひっかけにもなっています。(C) の hand in hand（手をつないで，手を取り合って）は写真描写問題の頻出表現です。

語　句
- □ skip「スキップする」
- □ sunbathe「日光浴をする」
- □ hand in hand「手をつないで」
- □ be afraid of ...「～を恐れる」
- □ wave「波」

5 音・語彙によるひっかけを避ける――ひっかけ選択肢

ひっかけ選択肢には，誤答キーワード以外にもひっかけが用意されています。

1. 類音語・同音語を用いたひっかけ

発音の似ている類音語を聞き分ける力，発音は同じだが意味の異なる同音語を正しく理解する力は，英語を聞いて理解するうえできわめて重要です。文字で見ればわかるのに，音を聞いただけでは判別がつかないということでは，音声英語の理解に支障をきたします。写真描写問題では，この点をうまく突くひっかけが用意されています。

類音語のひっかけはだいたい決まっているので，以下のものをまず覚えておきましょう。

類音語

- **account**（預金口座）と **accountant**（会計士，経理担当者）
- **board**（〔乗り物〕に乗り込む）と **bored**（退屈した）
- **car**（車）と **cart**（カート，手押し車）
- **copy**（コピー；～をコピーする）と **coffee**（コーヒー）
- **curb**（縁石）と **curve**（道路のカーブ；曲がる）
- **feet**（足，フィート）と **heat**（熱）
- **gas**（ガソリン，ガス）と **guess**（～であると推測する）
- **hire**（～を雇用する）と **fire**（～を解雇する）
- **hold**（～を手に持つ）と **fold**（～を折り畳む）
- **map**（地図）と **mop**（モップ；～をモップで拭く）
- **microphone**（マイクロフォン）と **microscope**（顕微鏡）
- **ship**（船）と **sheep**（羊）
- **sit**（座る）と **set**（～を設定する）
- **travel**（旅行；旅する）と **trouble**（困難，故障）
- **walk**（歩く）と **work**（働く，取り組む）

同音語

- ❖ **board**（板）と（理事会）
- ❖ **book**（本）と（〜を予約する）
- ❖ **heel**（かかと）と **heal**（治る）
- ❖ **route**（道路，手段）と **root**（根）
- ❖ **water**（水，水面）と（〜に水をやる）

2. put on ... 対 wear

どちらも「〜を着る」という意味だと理解する人が多いため，写真描写問題では繰り返し用いられます。写真描写問題に多い現在進行形で考えてみると，be putting on ... は「〜を身につけようとしています」という「動作」を表すのに対して, be wearing ... は「〜を身につけています」という「状態」を表します。「ひとりの男性は安全ヘルメットを着用しています」（状態）という意味では A man is *wearing* a protective helmet. が正答，「ひとりの男性は安全ヘルメットを着用しようとしています」（動作）という意味では A man is *putting on* a protective helmet. が正答です。

3. 時制についてのトラップ

写真描写問題では，未来時制の選択肢が正答になることはありません。未来のことは写真からは判断できないからです。同様の理由で，過去時制の選択肢が正答になることもありません。

- The woman is going to see a doctor this afternoon.
（女性は午後医師の診察を受けることになっています：誤答）
- The woman is meeting with a doctor.
（女性は医師と面会しています：正答の可能性あり）
- He sorted various documents.
（彼はさまざまな書類を分類しました：誤答）
- He's sorting various documents.
（彼はさまざまな書類を分類しています：正答の可能性あり）

9.

Ⓐ Ⓑ Ⓒ Ⓓ

10.

Ⓐ Ⓑ Ⓒ Ⓓ

▼ Answer Key

9.

Disc 1 …… 49 正答：(D)

(A) The man is wrapping a package.
(B) The man is putting on a T-shirt.
(C) The man is looking at a parcel over his shoulder.
(D) The man is carrying a box.

(A) 男性は小包を包んでいます。
(B) 男性はTシャツを着ているところです。
(C) 男性は肩越しに小包を見ています。
(D) 男性は箱を運んでいます。

解き方 Tシャツ（T-shirt）を着た男性が箱を肩に担いで運んでいます。(D) が正答です。(B) は The man is wearing a T-shirt. なら正答になります。

語　句
□ wrap「～を包む」
□ package「小包」(=parcel)
□ over *one's* shoulder「肩越しに」

10.

Disc 1 …… 49 正答：(B)

(A) She's standing with her head down.
(B) She's talking to someone.
(C) She's taking off her glasses.
(D) She's folding her hands across the shoulder bag.

(A) 彼女はうつむいて立っています。
(B) 彼女はだれかと話しています。
(C) 彼女はメガネを外しているところです。
(D) 彼女はショルダーバッグを両手で抱えています。

解き方 ショルダーバッグ（shoulder bag）を肩に掛けた女性が携帯電話でだれかと話しています。(B) が正答です。(C) の take off ... は「～を外す，取る」という意味の熟語で，反対は put on ...（～をつける，かける）です。(D) の folding は holding（～を手に持って）との音の混同をねらったひっかけです。

語　句
□ with *one's* head down「うつむいて，頭を垂れて」
□ glasses「メガネ」
□ fold「～を抱える，胸に抱き寄せる」

Part 2

応答問題

Question-Response

1 疑問詞への対応——疑問詞疑問文

疑問詞疑問文は13-16問程度出題されます。いわゆる5W1H（what, when, where, who, why, how）を用いるものがほとんどです。whichが出題されるのはまれです。正答の大半は疑問詞に対応する具体的な内容を答えるものですが，即答を避けるもの，質問の前提となる事柄を否定するものが正答になることもあります。

- **What** did you do over the weekend?
  —I visited my family in Portland.
  （週末は何をしたのですか—ポートランドにいる家族を訪ねました）［具体的な内容］

- **How long** will it take to organize these piles of books?
  —I don't know where to begin.（これだけの本の山を整理するのにどれくらい時間がかかりますか—どこから手をつけていいのかわかりません）［即答を避ける］

- **Who** was announced to take over Ms. Winger as manager?
  —No announcement has been made.
  （ウインガー部長の後任はだれと発表されましたか—まだ発表されていません）［前提となる事柄の否定］

疑問詞疑問文に対しては，原則としてYes/Noでは答えません。したがって，Yes/Noで始まる選択肢は誤答です。

なお，疑問詞節を目的語としてYes/No疑問文に組み込んだ間接疑問文には注意が必要です。実質的は疑問詞疑問文ですから，Yes/Noで答える選択肢は多くの場合誤答です。

- Do you know **who** will handle the Kline account?
  —I believe it's Stacey.
  （クライン社との取引はだれが担当するのですか—ステイシーのはずです）
  ＊普通はYes, I know. とは答えません。

- Did you say **when** we should submit the budget proposal?
  —May 15th at the latest.
  （予算に関する提案はいつ提出するとおっしゃいましたか—遅くとも5月15日までに）
  ＊普通はYes, I did. とは答えません。

1. What ...?

What は疑問代名詞として「何」を表します。あるいは，疑問形容詞として名詞を修飾し，「どの～」を表します。

❖ What is ...?	～は何ですか。
❖ What is the price of ...?	～はいくらですか。
❖ What does ... cost?	～はいくらですか。
❖ What do you think of ...?	～をどう思いますか。
❖ What can I do to *do*?	～するために何ができますか。
❖ What are you going to *do*?	何を～する予定ですか。
❖ What color ...?	～は何色ですか。
❖ What time ...?	～は何時ですか。
❖ What day ...?	～は何日ですか。

また，次のような慣用表現も重要です。

❖ What brought you here?	ご用件は何ですか。
❖ What makes you think so?	なぜそう思うのですか。
❖ What took you so long to *do*?	～するのになぜそんなに時間がかかったのですか。
❖ What about ...?	～はいかがですか。
❖ What do you say to ...?	～はいかがですか。
❖ What ... for?	～は何のためですか。＊ Why ...? と同じ。
❖ What is ... like?	～はどんな人［もの］ですか。
❖ What has become of ...?	～はどうなりましたか。
❖ What is he?	彼の職業は何ですか。

2. When ... ?

When ...? は「時，期間，期限」を表します。正答は，即答を避ける場合は別として，when の後に続く動詞の時制に対応している必要があります。

- **When** will the meeting start?　（会議はいつ始まりますか）未来
- **When** is the CEO coming back?（最高経営責任者はいつ戻るのですか）未来

● **When** did you find the network problem?
（ネットワークの問題にいつ気づいたのですか） 過去

前置詞と組み合わせた By when ...?（いつまでに～）／ Until when ...?（いつまで～）や，when を用いない What time ...?（いつ～）／ How soon ...?（いつ～）などの変形パターンも頻繁に登場しますので，注意が必要です。

一方，正答となる選択肢では次のような表現が多く使われます。

❖ as soon as ...	～するとすぐに
❖ right after ...	～の直後に
❖ in about ... weeks [months]	～週間［月］後くらいに
❖ sometime next month [week]	来月［週］のいつか
❖ by the end of this month	今月の終わりまでに
❖ not until ...	～するまではない，～して初めて
❖ almost three months ago	ほぼ３か月前に
❖ no later than ...	～までに

3. Where ...?

Where ...? は「場所」を表します。When ...? と同じく，後に続く動詞の時制に注意する必要があります。

● **Where** have you been?（どこにいたのですか） 現在完了

● **Where** are you going?（どこに行くのですか） 未来

● **Where** will you be staying in Paris?（パリではどこに泊まるのですか） 未来

● **Where** did you meet him?（彼とはどこで会いましたか） 過去

● **Where** is he?（彼はどこにいますか） 現在

一口に「場所」といっても，「居場所」「所在地」「目的地」「配送先」「購入元」「地域」「保管場所」「開催地」など，設問によって意味するところはさまざまです。適切な応答を考える必要があります。

4. Who ...?

Who ...? は「人物」を表します。正答は個人名, 企業名, 役職名のほか, I であったり, 「未定」であったりします。また, who が主語である場合と, 補語, 目的語である場合とで答え方も変わります。

- **Who's** in charge of the Henderson account?
  —Ms. Watson is. (主語 ヘンダソン社との取引はだれが担当ですか—ワトソンさんです)
- **Who** will be doing this job?
  —The chief accountant will handle it.
  (主語 この仕事はだれがやりますか—会計主任が処理します)
- **Who** else is coming to the sales meeting?
  —Mary and Tim in Advertising will join us.
  (主語 ほかにだれが営業会議に来ますか—広告部のメアリーとティムが出席します)
- **Who** left this memo?—I did, and Mr. Fuller said it's urgent.
  (主語 このメモはだれが残したのですか—私です, フラーさんが急用とのことでした)
- **Who** is the man in the corner?—Mr. Smith, our new manager.
  (補語 角にいる男性はだれですか—新しい部長のスミスさんです)
- **Who** did you talk with at the conference?
  —Several scholars and their staff.
  (目的語 会議でだれと話しましたか—学者数人とそのスタッフです)
- **Who** are you meeting this afternoon?
  —The meeting was canceled.
  (目的語 午後はだれに会うのですか—打ち合わせはキャンセルになりました)

5. Why ...?

Why ...? は基本的に「理由」を表しますが, 「非難」「遠回しな指示, 命令」を表すこともあります。前者の場合, ほとんどは理由を答える選択肢が正答です。Why ...? の後に続く主語と, 動詞の時制をしっかり聞き取ることが大切です。非難や指示を表す場合は, 設問によって何らかの問題が指摘されますから, それに対する対応策を述べている選択肢が正答です。

- **Why** do you think the evaluation system works?
（なぜその評価システムは機能すると思うのですか）［理由：現在］
- **Why** is everyone still working?
（なぜ皆まだ仕事をしているのですか）［理由：現在進行］
- **Why** did you say such a thing?
（なぜ，そのようなことを言ったのですか）［理由・非難：過去］
- **Why** have these boxes been left in the hallway?
（なぜこれらの箱は廊下に放置されたままなのですか〔片付けなさい〕）［理由・指示：現在完了］

Why ...? に対して Because ... で答えるというルールは会話問題では適用されません。正答のほとんどは Because ... を省略しています。Because ... で始まる応答が正答になることは少なく，むしろ Because ... は誤答を誘うひっかけとして用いられることが多くなっています。多くの正答はポイントだけを答えています。例えば Why is everyone still working? という設問に対する正答は，次のようになります。

- To meet the deadline.　（締切に間に合わせるためです）
- We have a deadline to meet.　（締め切りがあるのです）
- They started late in the afternoon.　（始めたのが午後遅かったのです）

最初の正答のように，目的を表す不定詞だけの短い応答に注意が必要です。

一方，Why did you say such a thing? という設問に対する正答は次のようになります。

- That's just what I thought.　（理由：そう思ったからです）
- I just wanted to encourage him.　（理由：彼を励ましたかったのです）
- I didn't mean anything bad.　（謝罪：悪気はありませんでした）
- Sorry if I offended you.　（謝罪：気を悪くしたのならすみません）

なお，Why ...? と同じように理由を尋ねる表現 How come ...?（なぜ～ですか）や What's the reason for ...?（～の理由は何ですか），Is there any reason why ...?（～には何か理由があるのですか）もしばしば登場します。これらの場合も，適切な理由を述べる選択肢が正答になります。

6. How ...?

How ...? は「方法」「状態」「程度」を表すのが基本です。

- **How** can I contact maintenance after hours?
（どうすれば終業後にメンテナンス部に連絡できますか）

- **How** should we deal with their complaint?
（彼らの苦情にどのように対処すべきですか）

- **How** do you like KORG's offer?　（KORG 社のオファーをどう思いますか）

また，次のような定型表現も頻出です。

❖ How did the exposition go?	品評会はうまくいきましたか。
❖ How may I help you?	どんなご用件でしょうか。
❖ How may I direct your call?	電話をどちらにおつなぎしますか。
❖ How did you get here today?	今日はどのようにしてここへ来ましたか。
❖ How do you get to work?	どのようにして通勤なさいますか。
❖ How did you know what I wanted?	私がほしかったものがどうしてわかったのですか＝これがほしかったのです。

how は形容詞，副詞と組み合わせることで意味の幅が広がります。

- **How late** does the library stay open?（時 図書館はいつまで開いていますか）

- **How long** have you been with the company?
（期間 勤めてどれくらいですか）

- **How many** applicants should we interview today?
（数 今日は何人の応募者を面接しますか）

- **How much** is it?　（価格 いくらですか）

- **How much** have you done? (量 どれくらい終わりましたか)
- **How much** equipment do we need? (量 どれくらいの機材が必要ですか)
- **How often** do you come here? (頻度 ここへはどれくらいの頻度で来ますか)
- **How soon** can you submit it? (時間 どれくらいでそれを提出できますか)

7. Which ...?

Which ...? は限定された複数の事物の中で「どれ」, 名詞と組み合わせて「どの～」を表します。出題頻度はそれほど高くありません。

- **Which** is your favorite? (あなたはどれがいいですか)
- **Which** is the nearest place? (どこが一番近いですか)
- **Which** is the most profitable of these business models? (これらのビジネスモデルのうち, どれがいちばん利益が出ますか)
- **Which** method did you find the most effective? (どの方法がもっとも効果的だと思いましたか)
- **Which** candidates are you talking about? (どの候補者のことを話しているのですか)

▼ Practice

Disc 1 …… 51

1. Mark your answer on your answer sheet. Ⓐ Ⓑ Ⓒ

2. Mark your answer on your answer sheet. Ⓐ Ⓑ Ⓒ

3. Mark your answer on your answer sheet. Ⓐ Ⓑ Ⓒ

4. Mark your answer on your answer sheet. Ⓐ Ⓑ Ⓒ

▼ Answer Key

1.

Disc 1 ····· 51 正答：(A)

What role did Mr. Jenkins play in the negotiations?
(A) He was one of the moderators.
(B) A joint venture proposal was discussed.
(C) His recent play started on schedule.

ジェンキンスさんは，その交渉でどんな役割を果たしたのですか。
(A) 彼は調停人のひとりでした。
(B) 合弁企業案が話し合われました。
(C) 彼の最近の芝居は予定どおりに始まりました。

解き方 《What＋名詞》のパターンです。what role（どんな役割）を尋ねていることと，play a role（役割を演じる，果たす）という表現を知っていることが決め手になります。moderator（調停人）であったと答えている (A) が正答です。He moderated the negotiations.（彼は交渉を調停しました）という表現も正答になり得ます。(B) は交渉で話し合われた内容を答えているので誤答です。(C) は設問文にある play a role と名詞の play（演劇）をひっかけたものです。

語 句 □ play a role「役割を果たす」 □ negotiation「交渉」 □ moderator「調停人」 □ joint venture「合弁企業」 □ proposal「提案」 □ on schedule「予定どおりに」

2.

Disc 1 ····· 51 正答：(B)

Do you know **where** Mr. Sato has gone?
(A) Yes, he had to work last weekend.
(B) To attend the meeting.
(C) No, he hasn't called us yet.

サトウさんはどこへ行ったかご存じですか。
(A) はい，彼は先週末は働かなければなりませんでした。
(B) 会議に出席するために出かけました。
(C) いいえ，彼はまだ私たちに電話をかけてきません。

解き方 設問文は Do you know ...? で始まる Yes/No 疑問文の形式ですが，実質的には Where ...? で始まる疑問文であることに注意します。選択肢には行き先を表す名詞が出ていないことにも注意が必要です。正答 (B) は，場所ではなく「会議に出席するために出かけました」と目的を答えることで，間接的に会議が行われる場所へ行ったと答えています。(A)，(C) は Yes/No で始まっているので，形式的には設問文に対応しますが，後に続く意味が応答として成立しません。

語 句 □ attend「(～に) 出席する，参加する」

3.

Disc 1 ····· 51　正答：(A)

Why did the management decide to enter the real estate business?
(A) They think it's lucrative.
(B) They've already chosen the sales manager.
(C) They estimated the costs at $1,000 a day.

どうして経営陣は不動産ビジネスに乗り出すことにしたのですか。
(A) もうかると考えているからです。
(B) 彼らはすでに営業部長を選びました。
(C) 彼らは一日 1,000 ドルのコストがかかると見積もりました。

解き方 Why で始まる疑問文で，理由を尋ねています。正答 (A) の lucrative は「もうかる」という意味の形容詞です。(B) は不動産ビジネスに乗り出す理由としてはうまくつながりません。(C) は，設問文中の real estate（不動産）と estimate（～を見積もる）をひっかけています。

語　句 □ management「経営（陣）」 □ real estate「不動産」
□ lucrative「利益が上がる，もうかる」 □ estimate「～を見積もる」

4.

Disc 1 ····· 51　正答：(C)

How often is a financial report for the stockholders published?
(A) This time report to the financial manager.
(B) The final report hasn't become public yet.
(C) Once every quarter.

株主への財務報告書はどれくらいの頻度で発行されるのですか。
(A) 今回は財務部長に報告してください。
(B) 最終報告はまだ公表されていません。
(C) 四半期に一度です。

解き方 How often ...? は頻度を尋ねる疑問文です。(A) は financial というキーワードを繰り返してひっかけをねらっています。(B) は，設問文中のキーワード financial, published と音の似た final, public を用いたひっかけです。正答 (C) の quarter は「四半期」という意味ですから「3か月に1度」という頻度を答えています。「四半期ごとに」という意味の副詞 quarterly も必須語です。

語　句 □ financial report「財務報告（書）」 □ stockholder「株主」
□ publish「～を発行する，出版する」
□ report to ...「～に報告する，～の部下として働く」
□ become public「公表される」 □ quarter「四半期」

2 肯定・否定・保留——Yes/No 疑問文

文頭に疑問詞を持たず，Yes または No で応答できる疑問文が Yes/No 疑問文です。7-8 問出題されます。正答は肯定（Yes），否定（No），あるいは即答を避ける（保留）の 3 通りが可能です。肯定，否定の場合も Yes/No が省略されることが多いので，注意が必要です。

Yes/No 疑問文については，肯定，否定，保留のいずれの場合もさまざまなバリエーションが可能です。したがって，疑問文全体の意味との対応を考えて解答する必要があります。

1. 意見・知識・情報を尋ねる

- **Will Tom** be promoted?（トムは昇進するでしょうか）
- **Did you** know the meeting place was changed?（打ち合わせの場所が変わったことをご存じでしたか）
- **Do you** think we should switch suppliers?（供給業者を切り替えるべきですか）

これらの設問は相手の意見，知識を問うものです。これに対し，次のような応答が可能になります。

Will Tom be promoted?

❖ (Yes,) Without a doubt.	肯定 間違いないですね。
❖ (Yes,) He's quite an asset to the company.	肯定 彼は会社になくてはならないですからね。
❖ Actually, I heard he was already informed.	肯定 実は，彼にはもう告げられたと聞きました。
❖ I hope so.	肯定 そうだといいですね。
❖ No, he still needs to learn a lot.	否定 いいえ，彼はまだ勉強が足りません。
❖ Well, I'm not sure.	保留 さあ，どうでしょうね。

Did you know the meeting place was changed?

❖ (Yes,) Tom told me.	肯定	トムが教えてくれました。
❖ (Yes,) I heard it yesterday.	肯定	きのう聞きました。
❖ Yes, but I don't know where the new place is.	肯定	ええ，でも新しいところがどこかは知りません。
❖ No, is it true?	否定	いいえ，ほんとうですか。
❖ What? No one told me that.	否定	なんですって。だれも教えてくれませんでしたよ。
❖ Are you sure? I'll check with the manager.	保留	ほんとうですか？　部長に確認してみます。

Do you think we should switch suppliers?

❖ (Yes,) we don't have any choice.	肯定	仕方がないのです。
❖ Only if the parts shortage continues.	肯定	部品の品不足が続く場合に限ってですね。
❖ No, rescheduling the production will do.	否定	いいえ，製造スケジュールを遅らせればよいでしょう。
❖ Let's talk with the production line first.	保留	まず製造ラインと話してみましょう。

2. 希望を尋ねる

● **Do you** want to wait here until the meeting ends?
（会議が終わるまでここにいらしゃいますか）

● **Would you** like to check in now?　（今チェックインなさいますか）

Do you want to *do*? / Would you like to *do*? は「～したいですか」と相手の希望を尋ねる定型表現です。自分が同じ質問をされたときに，どのように答えるかを考えましょう。例えば次のような応答が可能です。

Do you want to wait here until the meeting ends?

❖ (Yes,) I'd love to.	肯定	ぜひそうしたいです。
❖ Sure, that'd be great.	肯定	ええ，それがいいですね。
❖ (Yes,) Thank you.	肯定	ありがとうございます。
❖ (No,) I'll be back later.	否定	後でまたうかがいます。
❖ When do you expect it to end?	保留	いつごろ終わるでしょうか。

Would you like to check in now?

❖ That sounds like a good idea.	肯定 よい考えですね。
❖ Why not?	肯定 もちろんです。
❖ (Yes,) My luggage is too heavy.	肯定 荷物がとても重いので。
❖ Thanks, but maybe later.	否定 ありがとう，でも後にします。
❖ Can it wait? I need to make a phone call.	保留 ちょっと待っててください。電話をしなければならないので。

なお，Do you want me to *do*? / Would you like me to *do*? は「〜しましょうか」と提案したり，申し出る定型表現です。

3. 予定を尋ねる

● **Are we** going to meet Mr. Kim here?
（キムさんにはここで会うのですか）

● **Are you** flying to Osaka?　（大阪へは飛行機で行くのですか）

● **Will you** be in the office at three?（3時にオフィスにいらっしゃいますか）

助動詞 will を用いるほか，be going to *do* や進行形を用いて予定を尋ねることができます。応答としては，次のようなものが考えられます。

Are we going to meet Mr. Kim here?

❖ Yes, at two o'clock.	肯定 ええ，2時にです。
❖ Yes, he's supposed to come soon.	肯定 ええ，彼はもうすぐ来るはずです。
❖ No, (we're going to meet him) in the lobby.	否定 いいえ，ロビーでです。
❖ I'll ask my secretary.	保留 秘書に確認してみます。

Are you flying to Osaka?

❖ Yes, I am.	肯定 はい，そうです。
❖ Yes, I love traveling by air.	肯定 ええ，飛行機の旅が大好きです。
❖ No, I'm taking a train.	否定 いいえ，列車で行きます。
❖ I haven't decided yet.	保留 まだ決めていません。

Will you be in the office at three?

❖ (Yes,) I'll be expecting you.	肯定 お待ちしています。
❖ Yes, I think so.	肯定 はい，いると思います。
❖ No, I won't be back before five.	否定 いいえ，5時まで戻りません。
❖ Let me check my schedule.	保留 予定を確認させてください。

4. 可能性を尋ねる

● **Can we** meet the deadline? （締め切りに間に合いますか）

● **Is it** all right if I park here? （ここに駐車できますか）

Can ...? あるいは Is it all right if ...? で可能，あるいは許容を尋ねる設問に対しては，次のような応答が考えられます。

Can we meet the deadline?

❖ Yes, if we try harder.	肯定 ええ，もっと頑張れば。
❖ I don't think so.	否定 無理でしょう。
❖ Well, that seems to be very difficult.	否定 さあ，とても難しそうです。
❖ Let's try anyway.	保留 とにかくやってみましょう。

Is it all right if I park here?

❖ Sure, go ahead.	肯定 ええ，どうぞ。
❖ Of course, you can.	肯定 もちろんです，どうぞ。
❖ No, can you use the space over there?	否定 いいえ，そちらのスペースを使ってもらえますか。
❖ Will you show me your ID badge?	保留 身分証を見せてもらえますか。

5. 行動について尋ねる

- **Have you** read this report? （このレポートを読みましたか）
- **Did the boss** join the meeting? （上司は会議に出たのですか）

行動が完了したかどうかを尋ねる設問は，時制と主語，目的語をしっかり聞き取る必要があります。設問と応答で，時制や主語，目的語が正しく対応していないために誤答である場合が少なくないからです。応答としては次のようなものが考えられます。

Have you read this report?

❖ Yes, it was informative.	肯定 はい，有益でした。
❖ No, not yet.	否定 いいえ，まだです。
❖ No, what's it about?	否定 いいえ，何に関するものですか。

Did the boss join the meeting?

❖ Yes, as usual.	肯定 はい，いつもどおりです。
❖ He hoped to, but he couldn't.	否定 彼は出席したかったのですが，できませんでした。
❖ I don't know because I missed it.	保留 私は欠席したのでわかりません。

6. 許可を求める

- **Would it** be all right if I sat here? （ここに座ってもよろしいですか）
- **Do you** mind if I ask some questions? （いくつか質問してもいいですか）

Would it be all right if I ...?/Do you mind if I ...?/May I ...? は「～してもよいですか」と許可を求める表現です。これらに対して，「どうぞ，いいですよ」と答える応答には次のような表現が用いられます。

❖ Certainly.	かまいません。
❖ Sure.	かまいません。
❖ Go ahead.	どうぞ。
❖ No problem.	いいですよ。

❖ Of course.	もちろんです。
❖ Be my guest.	どうぞ。

「それはちょっと困ります」「できればやめていただきたいのですが」と答える応答には次のような表現が用いられます。

❖ I'm afraid not.	しないでいただけますか。
❖ I'd rather you didn't.	しないでいただけますか。
❖ I'm afraid you can't do that.	申し訳ないですが，しないでください。
❖ I don't think it's a good idea.	しないほうがよいと思います。

以上のほか，Yes/No 疑問文に対する応答として同意，否定を表す重要表現に次のようなものがあります。

❖ You can say that again.	そのとおりです。
❖ You bet.	そのとおりです。
❖ I'll second that.	賛成です。
❖ I couldn't agree more.	大賛成です。
❖ I can't buy it.	賛成できません。
❖ I doubt it.	そうでしょうか，そうは思えません。
❖ That's not the way I see it.	私はそうは思いません。
❖ I couldn't disagree more.	絶対に反対です。

▼ Practice

Disc 1 ····· 52

5. Mark your answer on your answer sheet. Ⓐ Ⓑ Ⓒ

6. Mark your answer on your answer sheet. Ⓐ Ⓑ Ⓒ

7. Mark your answer on your answer sheet. Ⓐ Ⓑ Ⓒ

8. Mark your answer on your answer sheet. Ⓐ Ⓑ Ⓒ

▼ Answer Key

5.

Disc 1 ····· 52 正答：(B)

Do you have any ideas to improve our filing system?
(A) Ms. Tamura took the files with her.
(B) How about reorganizing the files by date?
(C) The file is there, on the desk.

ファイリングシステムを改善するためによい考えはありますか。
(A) タムラさんがファイルを持っていきました。
(B) ファイルを日付で整理し直してはどうですか。
(C) ファイルはそこです，机の上にあります。

解き方 「よい考えはありますか」という設問文に対して How about ...? という提案の形で答えている (B) が正答です。Do you have any ideas ...? に対して，Yes/No を省略してすぐに自分の考えを述べる応答は，日常のコミュニケーションで頻繁に行われます。自分が質問に答える立場に立って，話の流れに乗ることが大切です。(A) は the files というキーワードでひっかけをねらっています。(C) は Where is the file? に対する応答です。

語 句 □ improve「～を改善する」 □ filing system「書類の整理方法，ファイリングシステム」 □ reorganize「～を整理し直す」 □ by date「日付に従って」

6.

Disc 1 ····· 52 正答：(A)

Is the sales representative I met yesterday available?
(A) I'm afraid he's out of town today.
(B) Unfortunately, I've never met him.
(C) The offer is available to our new customers.

昨日お目にかかった販売担当者の方はいらっしゃいますか。
(A) あいにく今日は出張に出ております。
(B) 残念ながら，彼に会ったことはありません。
(C) このサービスは新規のお客様にご利用いただけます。

解き方 I met yesterday は the sales representative を後ろから修飾しており，この部分をカッコに入れると，Is the sales representative (I met yesterday) available? となるので，理解しやすいでしょう。正答 (A) の out of town は「出張中で」という意味です。No, he's not available. を省き，I'm afraid ... （残念ながら～）とていねいに応答しています。(B) は Unfortunately まではよいのですが，その後が設問文に対応しません。(C) は，キーワードの available を繰り返してひっかけをねらっています。

語 句 □ sales representative「販売担当者，販売員」 □ available「対応できる，利用できる」 □ unfortunately「あいにく，残念なことに」 □ offer「申し出，サービス」 □ customer「顧客」

7.

Disc 1 ····· 52 正答：(C)

Have the bookshelves we ordered last week been delivered?	先週注文した本棚は配達されましたか。
(A) No, I haven't read them yet.	(A) いいえ，まだそれらを読んでいません。
(B) Don't worry. I'll take care of it.	(B) ご心配なく。私が処理します。
(C) Yes, they came before lunch today.	(C) はい，今日の昼食前に届きました。

解き方 the bookshelves と we ordered last week の間に目的格の関係代名詞 which [that] が省略されているとわかれば，重要な情報は Has the bookshelves been delivered? であることが明確になります。設問文は現在完了形ですが，過去形の動詞を用いた (C) が正答です。届いているかどうかわかないので，設問文は「もう～しただろうか」という現在完了形を用いているのに対し，応答は今日の昼前に届いたことを過去の事実としてとらえているわけです。(A) は，設問文と同じ現在完了形が使われていますが，意味が対応しません。(B) は Don't worry. までは正しいのですが，その後が設問文に対応しません。

語　句 □ bookshelf「本棚」 □ deliver「～を配達する」
□ take care of ...「～を引き受ける，対処する」

8.

Disc 1 ····· 52 正答：(B)

Do you know which gate Mr. Anderson is arriving at?	アンダーソンさんはどのゲートに着くかご存じですか。
(A) Yes, he's coming from the branch in New York.	(A) はい，彼はニューヨーク支社から来ます。
(B) The information is on the board.	(B) ボードに情報が出ています。
(C) No, I wasn't able to meet him at the airport.	(C) いいえ，私は彼を空港で出迎えられませんでした。

解き方 Do you know ...? という Yes/No 疑問文の形で始まっていますが，実質的には Which gate is Mr. Anderson arriving at? という疑問詞疑問文です。「ボードに情報が掲示してあるので確認してください」と答えている (B) が正答です。(A) は到着ゲートではなく出発点を答えているので誤答です。設問文中の arriving に対して coming を用いてひっかけをねらっています。(C) は「自分は空港へ出迎えに行けなかった」という意味ですので，設問文に対応しません。設問文中の which gate から連想される名詞 airport を用いてひっかけをねらっています。

語　句 □ branch「支店，支社」 □ meet ... at the airport「空港で～を出迎える」

3 AかBか・AもBも・どちらでもない――選択疑問文

疑問文中にA or Bを含んで「Aですか，それともBですか」と二者択一を問う設問が選択疑問文です。正答は「Aのみ」「Bのみ」「AでもBでもよい」「両方ともよくない」そして「保留」の5通りがあります。選択疑問文はorの前後の形に応じて次の3パターンがあり，後に行くほど難度は高くなります。選択疑問文は基本的にYes/Noで答えることはありませんので，Yes/Noで始まる選択肢は誤答です。

1. A，Bはともに語句（目的語や補語，修飾語）

Do you prefer to work overtime tonight **or** catch up tomorrow? という疑問文を考えてみましょう。「今夜残業しますか，それとも明日に遅れを取り戻しますか」と質問しているのですが，基本的にはwork overtime tonightかcatch up tomorrowのどちらかを選び，I'd rather stay tonight. やI'll come in early tomorrow. のように，ひとつを選んで答えることになります。しかし，それ以外にも次のような正答が可能です。

❖ Either will do. / Both are fine.	どちらでもかまいません。
❖ Neither will do. / I don't like either.	どちらもよくないです。
❖ Let me decide later.	後で決めさせてください。（保留）

2. A，Bはともに節（主語は同一）

次にWould you like to stay here, **or** do you have to go now? という疑問文を考えてみましょう。「ここにいますか，それとももう行かなければなりませんか」のように，同じ主語を持つ2つの疑問文をorで結んでいるものです。主語は同一なので，基本的にはA，Bがともに語句の場合と同じことですが，文構造が複雑で理解しにくくなります。次のような応答が正答になります。

❖ I'd like to stay, if you don't mind.	よろしければ，このままいます。
❖ I can stay for another hour.	あと1時間いられます。
❖ I don't have to go now.	今行かなくても大丈夫です。
❖ I still have some time.	まだ時間があります。
❖ I'd love to stay here, but I have to run.	いたいのですが，行かなくては。

3. A, Bはともに節（主語が異なる）

Would you like to reply yourself, **or** shall I write to the customer? のように，主語が異なる2つの疑問文をorで結んでいる設問です。2つの文がまったく異なる内容になる可能性があるため，難しくなります。次のような応答が正答になります。

❖ I'd like you to respond.	あなたが答えてください。
❖ I can manage, thanks.	自分で処理できます，ありがとう。
❖ It's up to you.	どうするかはお任せします。
❖ It doesn't make any difference.	どちらでも変わりはないですね。

▼Practice

Disc 1 ····· 53

9. Mark your answer on your answer sheet. Ⓐ Ⓑ Ⓒ

10. Mark your answer on your answer sheet. Ⓐ Ⓑ Ⓒ

11. Mark your answer on your answer sheet. Ⓐ Ⓑ Ⓒ

12. Mark your answer on your answer sheet. Ⓐ Ⓑ Ⓒ

▼ Answer Key

9.

Disc 1 …… 53 正答：(B)

Should we take a train to the airport **or** a taxi? (A) Yes, we took the train. (B) The train is more reliable. (C) No, there's no shuttle service to the airport.	空港まで電車で行きますか，タクシーで行きますか。 (A) はい，電車に乗りました。 (B) 電車のほうが確実です。 (C) いいえ，空港までのシャトルサービスはありません。

解き方 正答 (B) は，(We should take a train, because) the train is more reliable (than a taxi). という応答になっています。電車のほうが間違いなく時間どおりに空港に着くということです。(A) は，どこかへ行くために「電車に乗った」という過去の事実を述べているので誤答です。(C) の shuttle は，一定区間を定期的に往復運転している乗り物全般を意味します。疑問文はシャトルサービスの有無を尋ねているわけではないので誤答です。

語　句 □ reliable「確かな，信頼できる」 □ shuttle「シャトル，定期往復便」

10.

Disc 1 …… 53 正答：(A)

Do you have time to revise the report now **or** can you do it later in the afternoon? (A) I'm tied up in the afternoon. (B) We haven't revised the report yet. (C) Yes, I need your advice.	いま報告書を修正する時間がありますか，それとも午後になってからできますか。 (A) 午後は時間がありません。 (B) その報告書はまだ修正していません。 (C) はい，あなたの助言が必要です。

解き方 2 つの疑問文が or で結ばれていますが，主語は同一で，報告書をいま修正するか，後で修正するかを尋ねています。正答 (A) は，「午後は時間がない」つまり「午後はできないので，今やります」と答えています。どちらにすべきかを直接には答えず，間接的な言い方で選択しています。(B) は，二者択一に対する応答として適切ではありません。(C) は，Yes で答えていることだけからも除外できますし，その後の「助言がほしい」という応答も適切ではありません。

語　句 □ revise「～を修正する」 □ be tied up「手が離せない，忙しい」

11.

Disc 1 ····· 53 正答：(B)

Are you going to Eric's office, **or** is he coming to pick you up?
(A) That's what I heard.
(B) He said he'd come.
(C) We are not leaving now.

あなたがエリックのオフィスに行くのですか，それとも彼が迎えにくるのですか。
(A) 私はそう聞きました。
(B) 彼が来ると言っていました。
(C) 私たちは今から出発するわけではありません。

解き方 主語が異なる2つの疑問文がorで結ばれています。「あなたがエリックのオフィスに行く」，それとも「彼が迎えにくる」のどちらなのかを答えればよいわけです。(B)が正答です。「彼が迎えにくると言っていました」と直接的に答えています。(A)は「私はそのように聞きました」という決まり文句ですが，設問文に対する適切な応答にはなっていません。(B)は，設問文中のgoingからの連想を利用してleavingをひっかけに用いています。

語　句 □ come to pick ... up「～を迎えにくる」 □ leave「～を出発する，去る」

12.

Disc 1 ····· 53 正答：(C)

Would you like to order some pizza for delivery, **or** shall we go out for lunch?
(A) Sounds good to me.
(B) I heard they serve good food.
(C) Let's go out for a change.

お昼はピザの宅配を頼みますか，それとも外に出ましょうか。
(A) いいですね。
(B) おいしい食事を出すそうですね。
(C) たまには出ましょう。

解き方 主語が異なる2つの疑問文がorで結ばれています。昼食は「ピザの宅配を頼む」か，「外に食べに出る」かを尋ねる質問です。(A)はThat sounds good to me.の省略形で，That's a good idea!（いい考えですね）ということです。二者択一の質問に対する応答としては適切ではありません。(B)は，How about eating at the new restaurant?（あの新しいレストランで食事をしませんか）のように誘われた場合に適切な応答ですが，ここでは誤答です。正答(C)は，出かけることを選択する直接的な応答になっています。for a changeを加えて「たまには外で食べましょう」という意味を表しています。

語　句 □ delivery「宅配，配達」 □ serve「～を出す」 □ for a change「気分転換に」

4 応じる・断る・保留――依頼文・提案文

形のうえでは疑問文ですが，意味としては「～していただけますか」という依頼，「～してはどうですか」という提案，「～してもよろしいですか」という確認を表す疑問文がこのパターンです。次のような疑問文が出題されます。

1. 依頼を表す定型表現

- **Would/Will you** (please) close the window?
（窓を閉めていただけますか）
- **Could/Can you** (please) file these reports?
（これらの報告書をファイルしていただけますか）
- **Would/Do you mind** lending me a hand? （手伝っていただけますか）
- **I wonder if you could** tell me how to do this.
（このやり方を教えていただけますか）

また，次のような独立表現も覚えておきましょう。

❖ Could/Would you do me a favor?	お願いがあるのですが。
❖ Can/Will you do me a favor?	お願いがあります。
❖ Do me a favor, will you?	お願いしていいですか。
❖ Could/Would you (please) give me a hand?	手を貸していただけますか。
❖ Can/Will you give me a hand?	手を貸してもらえますか。
❖ Give me a hand, please.	手を貸してください。

このパターンの疑問文に対する応答は①受諾する，②理由を添えて断る，③保留するの 3 通りです。多くの場合定型表現が使われますので，比較的取り組みやすい設問です。

受諾を表す定型表現

❖ Certainly.	いいですよ。
❖ With pleasure.	喜んで。
❖ I'd love to.	喜んで。

❖ I'd be happy to.	喜んで。
❖ No problem.	いいですよ。
❖ All right.	わかりました。
❖ Sure.	いいですよ。
❖ Of course.	もちろんです。
❖ Why not?	もちろんです。
❖ Shoot.	言ってごらんなさい。
❖ What is it?	何でしょうか。

＊ これらの表現を組み合わせて，Sure. What is it? / Of course. Shoot. / Sure. I'd be happy to. のように答えることも少なくありません。また Sure. や Certainly. と答えてから，What can I do for you? などと続ける場合もあります。

断りの定型表現

❖ Sorry, I can't.	すみません，できません。
❖ I'm sorry, but I don't think I can.	残念ながら，無理です。
❖ I'm afraid I can't help you.	残念ですが，お手伝いできません。
❖ I wish I could, but ...	できればよいのですが，…。
❖ No, thanks. I can manage.	いいえ，結構です。自分でできます。

＊ 断る場合には断る理由を添えます。I'm sorry, but I have to meet the client.（申し訳ありませんが，顧客に会いますので）のように続けます。

2. 提案を表す定型表現

- **What do you think of** talking with the sales team?
（営業チームと話し合ってはどうですか）
- **Why don't you** sit and wait for him?　（腰かけて彼を待ちませんか）
- **Why don't we** discuss it later?　（後で話し合いませんか）
- **Why don't I** tell him to come here?（彼にここに来るように言いましょうか）
- **Why not** report it to your boss?　（上司に報告しませんか）
- **What do you say to** considering his offer?
（彼の提案を検討してはどうですか）

- **What do you say if** we leave now? （いま出かけませんか）
- **How about** working overtime tonight? （今夜残業しませんか）
- **Care to** join us? （ご一緒しませんか）
- **You might want [like] to** reschedule your trip. （出張の予定を組み直してはどうですか）
- **You could** order some before running out. （なくなる前に注文しておくのもいいですね）
- **Have you thought about** talking with the manager? （部長に相談するというのはどうでしょう）

3. Would you mind ...ing?

Would you mind ...ing? は「～していただけますか」という依頼を表す定型表現です。動詞 mind（～を気にする）を用いて，文字どおりには「～していただくのはご都合が悪いですか」という意味ですので，応答には注意が必要です。

❖ No, not at all.	はい，かまいません。
❖ No problem.	わかりました。
❖ Certainly.	わかりました。
❖ Of course not.	いいですよ。
❖ I'd be glad [happy] to.	喜んで。
❖ With pleasure.	喜んで。
❖ I'm sorry, but I can't.	申し訳ありませんが，できません。
❖ I'm afraid not.	残念ですが，できません。

4. Would you mind if I ...?

Would you mind if I ...? は「～してもよろしいですか」と許可を求める表現です。これも動詞 mind (～を気にする) を用いていますので, 応答には注意が必要です。

❖ No, not at all.	はい，かまいません。
❖ Sure. Go ahead.	ええ，どうぞ。
❖ Be my guest.	どうぞ。
❖ Please do so.	どうぞ。
❖ I'm afraid I do mind.	申し訳ないですが，おやめください。
❖ Sorry, but I'd rather you didn't.	申し訳ないですが，おやめください。
❖ Yes. I'd rather you didn't.	おやめください。
❖ I'm afraid you can't do that.	残念ですが，おやめください。
❖ It's not allowed here.	ここでは許されていません。

▼ Practice

Disc 1 ····· 54

13. Mark your answer on your answer sheet. Ⓐ Ⓑ Ⓒ

14. Mark your answer on your answer sheet. Ⓐ Ⓑ Ⓒ

15. Mark your answer on your answer sheet. Ⓐ Ⓑ Ⓒ

16. Mark your answer on your answer sheet. Ⓐ Ⓑ Ⓒ

▼ Answer Key

13.

Disc 1 …… 54　正答：(C)

Could you show me the way to the nearest bank?
(A) Let me put it another way.
(B) There is a post office near here.
(C) Sure. I'll walk you.

いちばん近くの銀行への行き方を教えていただけますか。
(A) 別の言い方をしましょう。
(B) この近くに郵便局があります。
(C) いいですよ。ご一緒しましょう。

解き方 ていねいな依頼文に対する応答を選びます。(A) は，言いたいことをわかってもらえない場合や，うまく説明できなかった場合などに，別の表現で言い換えるためによく使われる表現です。To put it another way, ...（別の言い方をすれば～）もよく使われます。また Let me put it this way.（こう言ったらどうでしょう）も似た表現です。(B) は near here を用いてひっかけをねらっていますが，銀行への行き方を尋ねる設問文に対応しません。正答 (C) は，決まり文句の Sure. で承諾した後，「そこまで一緒に行きましょう」と申し出ています。

語　句 □ show the way to ...「～への道を教える」

14.

Disc 1 …… 54　正答：(A)

Would you mind if I turn up the air-conditioner?
(A) I'd rather you didn't. I have a cold.
(B) Certainly. Turn right there.
(C) No problem. It'll turn out OK.

エアコンを強くしてもかまいませんか。
(A) それはちょっと。風邪をひいていますので。
(B) いいですよ。あそこで右に曲がってください。
(C) 大丈夫です。うまく行きますよ。

解き方 許可を求める疑問文です。正答 (A) の I'd rather you didn't. は「そうしないでいただけると助かります」と断る場合の定型表現です。「風邪をひいている」という理由を添えて断っています。(B) の Certainly. はよいのですが，その後が方向を指示する文になっているので誤答です。設問文中の turn up に対して turn right を用いてひっかけをねらっています。(C) は心配そうな様子の人を励ます場合によく用いられる表現です。

語　句 □ turn up ...「～を強める」　□ turn right「右へ曲がる」
□ turn out ...「（結果として）～になる」

15.

Disc 1 ····· 54　正答：(B)

Why don't we walk up to the convention center?
(A) My car broke down yesterday.
(B) That'll be good exercise.
(C) Because these shoes don't fit me.

会議場まで歩いていきませんか。
(A) 私の車はきのう故障したのです。
(B) それはよい運動になりますね。
(C) この靴はサイズが合わないからです。

解き方　Why don't we ...? は,「～しませんか, ～しましょう」と提案・勧誘する表現です。正答 (B) は「歩いていけばよい運動になりますね」と適切に答えています。(A) は車で行かない理由を述べているので, 設問文に対応しません。(C) は歩いていかない理由を述べているので誤答です。

語　句　□ break down「故障する」 □ exercise「運動, 練習」 □ fit「～に適合する, 合う」

16.

Disc 1 ····· 54　正答：(A)

How about confirming the meeting date by e-mail?
(A) I did it, by phone, though.
(B) Yes, they wrote to me about the meeting.
(C) The online confirmation will be processed within 24 hours.

会議の日付をメールで確認してはどうですか。
(A) しました。電話でですが。
(B) はい, 彼らは会議について文書で知らせてくれました。
(C) オンラインでの確認は 24 時間以内に処理されます。

解き方　How about ... で始まる提案文です。正答 (A) の it は confirming the meeting date を指し,「メールではなく, 電話で確認しました」と答えています。(B) は, 設問文中の the meeting date by e-mail に対して wrote me about the meeting と答えてひっかけをねらっています。(C) は, 設問文中の confirming, by e-mail から連想される online confirmation をひっかけに用いています。

語　句　□ confirm「～を確認する」 □ write to ...「～に文書を送る」
□ confirmation「確認」 □ process「～を処理する」

5 否定形動詞，付加語句は無視する——ひっかけ疑問文

「ひっかけ疑問文」は否定疑問文，付加疑問文を指します。否定疑問文は否定形動詞を用いる疑問文ですが，「～しないのですか，～しなかったのですか」というより，「～ですよね」「～でしたよね」という確認，同意，共感，驚きを表す言い方です。付加疑問文は否定形，あるいは肯定形の語句を文末に付けて，「～ですよね」と念を押したり，確認を求める表現です。意外と出題頻度が高く，4-6 問程度出題されます。基本的に Yes/No 疑問文の変形であり，多くの場合，Yes/No で答える選択肢が正答になります。付加疑問文の付加語句は無視する，否定形動詞は肯定形動詞としてとらえて，「～ですよね」という確認の意味が加わっていると理解することがポイントです。

1. 否定疑問文

否定形動詞を用いる否定疑問文は，「～ですよね」「～でしたよね」という確認，同意，共感，驚きを表します。

- Do you want me to translate this document?
  （この書類を翻訳しましょうか）
- **Don't you** want me to translate this document?
  （この書類を翻訳するんでしたよね）

応答は付加疑問文と同様に，基本的に《Yes ＋肯定する内容》《No ＋否定する内容》になります。

- Yes, please. （はい，お願いします）
- No, please wait until it's been revised.
  （いえ，修正されるまで待ってください）

2. 付加疑問文

肯定文の文末に否定の語句を，否定文の文末に肯定の語句を付けて，「～ですよね」と念を押したり，確認を求めます。応答は基本的に《Yes ＋肯定する内容》《No ＋否定する内容》になります。

You've read this article about TGF's merger, **haven't you**?
(TGF 社の合併に関するこの記事は読みましたよね)

❖ Yes, I was surprised.	ええ，驚きました。
❖ No, can I take a look?	いいえ，ちょっと見せて。

You can't come to the company picnic, **can you**?
(会社のピクニックには来られないのですよね)

❖ Yes, I'm looking forward to it.	行きます，楽しみです。
❖ No, I have a prior engagement.	行きません，先約があるので。

付加疑問文への応答では，Yes/No が日本語のはい／いいえと逆になると学んだかもしれませんが，日本語を介在させるのは混乱のもとです。もっと単純に，《Yes ＋肯定する内容》《No ＋否定する内容》が原則と考えましょう。

また，注意したい付加疑問文の作り方として，Let's ... には shall we? を加え，命令文には will you? を加えます。

- **Let's** get started, **shall we**? (始めましょうか)
- **Pick up** the phone, **will you**? (電話に出てください)

3. 正答のバリエーション

否定疑問文，付加疑問文の設問では，多くの場合《Yes ＋肯定する内容》か《No ＋否定する内容》が正答です。ただし，Yes/No が省略されたり，あいまいに答える選択肢が正答となる場合もあります。基本となる Yes/No の答え方をしっかり押さえ，意味を正確にとらえることが重要です。

① **Didn't you** finish checking the copiers?
(コピー機の点検は終わらせたのですよね)

② **This portfolio is** Simon's, **isn't it**? (この作品集はサイモンのですよね)

③ **The new hire is** from China, **isn't she**? (新人は中国出身ですよね)

④ **Don't you** have to call Frank by 11:30?
(フランクに 11 時半までに電話するのでしたよね)

Yes ＋肯定する内容

① Yes, I did an hour ago. （はい，１時間前に終えました）

② Yes, he left it for you to review. （はい，あなたに見てもらうために置いていきました）

③ Yes, she speaks Chinese and Japanese. （はい，彼女は中国語と日本語を話します）

④ Yes, I almost forgot it. （はい，忘れるところでした）

No ＋否定する内容

① No, not yet, actually. （いいえ，実はまだなのです）

② No, it's Tom's. （いいえ，トムのです）

③ No, she's from Korea. （いいえ，彼女は韓国の出身です）

④ No, he'll give me a call. （いいえ，彼が電話をくれます）

上記以外の正答

① I'm still working on it. （今もまだやっています）

② I'm not sure. （さあ，わかりません）

③ Don't ask me. （知りません）

④ I already did it. （もうかけました）

▼ Practice

Disc 1 ····· 55

17. Mark your answer on your answer sheet. Ⓐ Ⓑ Ⓒ

18. Mark your answer on your answer sheet. Ⓐ Ⓑ Ⓒ

19. Mark your answer on your answer sheet. Ⓐ Ⓑ Ⓒ

20. Mark your answer on your answer sheet. Ⓐ Ⓑ Ⓒ

▼ Answer Key

17.

Disc 1 ····· 55 正答：(B)

This workshop has been more practical than expected, **hasn't it**?
(A) Yes, I think he needs more practice.
(B) I've been thinking the same thing.
(C) No, we should be more competitive in pricing.

このワークショップは思っていたよりも実用的ですね。
(A) はい，彼はもっと練習が必要だと思います。
(B) 私も同じことを考えていました。
(C) いいえ，私たちはもっと価格競争力をつけるべきです。

解き方 「ワークショップは予想以上に実用的ですね」という設問文に対する適切な応答は (B) です。(A) は名詞 practice（練習）を用いて practical との混同を狙っています。(C) はワークショップの評価とは無関係の応答です。

語 句 □ workshop「ワークショップ，研修会」 □ practical「実用的な」
□ than expected「予想以上に，期待していたよりも」 □ practice「練習，実務」
□ competitive「競争力のある」 □ pricing「価格づけ」

18.

Disc 1 ····· 55 正答：(C)

Isn't your office located in the East building?
(A) No, it was impossible to find it.
(B) We've never heard about that.
(C) No, it's been relocated to the headquarters.

あなたのオフィスは東館ですよね。
(A) いいえ，それは見つかりませんでした。
(B) それは初耳です。
(C) いいえ，本社に移転しました。

解き方 オフィスの所在地についての設問文に対する適切な応答は (C) です。設問文中のキーワード located に似た relocated（移転させた）を用いていますが，意味のうえで正しく対応しています。(A)，(B) はいずれもやり取りが成立しません。

語 句 □ be located in ...「～にある」 □ relocate「～を移転させる」
□ headquarters「本社」

19.

Disc 1 ····· 55 正答：(C)

Ms. Atkinson's presentation was quite impressive, **wasn't it**?
(A) I'm glad you liked my present.
(B) Because time was pressing then.
(C) Yes, I'm sure a lot of people were touched.

アトキンスンさんのプレゼンテーションはとてもすばらしかったですね。
(A) 私からのプレゼントを気に入っていただけてうれしいです。
(B) あのときは時間が押していましたので。
(C) はい，多くの人が感動したでしょう。

解き方 設問文中の presentation にひっかけた選択肢に注意します。(A) の名詞 present は「プレゼント」ですから，やり取りが成立しません。(B) の time was pressing は「時間が押していた」という意味ですから，設問文に対する応答になりません。(C) が正答で，a lot of people were touched（大勢の人が感動した）と聴衆の反応を付け加えています。

語 句 □ impressive「印象的な，すばらしい」 □ pressing「差し迫った」
□ touch「～を感動させる」

20.

Disc 1 ····· 55 正答：(A)

Didn't you expect to be promoted this time?
(A) No, I thought it was too early.
(B) We shouldn't expect too much.
(C) I took his promotion for granted.

今回は昇進すると思っていたのですよね。
(A) いいえ，早過ぎると思っていました。
(B) あまり期待しすぎないことです。
(C) 彼が昇進したのは当然のことだと思いました。

解き方 この設問文を聞いたら，自分が昇進した立場ならどう答えるかを考えることが大切です。「自分では昇進は時期尚早と考えていた」と答えている (A) が正答です。(B) は expect を繰り返して混同をねらっています。(C) も promotion を繰り返していますが，他人の昇進についての感想を述べているので設問文に対応しません。

語 句 □ expect「～を期待する，予期する」 □ promote「～を昇進させる」
□ take ... for granted「～を当然のことと考える」

6 意見・提案・報告——平叙文

平叙文問題では意見，感想，情報伝達，提案，報告，希望，説明など，さまざまな設問が登場します。ここでは，特に多く出題される意見，提案，報告について見ておきます。

1. 意見・提案

- Maybe you should talk to Ms. Sumlin about the incident.
  （その出来事の件をサムリンさんに話すべきでしょうね）
- I hope their construction timetable is doable.
  （彼らが立てた建設予定表が実行可能だといいですね）
- I don't think Craig will finish his report on time.
  （クレイグが予定どおりに報告書を仕上げるとは思いません）
- Your advice will be helpful, thank you.
  （あなたのアドバイスが役立つでしょう，ありがとう）
- I didn't expect such a success. （これほど成功するとは思いませんでした）
- If I were you, I would reschedule the appointment.
  （私があなただったら，面会予約を取り直します）

こうした意見や提案に対して「自分ならこう答える」と考えたうえで選択肢を聞き，もっとも自然な応答を選ぶことが正答につながります。意見，提案に対する典型的な応答例を挙げておきましょう。

❖ I'm glad I could help.	お役に立ててうれしいです。
❖ I think so, too.	私もそう思います。
❖ I will, thank you.	そうします。ありがとう。
❖ That's what I've been thinking.	私もそう考えていました。
❖ That's a good idea.	それはよい考えですね。
❖ Let me think about it more.	もう少し考えさせてください。
❖ Can I sleep on it?	一晩考えてもいいでしょうか。
❖ I'll have to talk with my boss first.	まずは上司と話さなくてはなりません。

❖ You can say that again.	おっしゃるとおりです。
❖ I'll second that.	大賛成です。

平叙文問題の場合，ある程度の決まり文句を除いて正答になりやすい応答パターンはありません。したがって，自分が応答する立場に立って適切な答え方を考えることが最善の対策です。

2. 報告・連絡

● There's something wrong with this scanner.
（このスキャナは調子が悪いです）

● We are running out of money for this month's sales campaign.
（今月の販促キャンペーンの予算がなくなりそうです）

● Mr. Pavone wants to discuss the details of your proposal.
（パボンさんがあなたの提案の詳細について話したがっています）

● Ron will sit in for Tabatha and preside over the meeting.
（ロンがタバサに代わって会議の司会を務めます）

報告，連絡に典型的な応答例をいくつか挙げておきましょう。

❖ Let me call maintenance.	メンテナンス部を呼びましょう。
❖ I'm sorry but I won't be available on Thursday.	申し訳ありませんが，木曜日は不在です。
❖ Thanks, you did a good job.	ありがとう，よくやりましたね。
❖ I'll make it up to you later.	後で埋め合わせます。

▼ Practice

Disc 1 ····· 56

21. Mark your answer on your answer sheet. Ⓐ Ⓑ Ⓒ

22. Mark your answer on your answer sheet. Ⓐ Ⓑ Ⓒ

23. Mark your answer on your answer sheet. Ⓐ Ⓑ Ⓒ

24. Mark your answer on your answer sheet. Ⓐ Ⓑ Ⓒ

▼ Answer Key

21.

Disc 1 ····· 56 正答：(B)

I really appreciate your constant support. (A) I hope I'll make it. (B) My pleasure. (C) So am I.	あなたの変わらぬご支援に感謝しています。 (A) うまくやれるといいのですが。 (B) どういたしまして。 (C) 私もそうです。

解き方 支援に対する感謝に応える表現として (B) が適切です。これは決まった言い方です。(A) は自分の幸運を願う表現です。(C) は「私もそうです」という意味ですが，be 動詞を用いた表現に対する応答です。

語　句 □ appreciate「～をありがたく思う，正当に評価する」
□ My pleasure.「どういたしまして」

22.

Disc 1 ····· 56 正答：(A)

We need to buy a copier to replace this old one. (A) But it still works all right. (B) Great, have fun. (C) I like my coffee fresh and strong every time.	この古いコピー機は買い替える必要があります。 (A) でも，まだちゃんと動いていますよ。 (B) いいですね，楽しんできてください。 (C) いつもいれたての濃いコーヒーが好きです。

解き方 古いコピー機を買い替えようという発言に対して，(A) が正答です。(B) は旅行に出かける相手などに声をかける際の慣用表現です。(C) は copier と音の似た coffee を用いてひっかけをねらっています。

語　句 □ work all right「正常に機能している」 □ have fun「楽しむ」

23.

Disc 1 ····· 56　正答：(C)

You might want to e-mail these updates to Mr. Shriver right away.
(A) I haven't received any message today.
(B) I'd rather take an express.
(C) Could you tell me which ones?

これらの最新情報をすぐにシュライバーさんにメールで伝えてください。
(A) 今日はまだ知らせを受けていません。
(B) むしろ急行で行きたいです。
(C) どの情報ですか。

解き方　You might want to *do* は「～してはどうですか，～してください」というていねいな提案，命令の表現です。どの情報を送るのかを尋ねている (C) が正答です。(A)，(B) は e-mail に対して message，express を用いてひっかけをねらっています。

語　句　□ update「最新情報」 □ right away「すぐに」
□ I'd rather *do*「むしろ～したい」 □ express「急行，特急」

24.

Disc 1 ····· 56　正答：(B)

I didn't recognize Aisha when I met her in the lobby.
(A) She wasn't in the entrance hall.
(B) She has changed a lot, hasn't she?
(C) There were too many people.

ロビーで会ったときアイーシャだとわかりませんでした。
(A) 彼女は玄関ホールにいませんでした。
(B) 彼女はかなり変わっていたのですね。
(C) 人が多すぎました。

解き方　recognize は知人に会ったときに「その人とわかる，気づく」という意味です。「見てもわからないほどに変わっていたのですね」と答えている (B) が正答です。(A) は lobby から連想される entrance hall をひっかけに用いています。「人が多すぎて見つからなかった」という場合には recognize ではなく find や notice を用いるので，(C) は誤りです。

語　句　□ recognize「～の見分けがつく」 □ lobby「ロビー」 □ entrance hall「玄関ホール」

7 キーワードを避ける

応答問題全体を通して頻繁に用いられるのが「キーワード」を利用したひっかけです。設問中で強く発音され，記憶に残りやすい内容語（特に名詞，固有名詞，動詞，形容詞）や，それらから連想されやすい語句を誤答選択肢に用いてひっかけます。逆に，正答ではこれらのキーワードを別の表現で言い換えることが多くなっています。キーワードを利用したひっかけを回避する，あるいはキーワードを言い換えた表現を手がかりに正答選択肢を選ぶためには，キーワード・トラップのパターンについて知っておく必要があります。

1. 形，発音が同じか似ている単語

設問中のキーワードと形，発音が同じか似ている単語を含む選択肢は多くの場合誤答です。次のような語に注意しましょう。

□ applicant	（応募者）
□ apply	（申し込む）

□ assignment	（割り当て，担当）
□ sign	（～に署名する）

□ break	（休憩）
□ brake	（ブレーキ）

□ break down	（壊れる）
□ take a break	（休憩する）

□ change	（～を変える；変化）
□ change	（釣り銭）

□ clothes	（洋服）
□ close	（閉まる）

□ cover	（カバー）
□ cover	（～を覆う，範囲に入る，取材する）

□ dress	（ドレス）
□ address	（住所，演説）
□ address	（～に取り組む）

□ impression	（印象）
□ press	（～を押す；新聞）

□ minute	（分）
□ minutes	（議事録，覚え書）

□ microphone	（マイクロフォン）
□ phone	（～に電話〔する〕）

□ play	（〔スポーツなどを〕する）
□ play	（芝居）

□ presentation	（プレゼンテーション）
□ present	（出席して）

□ project	（プロジェクト；映し出す）
□ projector	（プロジェクタ）
□ predict	（～を予測する）

□ standard	（基準）
□ stand	（立つ）

□ training	（訓練）
□ train	（～を訓練する）
□ train	（列車）

これらはほんの一例です。日ごろから単語は音と一緒に覚える，例文と一緒に覚える，英英辞典で定義を調べるなど，具体的な文脈の中で意味が理解できるようにすることが大切です。

2. 設問文中のキーワードを言い換える

設問中のキーワードを別の表現で言い換えている選択肢は正答の確率が高くなっています。

- ☐ announce（～を正式に発表する）⇨ make public（～を公にする）
- ☐ cancel（～をキャンセルする）⇨ change *one's* mind（考えを変える）
- ☐ review（～を見直す）⇨ take a look（見る）
- ☐ look forward to ...（～を楽しみに待つ）⇨ expect（～を期待する）
- ☐ travel（旅をする）⇨ be on a trip/be out of town（旅行中である）
- ☐ clothes for women（女性用の服）⇨ women's items（女性用品）
- ☐ reimburse（～を払い戻す）⇨ pay back ...（～を払い戻す）
- ☐ overseas（海外へ）⇨ abroad（海外へ）
- ☐ purchase（～を購入する）⇨ buy（～を買う）
- ☐ schedule（予定）⇨ plan（計画）

3. キーワードに関連する表現

キーワードに関連する表現，あるいはそれから連想される表現を含む選択肢は多くの場合誤答ですが，正答にもなります。

- □ airport　（空港）
- □ pick up ...　（～を出迎える）
- □ meet　（～を出迎える）
- □ gate　（ゲート）
- □ flight　（フライト）
- □ arrival　（到着）
- □ departure time　（出発時刻）
- □ book　（～を予約する）

- □ bank　（銀行）
- □ bank account　（銀行口座）
- □ cash　（現金）
- □ teller　（出納係）
- □ ATM　（現金自動預け払い機）
- □ check　（小切手）
- □ credit card　（クレジットカード）

- □ chemical　（化学薬品）
- □ medicine　（薬）
- □ container　（容器）
- □ label　（ラベル；ラベルを貼る）
- □ prescription　（処方箋）

- □ construction　（工事）
- □ complete　（～を完成する）
- □ site　（現場）
- □ wing　（棟）

□ delivery	（配達）
□ shipment	（出荷）
□ damaged goods	（破損商品）
□ insurance	（保険）

□ hotel	（ホテル）
□ check-in/check-out	（チェックイン・チェックアウト）
□ lobby	（ロビー）
□ service	（サービス）
□ room service	（ルームサービス）
□ cloak room	（クローク）

□ mechanic	（整備士）
□ car	（車）
□ garage	（自動車修理工場）
□ repair	（修理）
□ park	（駐車する）
□ automatic	（自動の）
□ transmission	（変速機）

□ restaurant	（レストラン）
□ lunch	（ランチ）
□ dinner	（夕食）
□ today's special	（今日のお勧め料理）
□ dine and wine ...	（～を気前よくもてなす）
□ menu	（メニュー）
□ recommend	（～を勧める）
□ recommendation	（お勧め）
□ refreshment	（軽食）
□ serve	（食事などを出す）

▼ Practice

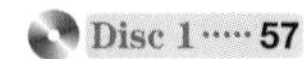

25. Mark your answer on your answer sheet. Ⓐ Ⓑ Ⓒ

26. Mark your answer on your answer sheet. Ⓐ Ⓑ Ⓒ

27. Mark your answer on your answer sheet. Ⓐ Ⓑ Ⓒ

28. Mark your answer on your answer sheet. Ⓐ Ⓑ Ⓒ

▼ Answer Key

25.

Disc 1……57 正答：(A)

Who is going to deliver the keynote address at the assembly?
(A) It hasn't been decided yet.
(B) Those parts are assembled at our factory.
(C) Ms. Wong will address that issue immediately.

だれが総会で基調講演をするのですか。
(A) まだ決まっていません。
(B) それらの部品は当社工場で組み立てられます。
(C) ウォンさんがすぐにその問題に対処します。

解き方　基調講演はだれが行うかを尋ねています。(A) が正答です。(B) は設問文中のキーワード assembly（総会）とよく似た動詞 assemble（～を組み立てる）を用いてひっかけをねらっています。(C) はキーワード address（演説）と動詞 address（～に対処する）の混同を狙っています。

語　句　□ deliver「（演説など）を行う」 □ keynote address「基調演説」
□ assembly「総会」 □ part「部品」 □ assemble「～を組み立てる」
□ factory「工場」 □ address「～に対処する」 □ issue「問題」
□ immediately「すぐに」

26.

Disc 1……57 正答：(B)

Are the prices of these items marked down?
(A) No, they're marked with red circles.
(B) Yes, they are on sale.
(C) I was surprised to see them.

これらの品は値下げされていますか。
(A) いいえ，赤い丸で印をつけています。
(B) はい，特価販売中です。
(C) 彼らに会って驚きました。

解き方　設問文中のキーワード mark down（～の価格を下げる）を on sale（特価で）に言い換えた (B) が正答です。「価格を下げる」という意味では slash a price や reduce a price などの表現も覚えておきましょう。(A) は，設問文中の mark を繰り返してひっかけをねらっています。(C) は設問文中の price と音の似た音 surprise を用いてひっかけをねらっています。

語　句　□ mark down ...「～を値下げする」 □ mark「～に印をつける」
□ be on sale「安売りされている」

27.

Disc 1 ····· 57 正答：(C)

I thought you were off today.
(A) You must keep off the grass.
(B) Fortunately they didn't lay me off.
(C) I just came to pick up my paycheck.

今日はお休みだと思っていました。
(A) 芝生に入ってはいけません。
(B) 幸い解雇されませんでした。
(C) 給与小切手を受け取りにきただけです。

解き方 設問文を聞いてすぐに，休みだと思っていた人を職場で見かけて声をかけた光景を思い浮かべることが大切です。「給与小切手を取りにきたのです」と答えている (C) が正答です。(A) の keep off ... は「～に立ち入らない」という意味です。公園などでは看板に KEEP OFF THE GRASS のように書かれています。「立ち入り禁止」ということです。設問文中の off（休みで）との混同をねらっています。(B) は lay off ...（～を解雇する）を用いてひっかけをねらっています。

語 句 □ be off「休んでいる」 □ keep off the grass「芝生に立ち入らない」
□ fortunately「幸いに」 □ lay off ...「～を解雇する」 □ paycheck「給与小切手」

28.

Disc 1 ····· 57 正答：(C)

How can I get reimbursed for my trip to Seoul?
(A) Please check your luggage first.
(B) I'm sure what you did will pay off.
(C) Submit the receipts to the accounting section.

どのようにしてソウルへの出張旅費を払い戻してもらうのですか。
(A) まず手荷物を預けてください。
(B) あなたのしたことはきっと報われますよ。
(C) レシートを会計課に提出してください。

解き方 設問文中のキーワード reimburse（～を返金する）や trip から連想される表現をひっかけに用いています。レシートを会計課に提出するように指示している (C) が正答です。(A) は trip から連想される check luggage（手荷物を預ける）を用いています。(B) は設問文中の reimburse（～を返金する；= pay back）と pay off（報われる）との混同をねらっています。

語 句 □ reimburse「～を返金する」 □ check「～を預ける」
□ pay off「報われる，実を結ぶ」 □ submit「～を提出する」 □ receipt「レシート」
□ accounting section「会計課」

Part 3

会話問題
Short Conversations

1 キーワードを追う——基本情報（人物・場所）

会話の話者がだれであるか，会話の行われている場所はどこかを問う設問では，会話全体に用意されているヒントとなるキーワードを聞き取る必要があります。そのためには，何よりもまず語彙力が必要です。それも，ビジネス，日常生活のさまざまな場所や状況で頻繁に使われる語彙，表現をできるだけ多く知っておかなければなりません。次のような語句は人物，場所を判断する場合に特に重要ですので，確実に覚えてください。

人物

❖ consumer	消費者
❖ customer	顧客
❖ guest	（ホテルなどの）客
❖ job applicant	求人応募者
❖ interviewee	就職面接される人
❖ interviewer	就職面接する人
❖ shop owner	店主
❖ sales clerk	店員
❖ gas station attendant	ガソリンスタンド従業員
❖ caretaker, building manager	管理人
❖ CEO (chief executive officer)	最高経営責任者
❖ president	社長
❖ entrepreneur	起業家
❖ bank clerk	銀行員
❖ teller	銀行窓口担当者
❖ receptionist	受付係
❖ sales representative	販売担当者
❖ cashier	レジ係
❖ pilot	パイロット
❖ flight attendant	客室乗務員
❖ driver	ドライバー
❖ manufacturer	製造者

❖ carrier, porter, delivery person	配達人
❖ courier	宅配業者，案内人
❖ travel agent	旅行エージェント
❖ manager	部長
❖ supervisor	上司
❖ associate, co-worker, colleague	同僚

場所

❖ exhibition	展覧会
❖ convention center	大会会場
❖ department	部署，売り場
❖ reception	受け付け
❖ bus terminal	バスターミナル

その他

❖ Thank you for ...	～してくださってありがとうございます

＊この後に続く語句によって，どこにいるのか，何のために集まっているのかなどがわかりやすい。

● Thank you for shopping with us.（当店でお買い物いただき，ありがとうございます）

● Thank you for coming earlier to discuss some problems we have seen.（いくつかの問題点を話し合うため，いつもより早く集まってくださってありがとうございます）

● Thank you for joining this seminar for new employees.（新入社員のためのセミナーにお集りいただき，ありがとうございます）

❖ This is ... (speaking).	～でございます。

＊電話で自分を名乗る場合の定番表現。

❖ Hold on a minute.	切らずにそのままお待ちください。
❖ His extension is ...	彼の内線番号は～です。
❖ I'll put you through.	おつなぎします。
❖ I'll connect you to the development department.	開発部へおつなぎします。

❖ She is out on business and will not come back until tomorrow afternoon. 彼女は出張で出ておりまして，明日の昼まで戻りません。

❖ Welcome to ... ～へようこそ。

＊場所や目的などが明確になるヒント，あるいはズバリ答えが続く可能性が高い。

● Welcome to Midland Theater. （ミッドランド劇場へようこそ）

● Welcome to our workshop today. （本日はワークショップにようこそ）

▼ Practice

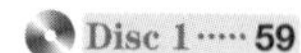
Disc 1 ····· 59

1. Who most likely are the speakers?

   (A) Pilots
   (B) Customers
   (C) Travel agents
   (D) Taxi drivers

   Ⓐ Ⓑ Ⓒ Ⓓ

2. Where does the conversation most likely take place?

   (A) At an airport
   (B) In an office
   (C) In a taxi
   (D) At a hotel

   Ⓐ Ⓑ Ⓒ Ⓓ

Disc 1 ····· 60

3. Who most likely is the woman?

   (A) A bus driver
   (B) A server
   (C) A store clerk
   (D) An airline employee

   Ⓐ Ⓑ Ⓒ Ⓓ

4. Where most likely are the speakers?

   (A) At an airport terminal
   (B) At a bus terminal
   (C) In a coffee shop
   (D) In a department store

   Ⓐ Ⓑ Ⓒ Ⓓ

▼ Answer Key

1-2

Disc 1 ····· 59

Questions 1 and 2 refer to the following conversation.

W: I have a Jonathan Sims on the phone. He said he reserved his tickets for Sydney with us a few months ago. He's on the way to the airport now.

M: Oh? Is there a problem with his flight?

W: No, but he wants to know if he can upgrade his hotel reservation to a suite.

M: I don't see why not. Tell him to hold while I check with the hotel.

設問 1-2 は次の会話に関するものです。

W: ジョナサン・シムズさんという方からお電話です。数か月前にシドニー行きのチケットを当社で予約して，今空港に向かっているところだそうです。

M: おや？ 彼のフライトに問題があるのですか。

W: いいえ，ホテルの予約をスイートにアップグレードできるかどうかを知りたいそうです。

M: もちろんできます。私がホテルに問い合わせるので，電話を切らずにそのまま待ってもらってください。

1.

Disc 1 ····· 59 正答：(C)

話者らはおそらくだれですか。

(A) パイロット
(B) 顧客
(C) 旅行エージェント
(D) タクシー運転手

解き方 冒頭で女性は ... he reserved his tickets for Sydney with us ... と述べています。したがって，話者らは旅行代理店に勤務していることがわかります。(C) が正答です。

2. Disc 1……59 正答：(B)

この会話はおそらくどこで行われますか。

(A) 空港で
(B) オフィスで
(C) タクシーで
(D) ホテルで

解き方 会話の最後で男性が ... while I check with the hotel と言っていることから，話者らはオフィスで顧客からの電話に対応していることがわかります。(B) が正答です。

語句
□ a Jonathan Sims「ジョナサン・シムズという人」 □ reserve 「～を予約する」
□ be on the way to ...「～へ向かっている」 □ upgrade「～をアップグレードする」
□ I don't see why not.「もちろん大丈夫です，だめなはずがありません」

3-4 Disc 1……60

Questions 3 and 4 refer to the following conversation.

M: Excuse me. Could you tell me if flight AD453 from Chicago has arrived yet?

W: Let me check. No, it says here that the plane was delayed because of inclement weather.

M: I guess I'll have to wait then. Is there a coffee shop near here?

W: Yes, go out the doors and turn left. You'll find it next to the bus terminal.

設問 3-4 は次の会話に関するものです。

M: すみません。シカゴ発 AD453 便はもう到着したでしょうか。

W: 確認いたします。いいえ，悪天候のため飛行機は遅れているとのことです。

M: それなら待たなければなりませんね。この近くにコーヒーショップはありますか。

W: はい，ドアを出て左にお進みください。バスターミナルの隣にございます。

3.

Disc 1 …… 60　正答：(D)

女性はおそらくだれですか。

(A) バスの運転手
(B) 給仕人
(C) 店員
(D) 航空会社の従業員

解き方 冒頭で男性は女性に対して，Could you tell me if flight AD453 from Chicago has arrived yet? と尋ねています。それに対して女性はその場で確認して答えているので，女性は航空会社の従業員であることがわかります。(D) が正答です。(A), (B) は発言中のキーワード bus terminal，coffee shop を利用してひっかけをねらっています。

4.

Disc 1 …… 60　正答：(A)

話者らはおそらくどこにいますか。

(A) 空港ターミナルに
(B) バスターミナルに
(C) コーヒーショップに
(D) デパートに

解き方 冒頭でフライトが到着したかどうかを尋ねる男性に対して，航空会社の従業員である女性が応対していますから，場所は空港施設であることがわかります。したがって，(A) が正答です。

語　句
□ delay「～を遅らせる」 □ because of ...「～が原因で」
□ inclement weather「悪天候，荒れ模様の天気」

2 キーワードを追う——基本情報（話題・職業）

人物，場所を問う設問と同様に，話題，職業を問う設問も会話中のキーワードを手がかりにして比較的容易に解けますので，確実に攻略したいものです。そのためには，やはりキーワードとして登場しそうな語彙を覚えておく必要があります。次のような語彙は必須です。

話題

❖ flight delay	フライトの遅れ
❖ accounting, finance	会計
❖ budget	予算
❖ audit	監査
❖ human resources	人事，人材開発
❖ equipment	備品
❖ fixtures, equipment	機材
❖ work day, working day	就業日
❖ employment [working] regulations, company rules	就業規則
❖ work overtime	残業する
❖ dress code	服装規定
❖ product	製品
❖ corporate gathering	社内行事
❖ home delivery	宅配
❖ bank account	銀行口座
❖ paperwork	書類仕事
❖ specialty	専門分野

職業

❖ dentist	歯科医
❖ surgeon	外科医
❖ doctor, physician	内科医
❖ eye doctor	眼科医

❖ engineer	エンジニア
❖ technician	技術者
❖ plumber	配管工
❖ architect	建築家
❖ designer	デザイナー
❖ lawyer, attorney	弁護士
❖ reporter	記者
❖ teacher, instructor	教師
❖ professor	教授
❖ lawmaker	議員
❖ police officer	警察官
❖ security guard	守衛，保安係
❖ electrician	電気技師
❖ carpenter	大工
❖ car [auto] mechanic	自動車整備工
❖ bookkeeper	簿記係
❖ accountant	会計担当者
❖ secretary	秘書
❖ office worker	会社員

▼ Practice

Disc 1 ····· 61

5. What are the speakers mainly discussing?

(A) The man's schedule
(B) Buying insurance
(C) The new receptionist
(D) The food

Ⓐ Ⓑ Ⓒ Ⓓ

6. What is the man's occupation?

(A) Restaurant manager
(B) Sales agent
(C) Dentist
(D) Front desk clerk

Disc 1 ····· 62

7. What are the speakers talking about?

(A) The item the man lost
(B) A special sale
(C) The time an event starts
(D) A new product

Ⓐ Ⓑ Ⓒ Ⓓ

8. Who most likely is the woman?

(A) A telephone operator
(B) A sales clerk
(C) An electronics engineer
(D) An instructor

Ⓐ Ⓑ Ⓒ Ⓓ

▼ Answer Key

5-6

Disc 1 …… 61

Questions 5 and 6 refer to the following conversation.

W: Thank you for seeing me on such short notice. I know you're usually busy.

M: It's no problem at all since this time slot was open.

W: When I chipped my tooth at the restaurant during lunch, I was so worried I wouldn't be able to get an appointment until next week.

M: Well, you're all OK now. Just show your insurance card to the receptionist on the way out.

設問 5-6 は次の会話に関するものです。

W: 突然の連絡にもかかわらず診ていただき，ありがとうございます。いつもお忙しいことは存じています。

M: この時間帯は空いていたので問題ありませんよ。

W: 昼食中にレストランで歯が欠けたのですが，来週まで予約が取れないのではないかととても心配でした。

M: さあ，もう大丈夫ですよ。お帰りに保険証を受付にお見せください。

5.

Disc 1 …… 61　正答：(A)

話者らは主に何について話し合っていますか。

(A) 男性の予定
(B) 保険の購入
(C) 新しい受付係
(D) 食事

解き方 話者は歯科医と患者であり，女性は急な予約で治療に訪れているという会話の背景をきちんと理解できることが大切です。冒頭で女性は Thank you for seeing me on such short notice. と感謝しており，男性は It's no problem at all since this time slot was open. と応じていること，さらに女性は ... I wouldn't be able to get an appointment until next week. と続けているので，話題は男性の予定であると判断できます。(A) が正答です。会話の最後に insurance card（保険証）というキーワードが用いられていますが，保険の話をしているわけではないので (B) は誤答です。

6.

Disc 1 …… 61 正答：(C)

男性の職業は何ですか。

(A) レストランマネジャー
(B) 販売代理業者
(C) 歯科医
(D) フロント係

解き方 女性の2回目の発言だけに解答のヒントがあるので，聞き落とさないように注意が必要です。女性は急な予約を入れた理由を When I chipped my tooth at the restaurant during lunch, ... と述べているので，歯科医と話していると判断できます。(C) が正答です。

語句
□ on such short notice「このように急な連絡で」
□ chip *one's* tooth「歯が欠ける［折れる］」 □ insurance card「保険証」
□ receptionist「受付係」 □ on the way out「帰る際に」

7-8

Disc 1 …… 62

Questions 7 and 8 refer to the following conversation.

M: Excuse me, madam. I'm trying to find the new UP-407 cell phone. I heard they went on sale today.

W: Yes, that's correct. They went on sale at 9 o'clock this morning, but they sold out in less than 15 minutes.

M: That's impressive. I didn't know they'd be so popular. Do you know when you'll get more in?

W: Sorry, but the manufacturer is uncertain when they'll be able to send us a new shipment.

設問 7-8 は次の会話に関するものです。

M: すみません。新しい携帯電話 UP-407 を探しているのですが。今日から発売と聞きました。

W: はい，そのとおりです。けさ9時に発売されましたが，15分もしないうちに売り切れました。

M: すごいですね。そんなに人気があるとは思いませんでした。いつ追加で入ってくるかわかりますか。

W: 申し訳ありません。いつごろ新しく出荷できるかはメーカーもわからないのです。

7.

Disc 1 …… 62　正答：(D)

話者らは何について話していますか。

(A) 男性が紛失した品物
(B) 特別セール
(C イベントの開始時刻
(D) 新製品

解き方　冒頭の男性の発言にある the new UP-407 cell phone や they went on sale today から，新製品の話をしていることがわかります。(D) が正答です。went on sale や 9 o'clock this morning などのキーワードから (B)，(C) を選ばないように注意が必要です。

8.

Disc 1 …… 62　正答：(B)

女性はおそらくだれですか。

(A) 電話交換手
(B) 店員
(C) IT エンジニア
(D) インストラクター

解き方　新発売の携帯電話を買いにきた男性に対し，... but they sold out in less than 15 minutes. と答え，..., but the manufacturer is uncertain when they'll be able to send us a new shipment. と説明していますから，店の販売員であると判断できます。(B) が正答です。

語　句
□ go on sale「発売される」 □ sell out「売り切れる」
□ impressive「すばらしい，印象的な」 □ popular「人気がある」
□ manufacturer「製造元，メーカー」 □ uncertain「よくわからない」
□ shipment「出荷」

3 話者の考え・意図を理解する――詳細情報（問題・行動・方法）

問題や行動，方法を問う設問を含む会話文では，次のような表現が多く用いられます。設問に問題や行動，方法を問うものが含まれていたら，これらの表現に注意しながら，何が起きているか，それを解決するために何をするか［したか］，どのようにするか［したか］をしっかり聞き取ります。

問題が生じていることを示す表現

- ❖ Could [Can/ Would/ Will] you help me ...?　～を手伝っていただけますか。

- ● Could you help me with this fax machine?
  （このファクス機のことで手伝っていただけますか）

- ❖ I can't *do*　～できないのですが。

- ● I can't figure out how to send a memo.（メモの送り方がわからないのです）

- ❖ I'm afraid ...　残念ながら～です。
- ❖ It looks like ...　～のようです。

- ● It looks like we are heading nowhere.（結論が出そうにありません）

- ❖ I think we have a problem.　問題があるようです，困ったことになりそうです。
- ❖ There may be a problem with ...　～に問題があるかもしれません。
- ❖ Is there a problem?　何か問題がありますか。
- ❖ Do you have a problem with that?　何か問題がありますか。
- ❖ I was hoping I [we] could *do*　～できると思っていたのですが（できません）。

- ● I was hoping we could use the entrance hall today.
  （今日は玄関を使えると思っていたのですが，できないのです）

- ❖ have trouble *doing*　～するのに苦労する
- ❖ complain about ...　～について苦情を言う

具体的な問題を示す表現

❖ We're unable to attend the conference.	会議に出席できません。
❖ The latest model is sold out.	最新型は売り切れています。
❖ It gets crowded.	そこは混み合います。
❖ It's not working properly.	正常に作動していません。
❖ The elevator is out of order.	エレベーターは故障しています。
❖ We are out of ...	～が切れています。
❖ It's too late. / I can't make it. / I'll be late for it.	間に合いません。
❖ I can't meet the deadline.	締め切りに間に合いません。
❖ They will not arrive on time.	彼らは時間どおりに着かないでしょう。
❖ She missed her plane [train].	彼女は飛行機［列車］に乗り遅れました。

行動を示す表現

❖ I need to *do*	～する必要がある。
❖ We have to *do*	～しなければならない。
❖ They want to *do*	～したいと思う。
❖ I'd suggest that you *do* / Why don't you *do*	～したらどうですか。
❖ Would you like me to *do*?	～しましょうか。
❖ Let's *do* ... / Why not *do*? / Why don't we *do*?	～しましょう。
❖ You might want to *do*	～しなさい。

方法を示す表現

❖ You can *do* ... by *doing* / If you *do*, then you can *do*	～すれば…できます。
❖ I recommend that you *do*	～したらどうですか。

▼ Practice

9. What is the problem?

(A) A room is unavailable.
(B) The client canceled the meeting.
(C) The meeting has been postponed.
(D) The man is too busy to meet.

10. What will the man do?

(A) Call the client back
(B) Find another room for the meeting
(C) Place a sign in the lobby
(D) Give information to other co-workers

11. What is the problem?

(A) The products caught on fire.
(B) The storage space for the products has been lost.
(C) The products were damaged in shipment.
(D) The shipping cost has doubled.

12. What is the woman assigned to do?

(A) Make a new schedule
(B) Call the fire department
(C) Contact the distributor
(D) Call the truck drivers

Ⓐ Ⓑ Ⓒ Ⓓ

▼ Answer Key

9-10

Disc 1 ····· 63

Questions 9 and 10 refer to the following conversation.

W: It looks like the meeting room has already been booked. Should we just cancel the meeting with the clients?

M: No, we should still see them. Isn't there another room available at that time?

W: The only place available would be the sofas in the lobby. What do you think?

M: That'll do. I'll let everyone know about the change of plan. You put up a sign down there to reserve the area.

設問 9-10 は次の会話に関するものです。

W: 会議室はすでに予約が入っているようですね。顧客との会議を中止すべきでしょうか。

M: いいえ，やはり会わなければなりません。その時刻に利用できる部屋はほかにありませんか。

W: 利用できるのはロビーのソファだけですね。どう思いますか。

M: 十分です。私は予定の変更について全員に知らせます。あなたは掲示を出してその場所を予約してください。

9.

Disc 1 ····· 63 正答：(A)

何が問題ですか。

(A) 部屋を利用できない。
(B) 顧客が会議をキャンセルした。
(C) 会議は延期されている。
(D) 男性は忙しすぎて会えない。

解き方 冒頭で女性は，It looks like the meeting room has already been booked. と述べて，顧客との会議をキャンセルすべきだろうかと尋ねています。これに対して男性は，Isn't there another room available at that time? と問い返しています。したがって，会議室が利用できないことが問題なので，(A) が正答です。

10.

Disc 1 …… 63 正答：(D)

男性は何をしますか。

(A) 顧客に電話をかけ直す
(B) 会議のために別の部屋を見つける
(C) ロビーに掲示を出す
(D) 他の同僚に情報を与える

解き方 会話の最後で男性は I'll let everyone know about the change of plan. と述べていますので，それを言い換えた (D) が正答です。everyone ➪ other co-workers, let ... know about the change of plan ➪ give information と言い換えています。

語 句 □ book「～を予約する」 □ cancel「～をキャンセルする」 □ available「利用可能な」
□ That'll do.「それで間に合うでしょう」
□ put up a sign down there「下に行って掲示を出す」
□ reserve「～を予約する」

11-12

Disc 1 …… 64

Questions 11 and 12 refer to the following conversation.

W: Clark! Did you hear? There was a fire at our Springfield warehouse. No one was hurt, but we won't be able to store any of our products there.

M: I know. And we have trucks headed there now. What should we do?

W: We'll have to send the products back to the regional distributor, and then work out how to get them to the stores.

M: OK, while I make up a new schedule, why don't you see if the distributor can contact the truckers to halt delivery?

設問 11-12 は次の会話に関するものです。

W: クラーク！ 聞きましたか。スプリングフィールド倉庫で火事がありました。負傷者はいませんでしたが，そこに製品を保管できなくなりました。

M: 知っています。しかもいま現地にトラックが向かっているところです。どうしましょうか。

W: 地域の配送業者に製品を送り返し，販売店に届ける方法を考えなければなりません。

M: わかりました，私は新しく予定を立てますので，配送業者がトラックの運転手に配送を中止するよう連絡できるか調べてもらえますか。

11. Disc 1 ····· 64 正答：(B)

何が問題ですか。

(A) 製品が燃え上がった。
(B) 製品用保管スペースが失われた。
(C) 製品が配送中に破損した。
(D) 配送費用が 2 倍になった。

解き方 冒頭で女性は，..., but we won't be able to store any of our products there. と報告しています。つまり製品用保管スペースが失われたのですから，(B) が正答です。燃え上がったのは倉庫であって製品ではないので，(A) は誤答です。

12. Disc 1 ····· 64 正答：(C)

女性に割り当てられた仕事は何ですか。

(A) 新しい予定を立てる
(B) 消防署に電話する
(C) 配送業者に連絡する
(D) トラック運転手に電話する

解き方 話者 2 人の今後の行動は会話の最後で男性が述べています。女性に対しては ..., why don't you see if the distributor can contact the truckers to halt delivery? と指示しています。(C) が正答です。(A) は男性がとる行動です。

語 句
□ fire「火災」 □ warehouse「倉庫」 □ hurt「負傷する」 □ store「～を貯蔵する」
□ head「向かう」 □ regional distributor「地域の配送業者」
□ make up「～を作る」 □ contact「～と連絡を取る」 □ halt「～を止める」
□ delivery「配達」

4 話者の考え・意図をつかむ――詳細情報（理由・意見・提案）

理由，意見，提案を表す表現の多くは定型的なものですので，比較的容易に判断できます。

理由

to 不定詞

- I'm calling you **to let you know** the schedule has changed.
（スケジュールの変更をお知らせするために電話しています）

because .../since ...

- I want to know more about that **because** I'm looking for a job.
（そのことについてもっと知りたいです。仕事を探しているので）

because of .../due to .../owing to ...

- **Because of** the time constraint, we need to review the whole process.
（時間的な制約のため，すべての過程を見直す必要があります）

so (that) ...

- We should have an interview **so (that)** we can make a better decision.
（面接を行う必要があります。そうすれば，よりよい決定を下せます）

What makes you ...?

- **What makes you** think so?
（なぜそう思うのですか）

How come ...?

- **How come** you are interested in this job?
（なぜこの仕事に関心があるのですか）

For what (purpose) ...?

- **For what (purpose)** were the stockholders called together?
(なぜ株主は招集されたのですか)

意見・提案

I (don't) think ...

- **I don't think** he will like that idea. (彼はその考えを好まないと思います)

agree ...

- I **agree** [disagree] with you. (あなたに賛成［反対］です)
- We **agreed** about [on] that. (私たちはその件では合意しています)
- I couldn't **agree** more. (大賛成です)

＊ これ以上賛成しようがないくらい賛成だということ。

Why don't you ...?

- **Why don't you** call him and make sure?
(彼に電話して，確かめてみてはどうですか)

How about ...?

- **How about** postponing the meeting? (その会議を延期してはどうですか)

What do you think of ...?

- **What do you think of** finding a new subcontractor?
(新しい下請け企業を探してはどうですか)

I would ...

- **I would** choose the second option. (私なら２番目の選択肢を選びますね)

＊ If I were you ... (私があなただったら ...) に続けて用いることもできる。

▼ Practice

Disc 1 ····· 65

13. Why is Chris unavailable?

(A) He had another meeting to attend.
(B) He is on vacation.
(C) The weather delayed his return.
(D) The plane is having mechanical problems. Ⓐ Ⓑ Ⓒ Ⓓ

14. What does the man think the woman's strong point is?

(A) She is good at communicating with people.
(B) She has a lot of experience.
(C) She knows the products better than anyone in the company.
(D) She is friends with the client. 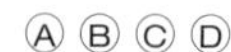

Disc 1 ····· 66

15. Why did the man decide to hold a meeting?

(A) He wanted to make a presentation to his boss.
(B) He received negative feedback about a new product.
(C) He wanted to discuss the product unveiling in six months.
(D) He saw a problem with the way the company does business.

16. What is the woman's response to the proposed strategy?

(A) She wants time to think about it.
(B) She wants someone else to review it.
(C) She wants to be informed of any changes.
(D) She wants to wait half a year. Ⓐ Ⓑ Ⓒ Ⓓ

▼ Answer Key

13-14

Disc 1 ····· 65

Questions 13 and 14 refer to the following conversation.

M: I need to ask you a favor. Chris is trapped in Toronto because of the snowstorm, so I need you to go on a sales call with one of our clients.

W: Me? I'm flattered that you would choose me, but I don't think I'm the best candidate.

M: That's not true. You're great at talking to people, and after Chris, you know the products better than anyone else. This will also be a good experience for you.

W: That's true. OK, just give me the details for the sales call.

設問 13-14 は次の会話に関するものです。

M: お願いがあります。クリスは吹雪でトロントで足止めされているので，顧客のひとりのところまで訪問営業に出かけてもらいたいのです。

W: 私がですか？ 選んでいただいて光栄ですが，私が最良の候補者とは思えません。

M: そんなことはありません。あなたは人と話すのが上手ですし，クリスの次に製品について熟知しています。これはあなたにとってもよい経験となるでしょうし。

W: そうですね。わかりました，訪問営業についての詳細を教えてください。

13.

Disc 1 ····· 65 正答：(C)

クリスはなぜ都合が悪いのですか。

(A) 彼はほかの会議に出席しなければならなかった。
(B) 彼は休暇中である。
(C) 天候のために帰りが遅れた。
(D) 飛行機に機械的な問題が生じている。

解き方 まず，クリスは男性話者ではなく，会話で話題となっている第三の人物であることに注意します。冒頭の発言で男性は，Chris is trapped in Toronto because of the snowstorm, ... と伝えています。したがって，(C) が正答です。

14.

Disc 1 ····· 65　**正答：(A)**

男性は何が女性の強味だと考えていますか。

(A) 彼女は人とのコミュニケーション能力にすぐれている。
(B) 彼女は経験豊かである。
(C) 彼女は社内でだれよりも製品を熟知している。
(D) 彼女は顧客の友人である。

解き方　男性は２回目の発言の中で，女性の強みとして話術にたけ，商品知識が豊かであるという２点を挙げています。前者を be good at communicating with people と言い換えた (A) が正答です。

語　句　□ ask ... a favor「～に頼み事をする」 □ be trapped in ...「～に閉じ込められる」 □ go on a sales call「訪問営業に行く」 □ be flattered「(ほめられて) うれしい」 □ candidate「候補者」 □ experience「経験」 □ details「詳細」

15-16

Disc 1 ····· 66

Questions 15 and 16 refer to the following conversation.

M: There you are, Barbara. I held a meeting with our marketing team just before lunch.

W: Why did you do that? We're not putting out any new products for another six months.

M: I realized that our customer service hasn't been the greatest, and I wanted to get ideas how to improve it. Jim came up with an excellent strategy.

W: Is that right? Well, before you try to implement it, make sure Cathy gets a look at it. You don't want to keep the boss out of the loop.

設問 15-16 は次の会話に関するものです。

M: ああ，バーバラ。昼食前にマーケティングチームと会議をしました。

W: それはまたどうして？ この先６か月間新製品は出ませんよ。

M: 顧客サービスに行き届かない点があるとわかったので，その改善方法についてのアイデアがほしかったのです。ジムがすばらしい戦略を思いつきました。

W: 本当に？ でも，実行する前にキャシーに必ず見てもらうことね。上司に話を通さないわけにはいかないから。

15.

Disc 1 ····· 66 正答：(D)

男性はなぜ会議を持つことにしたのですか。

(A) 彼は上司に対してプレゼンテーションをしたかった。
(B) 彼は新製品についての否定的な意見を受けた。
(C) 彼は6か月後に公表される製品について話し合いたかった。
(D) 彼は会社の事業運営に問題を見つけた。

解き方 会議を持った理由を尋ねた女性に対して，男性は2回目の発言で，I realized that our customer service hasn't been the greatest, ... と答えています。これを言い換えた (D) が正答です。

16.

Disc 1 ····· 66 正答：(B)

提案された戦略に対する女性の反応は何ですか。

(A) 彼女はそれについて考える時間がほしい。
(B) 彼女は別の人に目を通してもらいたい。
(C) 彼女はどんな変更も知らせてもらいたい。
(D) 彼女は6か月間待ちたい。

解き方 会話の最後で女性は，Well, before you try to implement it, make sure Cathy gets a look at it. と述べています。これを言い換えた (B) が正答です。

語　句

□ There you are.「そこにいたんですね」＊ほかに「来た！」「やれやれ」「ほら」「それでよいのですよ」など，いろいろな意味で使われる。
□ hold a meeting「会議を行う」 □ put out new products「新製品を出す」
□ improve「～を改善する」 □ come up with ...「～を思いつく」
□ excellent strategy「すばらしい戦略」 □ implement「～を実行する」
□ You don't want to *do*「～すべきではありません」
□ keep ... out of the loop「～に話を通さない，～をかやの外に置く」

5 話者の考え・意図をつかむ——詳細情報（推測情報・時・数値）

推測情報を問う問題は，会話中で言葉で明確に述べていない情報を問うものです。したがって，会話の内容から推測して解答しなければなりません。83 ページで示した設問に加えて，次のようなものも推測して答える必要があります。

- What will the speakers probably do next?
（話者らはおそらく次に何をしますか）

- What are the speakers likely to receive this evening?
（話者らは今夜何を受け取ることになりそうですか）

時や数値を問う問題では，数値，時間，日付，曜日，月日などが問われます。数値に関しては小数，分数，倍数の聞き取りに注意しましょう。

❖ one point two	1.2
❖ a third	1/3
❖ two thirds	2/3
❖ a quarter	1/4
❖ a half	1/2
❖ a fifth	1/5
❖ two fifths	2/5
❖ double, twofold, twice	2 倍
❖ triple, threefold	3 倍
❖ ... times	～倍

▼ Practice

Disc 1 ····· 67

17. What can be inferred from the conversation?

(A) The man hopes to receive the order in one shipment.
(B) The man received something he did not buy.
(C) The man was charged too much for shipping costs.
(D) The man wanted to cancel his order but changed his mind.

Ⓐ Ⓑ Ⓒ Ⓓ

18. When will the man receive the order?

(A) In one week
(B) In March
(C) In April
(D) In May

Disc 1 ····· 68

19. What can be inferred from the conversation?

(A) No one made a reservation.
(B) The room is too small for the event.
(C) There are no rooms left that are affordable.
(D) The hotel is not going to charge for the event.

Ⓐ Ⓑ Ⓒ Ⓓ

20. How many participants are expected?

(A) 150
(B) 200
(C) 300
(D) 400

Ⓐ Ⓑ Ⓒ Ⓓ

▼ Answer Key

17-18

Disc 1 ····· 67

Questions 17 and 18 refer to the following conversation.

M: Hello. I'm calling to see if I can add a purchase before my order is shipped. I placed the order on March 3rd.

W: Certainly. All orders placed in March are not sent out until the first week of April with no additional shipping cost.

M: Well, the item I want won't be available until April 10th. Can you still ship them together?

W: Yes, that is possible, but you won't receive the order until the month after the product becomes available.

設問 17-18 は次の会話に関するものです。

M: もしもし。注文品が出荷される前に追加購入ができればと思ってお電話しました。注文したのは３月３日です。

W: かしこまりました。３月の注文品は４月の第１週までは発送されませんので，追加の送料はいただきません。

M: 私のほしい商品は４月10日まで入荷しません。それでも一緒に発送していただくことは可能ですか。

W: はい，可能です。しかし，製品が入荷する翌月まで注文品を受け取ることはできません。

17.

Disc 1 ····· 67 正答：(A)

この会話から何が推測できますか。

(A) 男性は注文品を１回の配送で受け取ることを望んでいる。
(B) 男性は購入していない商品を受け取った。
(C) 男性は送料を超過請求された。
(D) 男性は注文品をキャンセルしたかったが，気が変わった。

解き方 2回目の発言で男性は追加注文について，Can you still ship them together? と尋ねています。したがって，すべての注文品を一度に発送してほしいと考えていることが推測できます。(A) が正答です。

18.

Disc 1 ····· 67　正答：(D)

男性は注文品をいつ受け取りますか。

(A) 1 週間後に
(B) 3 月に
(C) 4 月に
(D) 5 月に

解き方 男性は 2 回目の発言で，..., the item I want won't be available until April 10th. と述べています。それに対して女性は最後の発言で，..., but you won't receive the order until the month after the product becomes available. と応えているので，男性が受け取るのは 5 月になることがわかります。(D) が正答です。

語句 □ purchase「購入品」 □ ship「～を発送する」 □ place an order「発注する」 □ additional shipping cost「追加の送料」

19-20

Disc 1 ····· 68

Questions 19 and 20 refer to the following conversation.

W: You won't believe what the hotel just told me. They said they made a mistake and reserved Conference Room B for us. That's the smallest room.

M: But that room only fits 150 people at a time, and we have twice that coming.

W: The hotel said we could have the room for the entire day at no extra cost. Would that help?

M: Hmm. It might if we can split the guests into two groups. Let's talk to Phil about it first.

設問 19-20 は次の会話に関するものです。

W: ホテルが私に何と言ったと思いますか。間違って会議室 B を予約したというのです。一番小さな部屋です。

M: でも，その部屋は一度に 150 人しか収容できませんが，その 2 倍の人数が来ますよ。

W: ホテルでは，その日は終日追加料金なしで部屋を使用してよいというのです。どうでしょうか。

M: ううむ。来賓を 2 グループに分けられるなら，できないこともないですが。まず，フィルと話し合いましょう。

19.

Disc 1 …… 68 正答：(B)

この会話から何が推測できますか。

(A) だれも予約しなかった。
(B) イベントには部屋が小さすぎる。
(C) 予算に合う料金の部屋が残っていない。
(D) ホテルはイベント開催の料金を請求しないつもりでいる。

解き方 冒頭の発言で女性は会議室の予約について，They said they made a mistake and reserved Conference Room B for us. と報告しています。これに対して，男性は But that room only fits 150 people at a time, and we have twice that coming. と応じています。つまり，予約された部屋は来賓全員を収容できないことになります。したがって，(B) が正答です。

20.

Disc 1 …… 68 正答：(C)

どれくらいの参加者が予想されますか。

(A) 150 人
(B) 200 人
(C) 300 人
(D) 400 人

解き方 男性は最初の発言で，But that room only fits 150 people at a time, and we have twice that coming. と述べています。したがって，(C) が正答です。

語 句
□ make a mistake「ミスをする」 □ reserve「～を予約する」
□ fit 150 people「150 人を収容する，150 人に合う広さである」
□ entire day「終日」 □ split *A* into *B*「A を B に分ける」

6 正答キーワードを見抜く——言い換え表現

会話問題全体で言い換え表現が多用されます。選択肢には会話中の語句や文を別の表現で言い換えたものが多く含まれ，それらが正答である確率が高くなっています。これは，音声で表現された語句，文の意味を正しく理解し，それが選択肢として異なる語句や文で表現されていても同じ意味であることを判断できるかどうかを試そうとしているためです。

言い換えにはいくつかのパターンがあります。すでに88-89ページで代表的なものを紹介しましたが，もう少し詳しく見てみましょう。

具体的な名詞 ➪ 一般的な名詞

□ product（製品）	➪ item（品物）
□ laptop computer（ノートパソコン）	➪ device（機器）
□ fax machine（ファクス）	➪ equipment（備品，機材）
□ award ceremony（授賞式）	➪ event（行事）
□ sales report（営業報告）	➪ document（文書）
□ disagreement（意見の不一致）	➪ different opinion（異なる意見）
□ shortage, outage（不足）	➪ problem（問題）

同義語・類義語

□ colleague（同僚）	➪ associate（同僚）
□ manager（部長）	➪ supervisor, superior（上司）
□ rule（規則）	➪ policy（方針）
□ payment（支払い）	➪ remittance（送金）
□ duty（義務）	➪ obligation（義務）
□ replace（～を交換する）	➪ substitute（～を交換する）
□ opportunity（機会）	➪ chance（機会）

動詞 ⇔ 名詞・形容詞

□ thank（～に感謝する）	⇔ show appreciation（感謝を表す）
□ pay back（～を返済する）	⇔ make a reimbursement（返済する）
□ choose（～を選ぶ）	⇔ make a selection（選択する）
□ copy（～をコピーする）	⇔ make duplicates（コピーする）
□ postpone（～を延期する）	⇔ change the schedule（予定を変更する）
□ announce（～を発表する）	⇔ make it clear that ...（～を明らかにする）
□ inform（～に通知する）	⇔ give information（知らせる）

言い換え表現を見抜くことは，特にリスニングテストでは難しいと言えるでしょう。耳から入ってきた音声情報をしっかり把握し，それと同じ意味を表現している文字情報（選択肢）を読んで瞬時に見つけなければならないので，高い理解力と語彙力を要求されます。語彙力を増強するために，日常の学習ではできるだけ英英辞書を用い，意味を２語以上の句で覚えるようにしましょう。言い換え表現に強くなると，リーディングテストにも強くなります。

リスニングとリーディングは，耳から情報を入れるか，目から文字で情報を入れるかの違いはあるものの，情報をインプットして処理するという意味ではよく似ている作業です。したがって，リスニングが伸びればリーディングも伸びてきますし，もちろんその逆も真なりです。

▼ Practice

Disc 1 ····· 69

21. What was Chip supposed to do with the data?

(A) Pass it to the printer
(B) Make it accessible on the network
(C) Download the latest version
(D) Talk to the woman about the changes Ⓐ Ⓑ Ⓒ Ⓓ

22. What will the woman do next?

(A) Call Chip immediately
(B) Send the file to the man
(C) Post the revised edition
(D) Print out the manuscript Ⓐ Ⓑ Ⓒ Ⓓ

Disc 1 ····· 70

23. What did the e-mail the speakers received say?

(A) Work start and end times are going to change.
(B) No one may work past their scheduled end time.
(C) Supervisors will answer any questions about the e-mail.
(D) The working policy is being revised. Ⓐ Ⓑ Ⓒ Ⓓ

24. What does the man say about the new system?

(A) Further explanation is necessary.
(B) It is easy to understand.
(C) He still has not read anything about it.
(D) He wants to talk to someone about it. Ⓐ Ⓑ Ⓒ Ⓓ

▼ Answer Key

21-22

Disc 1 ····· 69

Questions 21 and 22 refer to the following conversation.

M: Hey, Mary. I can't find the data for the manuscript on the server. I thought Chip was going to fix it and upload it by today.

W: Yes, he was. I have a copy of the latest version. Would you like me to send it over to you or put it on the server?

M: I'd prefer you put it up that way everyone can access it.

W: OK. I'll get right on it.

設問 21-22 は次の会話に関するものです。

M: メアリー，サーバー上に原稿のデータが見当たりません。チップが今日までにそれを修正してアップロードすることになっていたと思うのですが。

W: はい，そのはずです。私が最新版のコピーを持っています。お送りしましょうか，それともサーバー上に載せましょうか。

M: 全員がアクセスできるようにアップロードしてもらうのがよいと思います。

W: わかりました。すぐにやります。

21.

Disc 1 ····· 69 正答：(B)

チップはデータをどうするはずでしたか。

(A) 印刷会社に渡す
(B) ネットワーク上でアクセスできるようにする
(C) 最新版をダウンロードする
(D) 女性と変更について話し合う

解き方 冒頭の発言で男性は，I thought Chip was going to fix it and upload it by today. と述べています。したがって，(B) が正答です。upload を make ... accessible on the network と言い換えています。

22.

Disc 1 …… 69 正答：(C)

女性は次に何をしますか。

(A) すぐチップに電話する
(B) 男性にファイルを送る
(C) 修正版をアップロードする
(D) 原稿を印字する

解き方 男性は2回目の発言で，I'd prefer you put it up that way everyone can access it. と女性に依頼し，女性は I'll get right on it. と応じています。したがって，(C)が正答です。put ... on the server を post（情報を提示する）という動詞1語で言い換え，さらに女性が持っている the latest edition（最新版）を the revised edition（修正版）に言い換えています。

語句 □ manuscript「原稿」 □ server「サーバー」 □ upload「～をアップロードする」 □ the latest version「最新版」 □ access「～にアクセスする」 □ I'll get right on it.「すぐにやります」

23-24

Disc 1 …… 70

Questions 23 and 24 refer to the following conversation.

W: Did you get the company-wide e-mail about changes to the work code? The overtime system is being changed.

M: Yes, I did. Apparently we have to start keeping track of all our breaks, even the ones after work officially ends.

W: And what's even more important than that is we have to get permission from our supervisor if we want to work past 8 o'clock, but anything before that is OK.

M: I read that, but I didn't get it. It's all very confusing. I hope they send out more information on it soon.

設問 23-24 は次の会話に関するものです。

W: 社内規則変更についての全社向け電子メールを受け取りましたか。残業システムが変更されています。

M: はい，受け取りました。休憩時間をすべて記録しなければならないようですね，終業時刻を過ぎてからも。

W: もっと重要なのは，8時を過ぎて働きたい場合は上司に許可を得なければならないことです。その時刻を過ぎなければかまわないのですが。

M: それについても読みましたが，よくわかりませんでした。かなりまぎらわしいですね。詳しい情報をすぐに送ってほしいです。

23.

Disc 1 ····· 70 **正答：(D)**

話者らが受け取った電子メールは何を述べていましたか。

(A) 始業時刻と終業時刻が変更される。
(B) 予定された終業時刻を過ぎて働くことは許されない。
(C) 上司は電子メールについてどんな質問にも答えるだろう。
(D) 就業規定が変更されている。

解き方 冒頭の発言で女性は Did you get the company-wide e-mail about changes to the work code? と男性に尋ね，The overtime system is being changed. と述べています。電子メールは残業システムの変更について述べていることがわかるので，(D) が正答です。the overtime system を the working policy，changed を revised と言い換えています。

24.

Disc 1 ····· 70 **正答：(A)**

男性は新しいシステムについて何を述べていますか。

(A) さらに説明が必要である。
(B) わかりやすい。
(C) 彼はそれについてまだ何も読んでいない。
(D) 彼はそれについてだれかと話し合いたい。

解き方 会話の最後で男性は，It's all very confusing. I hope they send out more information on it soon. と述べています。したがって，(A) が正答です。2 文の内容を Further explanation is necessary. というまったく別の表現で言い換えています。

語　句
□ company-wide「全社向けの」 □ work code「就業規定」
□ overtime system「残業システム」 □ apparently「明らかに」
□ keep track of ...「～の記録を取る」 □ officially「公式に」
□ permission「許可」 □ supervisor「上司」 □ get it「理解する」
□ confusing「まぎらわしい，ややこしい」

Part 4

説明文問題

Short Talks

1 キーワードを追う——基本情報（目的・場所・時間）

目的を問う設問の多くは，What is the (main) purpose of ...? という設問文に不定詞句の選択肢という形をとっています。そして，トーク中で目的を表す文や表現を，正答選択肢では別の表現で言い換えていることが多くなっています。例を挙げましょう。

● I'm calling to confirm my reservation.
（予約を確認するために電話しています）

➪ (A) To check an arrangement （手配を確かめること）

● I've called this meeting to discuss some problems with our inventory system.
（この会議を招集したのは，在庫システムの問題点を話し合うためです）

➪ (B) To explain the discussion topic （議論のトピックを説明すること）

● Before we start the factory tour, I need to tell you some schedule changes just made a few minutes ago.
（工場見学を始める前に，つい先ほど決まったスケジュールの変更についてお知らせします）

➪ (C) To give an update （最新情報を提供すること）

● I'll give you a quick preview of our new product lines, and then I'll go into details on each model.
（新商品群を簡単に予告紹介したうえで，各モデルの詳細をご説明します）

➪ (D) To describe upcoming products （発売予定の商品を説明すること）

場所を問う設問は Where ...? ですが，トークが行われている場所を問う場合以外に，「～はどこですか」というトーク中で述べている具体的な情報を問う場合があるので注意が必要です。また，時間を問う設問についても同様です。When ...? という設問は，トークが行われている時間を問う場合と，「～はいつですか」というトーク中で述べている具体的な情報を問う場合があります。

▼ Practice

Disc 2 ····· 04

1. Where most likely is the talk being given?

(A) At a dinner reception
(B) At a hospital
(C) At a hotel
(D) At a welcome party

Ⓐ Ⓑ Ⓒ Ⓓ

2. What is the main purpose of the talk?

(A) To ask people to stay late
(B) To express gratitude
(C) To talk about communication
(D) To bring up work issues

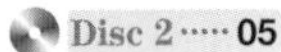

3. What is being advertised?

(A) Musical instruments
(B) Guided tours
(C) Electronic devices
(D) Automobiles

Ⓐ Ⓑ Ⓒ Ⓓ

4. Where can the advertisement be heard?

(A) At an airport
(B) At a shopping mall
(C) At a hotel
(D) At a car dealership

Ⓐ Ⓑ Ⓒ Ⓓ

1-2

Disc 2 ····· 04

Questions 1 and 2 refer to the following talk.

1 Thank you for that gracious
2 introduction, Doug. I'll keep this
brief because I know most of
you are hungry and want to get
3 to the food. I just want to thank
everyone who has made my time
so wonderful here at the company.
4 You all supported me as much as
5 I supported you, if not more so. I
appreciate everyone's hard work and
6 staying late when I needed you. I'll
definitely miss all of you while I take
7 maternity leave. But please feel free
to e-mail or call me any time to let
me know how you're doing.

設問 1-2 は次のトークに関するものです。

ご丁寧にご紹介いただきありがとうございます，ダグ。ほとんどの皆さんは空腹で，料理を召し上がりたいと思いますので，手短にすませます。会社での私の時間をとてもすばらしいものにしてくださってありがとうございました。皆さんは私を支えてくださり，私もそれなりに皆さんの力になりました。皆さんが一生懸命に働いてくださり，私が皆さんを必要としたときには遅くまで残ってくださったことに感謝しております。産休の間，皆さんに会えないのは寂しいです。いつでも遠慮なく電子メール，または電話で近況を教えてください。

1.

Disc 2 ····· 04 **正答：(A)**

このトークはおそらくどこで行われていますか。

(A) 夕食会で
(B) 病院で
(C) ホテルで
(D) 歓迎会で

解き方 2 文目で ... because I know most of you are hungry and want to get to the food. と述べていることから，聴衆は料理を目の前にしていることがわかります。(A) が正答です。(B)，(C) は誤答です。さらに 6 文目で I'll definitely miss all of you while I take maternity leave. と述べているので，(D) も誤答とわかります。

2.

Disc 2 …… 04 正答：(B)

このトークの主な目的は何ですか。

(A) 遅くまで残ってくれるよう頼むこと
(B) 感謝の気持ちを伝えること
(C) コミュニケーションについて話し合うこと
(D) 仕事の問題点を提起すること

解き方 トークの目的については，通常は冒頭から前半の部分で述べます。3 文目で I just want to thank everyone ... と話す目的を述べています。したがって，(B) が正答です。

語 句
□ gracious「心のこもった」 □ introduction「紹介」 □ brief「短い」
□ if not more so「それ以上とは言えないまでも」 □ maternity leave「産休」
□ dinner reception「夕食会」

3-4

Disc 2 …… 05

Questions 3 and 4 refer to the following advertisement.

1-2 Attention, travelers. This is a special
3 announcement. For the next two
hours, all duty-free shops will be
selling portable music players of all
brands for 50-to-70 percent off the
manufacturer's suggested retail price.
4 Buy now and you will automatically
receive 20 dollars worth of free
5 music. Again, to take advantage of
this limited-time offer, you must visit
your nearest duty-free shop.

設問 3-4 は次の広告に関するものです。

旅行者の皆様にお知らせします。特別な発表です。これから 2 時間の間，すべての免税店は全ブランドの携帯音楽プレーヤーを，メーカー希望小売り価格の 50 パーセントから 70 パーセント割引で販売します。この機会にお買い求めいただければ，自動的に 20 ドル相当の音楽を無料で差し上げます。繰り返しますが，この時間限定の値引きをご利用いただくために，最寄りの免税店へご来店ください。

3.

Disc 2・・・・05 正答：(C)

何が宣伝されていますか。

(A) 楽器
(B) ガイドツアー
(C) 電子機器
(D) 自動車

解き方 冒頭で Attention, travelers. と呼びかけているからといって (B) と即断してはいけません。3 文目の後半で ..., all duty-free shops will be selling portable music players of all brands ... と述べているので，時間限定セールの広告とわかります。portable music players を electronic devices と言い換えている (C) が正答です。

4.

Disc 2・・・・05 正答：(A)

この広告はどこで聞くことができますか。

(A) 空港で
(B) ショッピングモールで
(C) ホテルで
(D) 自動車販売店で

解き方 冒頭の Attention, travelers. という呼びかけと，3 文目，5 文目の duty-free shop（免税店）というキーワードから，このアナウンスは空港で流れることがわかります。(A) が正答です。

語 句
□ duty-free shop「免税店」
□ brand「銘柄」＊日本語でいう一流品の「ブランド」は英語では brand name となる。
□ suggested retail price「希望小売り価格」□ automatically「自動的に」
□ take advantage of ...「～を利用する」□ musical instrument「楽器」
□ car dealership「車の販売代理店」

2 キーワードを追う——基本情報（話題・職業）

トークの話題を問う設問は，What is the talk mainly about? あるいは What is the speaker discussing? などです。選択肢は名詞句で統一されていますから，解きやすい問題といえます。また，1問目に出題されることが多いので確実に正答しましょう。

職業を問う設問は，話者の職業を問う場合と，聞き手の職業を問う場合の2通りがありますので，注意が必要です。これも選択肢は名詞句で統一されていますから，解きやすい問題といえます。選択肢には bank teller（銀行窓口係），store clerk（店員），customer service representative（顧客サービス担当者），architect（建築家）のように職業，職種そのものが用いられる場合と，manager（部長），personnel director（人事部長），supervisor（上司）のように役職，consumer（消費者），customer（顧客），hotel guest（宿泊者），participant（参加者），attendee（参加者）のような一般名詞が用いられる場合があります。

▼ Practice

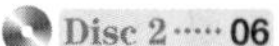

5. What is the message mainly about?

(A) An overseas business trip
(B) A new job position
(C) Hiring exchange students
(D) Clients in China

6. Who is the message intended for?

(A) A client
(B) John Forsythe
(C) John's superior
(D) A job applicant

7. What is the announcement mainly about?

(A) How to write a report
(B) What projects people are working on
(C) Why Phillip Tang will be late tomorrow
(D) When updates are due

8. Who will respond to the announcement?

(A) People with delayed projects
(B) People who have finished projects
(C) All team leaders
(D) All employees

Ⓐ Ⓑ Ⓒ Ⓓ

5-6

Disc 2 …… 06

Questions 5 and 6 refer to the following voice-mail message.

1-3 Hello, Frank? This is Shelly. As you
may have heard, I need someone to
come with me to Shanghai for a year
to be vice president of operations.
4 You were originally offered the
posting, but you declined for
5 personal reasons. I know you have a
man named John Forsythe working
6 for you. From what I've been told,
he was an exchange student in
Beijing when he was in university,
and he can speak some Mandarin.
7 That could be of use if he wants to
8 go out there. I was wondering if you
would mind discussing the position
9 in Shanghai with him. Please let him
know that he isn't obligated to go,
but I do think it would be a good
career move for him.

設問 5-6 は次のボイスメール・メッセージに関するものです。

もしもし，フランクですね？ シェリーです。ご存じかと思いますが，営業部長として 1 年間私と一緒に上海で働く人物を必要としています。そもそもはあなたに提示されたポストですが，あなたは個人的な理由で辞退なさいました。あなたの部下にジョン・フォーサイスという男性がいるそうですね。聞くところによると，大学時代に北京に交換留学して，北京語をいくらか話せるそうです。彼が上海勤務を望むのなら，その語学力は役に立つかもしれません。彼と上海でのポストについて話し合っていただけますか。無理にとは言いませんが，彼にとってよいキャリアアップになるだろうと彼に伝えてください。

5.

Disc 2 …… 06 **正答：(B)**

このメッセージは主に何についてのものですか。

(A) 海外出張
(B) 新しい役職
(C) 交換留学生の雇用
(D) 中国の顧客

解き方 3 文目後半で ..., I need someone to come with me to Shanghai for a year to be vice president of operations. と述べていることから，営業部長として上海に駐在する人物を求めていることがわかります。その後で具体的な人物名を挙げて打診するように求めているので，(B) が正答です。

6.

Disc 2……06 **正答：(C)**

このメッセージはだれに向けたものですか。

(A) 顧客

(B) ジョン・フォーサイスさん

(C) ジョンの上司

(D) 求人応募者

解き方 Frank, Shelly, John Forsythe という3人の名前が出てくるので，それらの関係をしっかり把握することが大切です。Frank はこのメッセージを聞く人，Shelly はこのメッセージを残した人，John Forsythe は営業部長職を打診する相手です。このメッセージは Shelly が Frank に対して残したものであり，5文目から Frank は John Forsythe の上司であることがわかります。(C) が正答です。

語　句
- □ vice president of operations「営業部長」 □ originally「そもそもは」
- □ decline「～を断る」 □ exchange student「交換留学生」
- □ Mandarin「北京語，標準中国語」 □ be of use「役に立つ」
- □ be obligated to *do*「～する義務がある」

7-8

Disc 2……07

Questions 7 and 8 refer to the following announcement.

1 This is Phillip Tang, and this
announcement is for all project
2 leaders. Project updates are due at
3 the end of today. Please e-mail me
4 your updates by 5 o'clock. Please
send a report regardless of your
5 project's status. If your project
is behind schedule or is delayed,
6 please report that as well. All project
leaders who have completed their
projects, please come see me at
10 o'clock tomorrow morning in
conference room number two for
7 reassignment. Thank you.

設問 7-8 は次のアナウンスメントに関するものです。

フィリップ・タンです。プロジェクトリーダー全員にお知らせします。プロジェクトの進行状況報告書の締め切りは今日です。5時までに最新情報を私に電子メールで送ってください。プロジェクトの状況にかかわらず，報告書をお送りください。プロジェクトが予定より遅れている，または大きく遅れている場合は，その旨もお知らせください。プロジェクトが完了したリーダーは全員，明朝10時に第2会議室で新プロジェクトを割り当てますので集まってください。どうぞよろしく。

7.

Disc 2 …… 07 正答：(D)

このアナウンスメントは主に何についてのものですか。

(A) 報告書の書き方
(B) 人々が従事しているプロジェクトの内容
(C) フィリップ・タンさんが明日遅れる理由
(D) 進行状況報告書の締め切り日

解き方 まず 2 文目で Project updates are due at the end of today. と述べて，今日が報告書の締め切り日であることを伝え，次に提出方法やその内容に関する指示を述べています。(D) が正答です。

8.

Disc 2 …… 07 正答：(C)

だれがこのアナウンスメントに応じますか。

(A) プロジェクトが遅れている人々
(B) プロジェクトを完了した人々
(C) チームリーダー全員
(D) 全従業員

解き方 冒頭で ..., and this announcement is for all project leaders. と述べています。(C) が正答です。(A)，(B) にはそれぞれ 5 文目，6 文目で指示を出していますが，アナウンスメントの対象者は (A)，(B) を含むプロジェクトリーダー全員であることに注意が必要です。

語　句
□ update「最新情報」□ due「締め切りになって」
□ regardless of ...「～にかかわらず」□ status「状況」
□ behind schedule「予定より遅れて」 □ complete「～を完了する」
□ conference「会議」 □ reassignment「再割当，配置転換」

3 話者の考え・意図をつかむ——詳細情報（問題・行動・方法）

説明文問題では，問題の説明とその解決策に関するトークが多く出題されます。ビジネス，あるいは日常のコミュニケーションそのものが，他者との利害を調整したり，協力して問題の解決に当たることの繰り返しですから，数多く出題されるのも当然と言えます。設問文はWhat is the problem? という直球型に加えて，What is the speaker concerned about?（話者は何を懸念していますか）といった変化球型のものも登場しますので，注意が必要です。選択肢は句だけでなく，文で統一されたものも少なくありません。文の選択肢は長くなりますから，読むのに時間がかかるかもしれません。場合によってはあえて捨てる勇気も必要でしょう。

また，問題について述べる場合は特に，論理の流れに沿って情報を列挙することが多くなります。そのために，話の方向を変える転換表現が用いられます。情報の展開をわかりやすくするために，次のような表現がよく使われますから，これらを手がかりにして聞くと理解しやすくなります。

❖ accordingly	それに合わせて
❖ actually	実のところ
❖ after all	結局は
❖ and so forth [on]	～など
❖ as a matter of fact	実際問題として
❖ as a result	結果として
❖ as regards ...	～に関して
❖ at any rate	いずれにせよ
❖ at the same time	同時に
❖ but	しかし
❖ by and large	全般的に
❖ by the same token	同様に
❖ by the way	ところで
❖ consequently	結果として
❖ conversely	逆に
❖ even so [then]	たとえそうでも
❖ finally	最後に
❖ first	最初に

❖ first and foremost	何よりもまず
❖ firstly	まず第一に
❖ for a start	まず第一に
❖ for example [instance]	例えば
❖ for that reason	そのような理由で
❖ furthermore	さらに
❖ however	しかしながら
❖ in a nutshell	つまり
❖ in addition	加えて
❖ in any case	いずれにせよ
❖ in brief	つまり
❖ in contrast	これに比べて
❖ in fact	実際には
❖ in other words	言い換えれば
❖ in short	つまり
❖ in the first place	まず
❖ in the next place	次に
❖ incidentally	ところで
❖ instead	その代わりに
❖ last of all	最後に
❖ lastly	最後に
❖ let alone ...	～は言うまでもなく
❖ moreover	さらに
❖ namely	すなわち
❖ needless to say	言うまでもなく
❖ nevertheless	にもかかわらず
❖ none the less	～にもかかわらず
❖ not to mention ...	～は言うまでもなく
❖ on the contrary	反対に
❖ on the one [other] hand	一方で
❖ on the whole	全体として
❖ otherwise	さもなければ
❖ second	第二に

❖ secondly	第二に
❖ talking [speaking] of ...	～に話を移せば
❖ that is to say	すなわち
❖ therefore	それゆえに
❖ third	第三に
❖ thirdly	第三に
❖ to put it in a nutshell	簡単に言えば
❖ to start with	まず
❖ to sum up	結論として
❖ unfortunately	残念ながら
❖ with regard to ...	～に関して

何が問題かを問う設問が出題されると，多くの場合，その問題に対処するための行動や方法に関する設問が続きます。What is the manager asked to do?, What does the speaker ask visitors to do?, What are the interviewees required to do?, How can the shipping status be checked? などの設問に対して，選択肢は不定詞句や動詞句で統一されていることが多くなっています。

▼ Practice

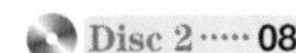

9. What is the problem with the ventilation system?

(A) Air is not reaching some rooms.
(B) The heating system is broken.
(C) The fans are not working.
(D) The air-conditioner cannot be turned off. Ⓐ Ⓑ Ⓒ Ⓓ

10. What will the workers do?

(A) Repair the faulty units
(B) Dress in warmer clothes
(C) Look for the source of the problem
(D) Come in to work as normal Ⓐ Ⓑ Ⓒ Ⓓ

11. What is the problem?

(A) An event's date has been changed.
(B) No one is available to work on the task.
(C) The new computers have not arrived yet.
(D) The supervisor is on vacation. Ⓐ Ⓑ Ⓒ Ⓓ

12. What action is needed?

(A) Newer resources need to be purchased.
(B) The workers must work additional hours.
(C) Someone must find a way to contact the boss.
(D) The company will have to cancel the event. Ⓐ Ⓑ Ⓒ Ⓓ

9-10

Disc 2 ····· 08

Questions 9 and 10 refer to the following talk.

1 As most of you are aware by now,
we've been having some problems
2 with the ventilation system. While
the air cooling and heating units
themselves are working properly,
some of the rooms in this building,
for whatever reason, are not
being cooled or heated properly.
3 We'll have a maintenance team
in here for fixing the ventilation
4 system next week. A preliminary
inspection indicated that only certain
rooms need repairs, so instead of
closing down the entire company
temporarily, we're just not using
those rooms that are being repaired
that day.

設問 9-10 は次のトークに関するものです。

多くの皆さんがもうご存じかと思いますが，換気システムに問題が生じています。冷暖房装置は正しく作動しているにもかかわらず，建物内の一部の部屋は冷房，暖房が効かず，原因は不明です。来週に補修チームが来て換気システムを修理する予定です。予備調査で修理が必要な部屋は一部だけであるとわかりましたので，全社を一時閉鎖するのではなく，当日に修理される部屋だけを使用しないことにします。

9.

Disc 2 ····· 08 正答：(A)

換気システムの問題は何ですか。

(A) 一部の部屋に空気が行き届かない。
(B) 暖房システムが故障している。
(C) ファンが作動しない。
(D) エアコンの電源が切れない。

解き方 冒頭の文の後半で，まず ..., we've been having some problems with the ventilation system. と問題を説明し，さらに 2 文目の後半で ..., some of the rooms in this building, for whatever reason, are not being cooled or heated properly. と詳細を述べています。冷暖房装置そのものに異常はないのに冷暖房が効かない部屋があることがわかるので，(A) が正答です。

10.

Disc 2 ····· 08 正答：(D)

従業員は何をしますか。

(A) 故障した装置を修理する
(B) 暖かい衣服を着る
(C) 問題の原因を探す
(D) 通常どおり勤務する

解き方 最後に ... instead of closing down the entire company temporarily, we're just not using those rooms that are being repaired that day. と対応策を述べています。建物を一時閉鎖するのではなく，当日に修理される部屋だけを使用しないことにするので，業務は通常どおり行われると考えられます。したがって，(D) が正答です。

語 句
□ ventilation system「換気システム」 □ properly「適切に，ちゃんと」
□ for whatever reasons「何らかの理由で」 □ fix「～を修理する」
□ preliminary inspection「予備点検」 □ instead of ...「～の代わりに」

11-12

Disc 2 ····· 09

Questions 11 and 12 refer to the following talk.

1 I want to let you know that you all
have been doing a wonderful job
trying to get this project finished
on time with a limited amount of
2 resources. Unfortunately, it looks
like we're going to have to move up
the due date because the dates of
3 the exhibition have changed. This
means that we need people to put
in extra hours, including weekends.
4 Of course you will all be paid at the
proper rate, and anyone who can
help will receive bonus paid vacation
days.

設問 11-12 は次のトークに関するものです。

機材に限りがある中で予定どおりにこのプロジェクトを完了させるべく，皆さんはすばらしい働きをしてくださっています。残念ながら，展示会の日程が変更されたため，締め切りを繰り上げなければならなくなりそうです。したがって週末も含めて，残業していただく人が必要になります。もちろん相応の手当が支払われ，助けてくださる方には特別な有給休暇が支給されます。

11.

Disc 2 …… 09 **正答：(A)**

何が問題ですか。

(A) 行事の日程が変更された。
(B) 仕事に取り組める人材がいない。
(C) 新しいパソコンがまだ届いていない。
(D) 上司は休暇中である。

解き方 冒頭で感謝の言葉を述べてから，次に Unfortunately と話題を切り替えています。こうした転換表現は重要です。but や however なども同じで，話の流れが一変し，そこから本当に言いたいことが続くからです。2 文目後半の ... because the dates of the exhibition have changed. という部分から，展覧会の日程が変更されたために締め切りが繰り上げられたことがわかります。したがって，(A) が正答です。

12.

Disc 2 …… 09 **正答：(B)**

どんな行動が必要ですか。

(A) もっと新しい機材を購入する必要がある。
(B) 従業員は残業しなければならない。
(C) だれかが上司に連絡する方法を見つけなければならない。
(D) 会社は行事を中止しなければならないだろう。

解き方 3 文目で ... we need people to put in extra hours, including weekends. と述べていることから，超過勤務をせざるを得ないことがわかります。(B) が正答です。

語 句
□ limited amount of resources「限られた数量の機材」
□ move up ...「〜を繰り上げる」 □ due date「締め切り日」□ exhibition「展示会」
□ put in extra hours「超過勤務をする」 □ proper rate「適正な割合」
□ paid vacation days「有給休暇」

4 話者の考え・意図をつかむ——詳細情報（理由・意見・提案）

理由を問う設問は Why ...? / What is the cause of ...? / What is the reason for ...? のように出題されます。選択肢は文の場合もあれば句の場合もあります。トーク中で明確に「～の理由は…である」と述べることはほとんどなく，理由につながるキーワードをピンポイントで聞き取ったり，トーク全体の内容から理由を推測する必要があります。

意見，提案を問う設問は，その多くに say about ...，suggest，recommend，advise などの動詞や，opinion，suggestion，recommendation，advice などの名詞が含まれています。意見を問う問題の選択肢は文で統一されています。提案を問う問題の選択肢は文の場合もあれば句の場合もあります。

▼ Practice

Disc 2 ····· 10

13. Why will the facility close early today?

(A) The weather is bad.
(B) They have to prepare for tomorrow.
(C) The product was sold out.
(D) There are not enough customers. Ⓐ Ⓑ Ⓒ Ⓓ

14. What compensation is the facility considering?

(A) Free gifts for the customers
(B) Discounts on all items
(C) Extending business hours for one week
(D) A special coupon for certain customers Ⓐ Ⓑ Ⓒ Ⓓ

15. Why has the order been undelivered?

(A) The supplier is out of stock.
(B) The delivery truck needed repairs.
(C) It was canceled once.
(D) It was shipped to the wrong address. Ⓐ Ⓑ Ⓒ Ⓓ

16. What is the speaker concerned about?

(A) Losing the client's business
(B) The number of items that were damaged
(C) Finding the shipment
(D) Getting the order out as soon as possible Ⓐ Ⓑ Ⓒ Ⓓ

13-14

Disc 2 ····· 10

Questions 13 and 14 refer to the following announcement.

1 Attention, all customers waiting
in line to purchase Krazy Kake
2 muffins. <u>We have completely sold
out of our stock of muffins for today
and will be closing our shop in 30
3 minutes.</u> We will then get to work
on preparing tomorrow's batch of
4 muffins. I apologize to everyone
who waited, especially since today's
5 weather was not the greatest. <u>All
those who are still in line will
receive a ticket so they can come
back any time during the next week
and be served immediately.</u>

設問 13-14 は次のアナウンスメントに関するものです。

クレイジーケイク・マフィンをご購入いただくために列にお並びのお客様に申し上げます。本日のマフィンは完売いたしましたので，30 分後に閉店いたします。その後，明日のマフィンの準備作業を開始します。特に悪天候にもかかわらずお待ちくださった皆様にはお詫び申し上げます。現在お並びいただいている皆様には，来週にいつご来店いただいてもすぐにご購入いただけるチケットを差し上げます。

13.

Disc 2 ····· 10 正答：(C)

施設が今日早じまいするのはなぜですか。

(A) 悪天候である。
(B) 明日の準備をしなければならない。
(C) 製品が売り切れた。
(D) 客が少ない。

解き方 冒頭でマフィンを購入しようと行列をつくっている客に対するアナウンスメントであることがわかります。この部分を聞いただけですぐに光景が思い浮かべば，攻略できたも同然です。2 文目で We have completely sold out of our stock of muffins for today and will be closing our shop in 30 minutes. と述べていますので，早じまいの理由は商品が売り切れたこととわかります。(C) が正答です。

14.

Disc 2…… 10 正答：(D)

施設はどんな補償を考えていますか。

(A) 客への無料の贈り物
(B) 全商品の割引
(C) 1 週間の営業時間延長
(D) 特定の客への特別クーポン

解き方 設問中の compensation は「補償」という意味ですが，ここでは「早じまいをすることで迷惑をかけた顧客にどんなお詫びをするか」という意味であると理解する必要があります。このような対応策については，トークの後半から終わりの部分で述べることが多くなっています。最後の文で All those who are still in line will receive a ticket so they can come back any time during the next week and be served immediately. と述べています。チケットを渡し，来週それを持ってくればすぐにマフィンを販売するというわけです。ticket を special coupon, all those who are still in line を certain customers と言い換えた (D) が正答です。

語 句
□ in line「行列して」 □ stock「在庫」 □ get to work「仕事にとりかかる」
□ a batch of ...「一団の～，一束の～」 □ apologize「謝罪する」
□ serve「～に接客する」

15-16

Disc 2…… 11

Questions 15 and 16 refer to the following voice-mail message.

1-3 Hey, Frank. This is Ann. I heard one
of our customers is upset because
they haven't received their order
4 yet. When I called the supplier, they
said everything on the order was in
stock, but that it was shipped to the
5 wrong address. Now what I want to
6 know is how this happened. If the
fault lies with the customer, then
we don't have to worry, but if this
is somehow our fault, then we will
have to refund the cost of a portion
of their order and risk losing their
7 business forever. Call me back when
you hear this.

設問 15-16 は次のボイスメール・メッセージに関するものです。

こんにちは，フランク。アンです。注文品がまだ届かないということで気分を害している顧客がいるそうです。供給業者に電話したところ，注文品はすべて在庫があるにもかかわらず，配送先が間違っていました。こんなミスが生じた理由を知りたいのです。顧客に落ち度がある場合は心配する必要はありませんが，当社に何らかの落ち度があったとすれば，注文品の一部の代金を返金しなければならないでしょうし，この顧客との取引を永久に失う可能性があります。このメッセージを聞いたらすぐに電話をください。

15.

Disc 2 …… 11　正答：(D)

なぜ注文品は届いていないのですか。

(A) 供給業者は在庫を切らしている。
(B) 配送トラックは修理が必要だった。
(C) 一度キャンセルされた。
(D) 間違った住所に配送された。

解き方　4 文目の後半で ... it was shipped to the wrong address. と述べている部分が決め手です。注文品はすべて在庫があったにもかかわらず，配送先を間違えたために納品されていないわけです。(D) が正答です。

16.

Disc 2 …… 11　正答：(A)

話者は何を懸念していますか。

(A) 顧客との取り引きを失うこと
(B) 破損した注文品の数
(C) 出荷品を見つけ出すこと
(D) できるだけ早く注文品を出荷すること

解き方　6 文目の前半で「顧客の側の落ち度であれば心配する必要はない」，後半で「当社の落ち度であれば，代金の一部を返金しなければならないし，取引を失う恐れもある」という懸念材料を述べています。したがって，(A) が正答です。

語　句　□ upset「気分を害している」 □ supplier「供給業者」 □ in stock「在庫にある」
□ fault「責任，落ち度」 □ refund「～を返金する」 □ a portion of ...「～の一部」

5 話者の考え・意図をつかむ——詳細情報（推測情報・時・数値）

推測情報を問う設問には，ほとんどの場合 imply（～を示唆する）か infer（～を推測する）という動詞が用いられています。選択肢は文で統一されています。トーク中で言葉で明確に表現されていない情報を推測しなければならないため，難度は高くなります。

これに対し，時や数値などの詳細情報を問う問題はキーワード（日時，曜日，日付，時間，金額，数量など）をピンポイントで聞き取ることで比較的容易に正答できます。選択肢がこれらのキーワードで統一されていたら，このタイプの問題と判断できます。そして，その選択肢のどれかひとつが必ずトーク中に登場しますから，それを待ちかまえて聞き取ることで解答できます。

ただし，多くの場合，トーク中には時や数値を表す語句が複数用意されていますから，注意が必要です。また，トーク中の in a week を選択肢では in seven days とするなどの言い換えが用いられますから，この点にも注意します。

▼ Practice

Disc 2 ····· 12

17. What does the speaker imply?

(A) The remodeling has been delayed.
(B) The store needs some storage space during the remodeling.
(C) Someone will have to verify the schedule.
(D) There is not enough time for every item on the schedule. Ⓐ Ⓑ Ⓒ Ⓓ

18. When will the remodeling most likely be completed?

(A) By the end of the week
(B) In a couple of weeks
(C) Before the shipment arrives
(D) After the schedule is revised

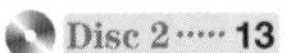

19. What can be inferred about the insurance policy?

(A) It expires in a year.
(B) Its cost rises annually.
(C) Its coverage includes dental care.
(D) It covers a minimum of health requirements.

20. What is the charge for a more expansive coverage?

(A) $75
(B) $100
(C) $400
(D) $525 Ⓐ Ⓑ Ⓒ Ⓓ

17-18

Disc 2 ····· 12

Questions 17 and 18 refer to the following talk.

1 We are going to have to make some
adjustments to the schedule for the
2 proposed remodeling. Some of the
products for the store's reopening
3 will be delivered a week early. Since
we can't delay this, we will have
4 to let them stay on the store lot. I
don't foresee any problems with this,
5 but we will have to be cautious. As
for the remodeling itself, it will still
finish two weeks from now.

設問 17-18 は次のトークに関するものです。

提案された改築の予定を調整する必要があります。店の営業再開のための製品の一部は1週間早く配送されます。これを遅らせることはできないため，店舗内に製品を置いておかなければなりません。これについて何の問題もないと思いますが，用心しなければなりません。改築自体は，2週間後に終了する予定です。

17.

Disc 2 ····· 12 正答：(B)

話者は何を示唆していますか。

(A) 改築は遅れている。
(B) 改築する間店舗は保管スペースが必要である。
(C) 予定について確認する必要がある。
(D) 予定の全項目を仕上げるだけの時間がない。

解き方 3文目で ..., we will have to let them stay on the store lot. と述べています。つまり，製品の一部は1週間早く納品されるために，改築中の店舗で保管しなければならないわけです。したがって，そのためのスペースが必要との推測が成り立つので，(B) が正答です。

18.

Disc 2…… 12　正答：(B)

改築が完了するのはおそらくいつですか。

(A) 週末までに
(B) 2 週間後に
(C) 発送品が到着する前に
(D) 予定の変更後に

解き方 最後で As for the remodeling itself, it will still finish two weeks from now. と改築の完了予定を述べています。今から 2 週間で終わると述べているので，two weeks を a couple of weeks と言い換えた (B) が正答です。

語 句
□ adjustment「調整」 □ remodeling「改築」 □ product「製品」
□ reopening「再開」 □ deliver「～を配達する」 □ lot「区画，用地」
□ foresee「～を予測する」 □ cautious「用心深い」 □ as for ...「～に関しては」

19-20

Disc 2…… 13

Questions 19 and 20 refer to the following telephone message.

1 This is a message for Thomas Green.
2 This is Rowena Wilkinshire from
3 Global Plus Insurance. I'm returning
4 your call regarding your policy. You
are currently registered for the basic
health insurance plan at $450 a
5 year. Because this is a basic plan,
it does not cover dental visits or
6 routine check-ups. We can expand
your coverage to include this at a
7 total cost of $525 a year. If you are
interested in doing this, please call
me back, and I'll be happy to answer
any questions you may have.

設問 19-20 は次の電話メッセージに関するものです。

トーマス・グリーンさんにお伝えします。グローバルプラス保険のロエナ・ウィルキンシャイアです。お客様の保険契約に関して折り返しお電話しています。お客様は現在，年間 450 ドルの基本健康保険プランに加入なさっています。これは基本プランのため，歯科治療または通常の検診は含まれません。当社では年間総額 525 ドルでこれらを含んだ補償範囲に拡大することが可能です。この件について興味がおありでしたら，私までお電話いただければ，どのようなご質問にも喜んでお答えいたします。

19.

Disc 2 …… 13 正答：(D)

保険契約について何が推測できますか。

(A) 1 年後に失効する。
(B) 費用が毎年高くなっている。
(C) 補償範囲は歯科を含む。
(D) 最小限の医療を補償する。

解き方 4 文目で保険契約について，You are currently registered for the basic health insurance plan ... と述べ，さらに 5 文目で ..., it does not cover dental visits or routine check-ups. と続けているので，現在の契約は基本的なもので歯科治療や検診は含まれていないことがわかります。したがって，(D) が正答です。

20.

Disc 2 …… 13 正答：(D)

より広い補償のための料金はいくらですか。

(A) 75 ドル
(B) 100 ドル
(C) 400 ドル
(D) 525 ドル

解き方 6 文目で，より広い補償を可能にする保険が提案され，その保険料について We can expand your coverage to include this at a total cost of $525 a year. と述べています。(D) が正答です。

語 句
□ insurance「保険」 □ policy「保険証書」 □ register for ...「〜に登録する」
□ dental visit「歯科通院」 □ routine check-up「通常の検診」
□ expand「〜を拡大する」 □ coverage「補償範囲」

6 正答キーワードを見抜く――言い換え表現

正答選択肢の多くはトーク中のキーワードを別の表現で言い換えています。逆に，トーク中のキーワードをそのまま繰り返していたり，音の似た語を含む選択肢は誤答の可能性が高くなっています。言い換えには語句レベルでの言い換えと文レベルでの言い換えが用いられることはすでに述べたとおりです。

この言い換え表現に対応するには語彙力の強化が不可欠です。特に類義語の知識（たとえば contribution と donation）と，動詞を用いた表現 ⇔ 名詞を用いた表現（たとえば buy something ⇔ make a purchase, do the shopping）という言い換えの公式を数多くインプットしておくことです。

リスニングセクションでは，耳から入ってきた情報だけで内容を把握し，それと同じ内容を表現している選択肢を瞬時に読んで見つけなければなりません。すばやい理解力と，語彙など豊かな表現力が求められます。できるだけ英英辞書を用い，単語は２語以上のチャンク（かたまり）で覚えるようにしましょう。言い換え表現に強くなると，Part 7 の読解問題でも有利です。

▼ Practice

Disc 2 …… 14

21. What is the company going to do?

(A) Sell off a majority of its stock holdings
(B) Meet some new investors
(C) Decrease its stock value
(D) Purchase another company's stocks

Ⓐ Ⓑ Ⓒ Ⓓ

22. What is the company's goal?

(A) To gain more buyers of its shares
(B) To keep stock price level
(C) To split the company into two divisions
(D) To raise profitability

Ⓐ Ⓑ Ⓒ Ⓓ

Disc 2 …… 15

23. What is true about the company?

(A) The new products' sales exceeded expectations.
(B) It increased sales and made profits.
(C) It was a period of growth for the company as a whole.
(D) The previous year saw better performance.

Ⓐ Ⓑ Ⓒ Ⓓ

24. What specific problem does the speaker mention?

(A) The company had to find a new CEO.
(B) The company was not as competitive this year.
(C) Consumer spending shrank.
(D) More products were returned than ever before.

Ⓐ Ⓑ Ⓒ Ⓓ

21-22

Disc 2 ····· 14

Questions 21 and 22 refer to the following talk.

1 In the next couple of months we
are going to announce a stock split.
2 When this takes place, the quantity
of shares will double, and the value
of each share will be reduced by
3 half. This will be the company's
fourth stock split since going public
4 30 years ago. Now the reason we
are doing this is twofold: Firstly,
we want to increase the number
of investors in our company by
doubling the number of available
5 shares. Secondly, we hope that
interest from new investors will also
increase the value of the newly split
stock.

設問 21-22 は次のトークに関するものです。

2，3 か月後に株式分割を発表することになります。これが行われると，株式数は 2 倍となり，1 株当たりの株価は半減します。これは 30 年前の株式公開以来，当社にとって 4 回目の株式分割になります。当社がこれを行う理由は 2 つあります。まず第一に，発行株式数を倍にすることで，当社の投資家数を増やしたいと思います。第二に，新たな投資家が示す関心により，新たに分割される株の価値も増加するだろうということです。

21.

Disc 2 ····· 14 正答：(C)

会社は何をしようとしていますか。

(A) 保有株の大部分を安く売り払う
(B) 新たな投資家に会う
(C) 自社株の価値を削減する
(D) 他企業の株を購入する

解き方 まず冒頭で ... we are going to announce a stock split. と発表し，分割の結果として発行株式数は 2 倍，一株の価値は 2 分の 1 になることを 2 文目で述べています。後者の一株価値の低減を言い換えた (C) が正答です。

22.

Disc 2 ····· 14 正答：(A)

会社の目標は何ですか。

(A) 自社株の購入者を増やすこと
(B) 株価水準を維持すること
(C) 会社を 2 部門に分割すること
(D) 収益性を高めること

解き方 株式分割を行う目的については 4 文目と 5 文目で，投資家数を増やすこと，投資家増により分割後の株の価値が増すことを挙げています。前者を言い換えた (A) が正答です。

語 句 □ stock split「株式分割」 □ share「株式」 □ double「2 倍になる」 □ value「価値」 □ go public「株式を公開する」 □ twofold「二重の」

23-24

Disc 2 ····· 15

Questions 23 and 24 refer to the following report.

1 This past year has been quite
2 profitable for our company. Sales
were up by an average of 7 percent.
3 While this was good compared
with the previous year, sales of our
new products did not quite meet
4 expectations. Of course, this year did
offer its share of unique challenges.
5 The biggest challenge came from
6 the economy itself. Consumers
spent less than in previous years.
7 Thankfully, our new CEO was able
to steer us through this downturn.
8 We've also faced stiffer competition
from other companies recently, but
I'm sure, with your hard work, next
year will be even better.

設問 23-24 は次の報告に関するものです。

この一年は当社にかなりの利益をもたらした年でした。売り上げは平均 7 パーセント上昇しました。これは前年と比べてよかったのですが，当社新製品の販売は期待に添うものではありませんでした。もちろん，今年はかつてない挑戦をしなければなりませんでした。最大の挑戦は経済そのものから生じました。過去の年に比べると消費者はお金を遣わなくなったのです。幸い，当社の新しい最高経営責任者はこの景気後退下でうまく当社の舵取りを行うことができました。当社は近年他社との競争が厳しくなっていますが，皆さんの懸命な働きにより，来年はさらによくなると確信しています。

23.

Disc 2 ····· 15 正答：(B)

会社について何が正しいですか。

(A) 新製品の売り上げは期待を上回った。
(B) 売り上げを伸ばし，利益を上げた。
(C) 会社全体として成長期にあった。
(D) 前年のほうがよい成績だった。

解き方 冒頭から3文目までで，この一年は会社にとって利益をもたらした年であったこと，売り上げは平均で7パーセント増であったこと，しかし新製品の売り上げは期待に届かなかったことを述べています。最初の2点を言い換えた (B) が正答です。新製品の売り上げが期待を下回ったことから (A) は誤答です。

24.

Disc 2 ····· 15 正答：(C)

話者はどんな具体的な問題について言及していますか。

(A) 会社は新たな最高経営責任者を見つけなければならなかった。
(B) 会社は今年は競争力が衰えた。
(C) 消費者支出が減少した。
(D) 最大の返品があった。

解き方 具体的な問題については challenges（困難な課題）というキーワードで表現していることに注意します。5文目で The biggest challenge came from the economy itself. と述べ，具体的には Consumers spent less than in previous years. と6文目で述べています。これを Consumer spending shrank. と言い換えた (C) が正答です。

語句
□ profitable「利益のある」 □ compared with ...「〜に比較して」
□ meet expectations「期待に添う」
□ offer its share of unique challenges「例を見ない困難を提起する」
□ downturn「景気後退」 □ stiff「激しい」 □ competition「競争」
□ exceed「〜を超える」 □ shrink「収縮する，減少する」

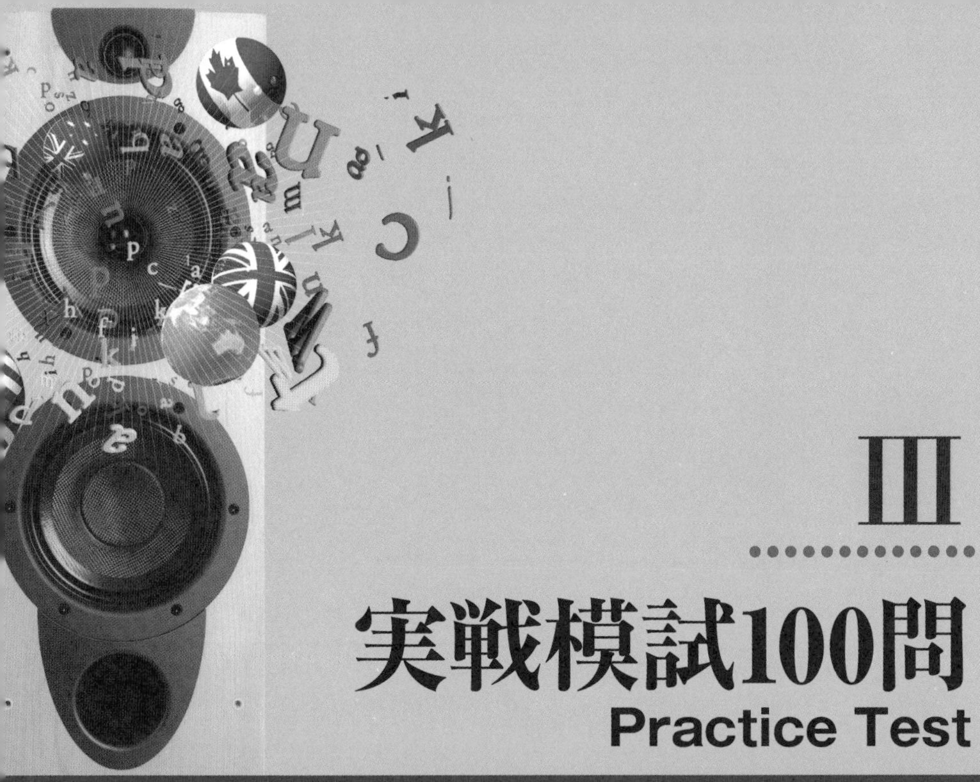

III

実戦模試100問

Practice Test

実戦模試100問
Practice Test

LISTENING TEST

In the Listening test, you will be asked to demonstrate how well you understand spoken English. The entire Listening test will last approximately 45 minutes. There are four parts, and directions are given for each part. You must mark your answers on the separate answer sheet. Do not write your answers in your test book.

PART 1

Directions: For each question in this part, you will hear four statements about a picture in your test book. When you hear the statements, you must select the one statement that best describes what you see in the picture. Then find the number of the question on your answer sheet and mark your answer. The statements will not be printed in your test book and will be spoken only one time.

Sample Answer

Example

Statement (C), "They're standing near the table," is the best description of the picture, so you should select answer (C) and mark it on your answer sheet.

1.

2.

GO ON TO THE NEXT PAGE

3.

4.

5.

6.

GO ON TO THE NEXT PAGE

7.

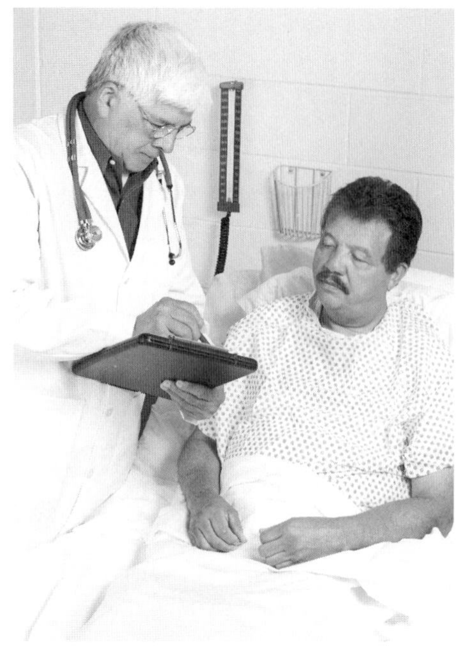

8.

9.

10.

GO ON TO THE NEXT PAGE

PART 2

Directions: You will hear a question or statement and three responses spoken in English. They will not be printed in your test book and will be spoken only one time. Select the best response to the question or statement and mark the letter (A), (B), or (C) on your answer sheet.

Sample Answer

Example

You will hear: Where is the meeting room?

You will also hear: (A) To meet the new director.
(B) It's the first room on the right.
(C) Yes, at two o'clock.

The best response to the question "Where is the meeting room?" is choice (B), "It's the first room on the right," so (B) is the correct answer. You should mark answer (B) on your answer sheet.

11. Mark your answer on your answer sheet.
12. Mark your answer on your answer sheet.
13. Mark your answer on your answer sheet.
14. Mark your answer on your answer sheet.
15. Mark your answer on your answer sheet.
16. Mark your answer on your answer sheet.
17. Mark your answer on your answer sheet.
18. Mark your answer on your answer sheet.
19. Mark your answer on your answer sheet.
20. Mark your answer on your answer sheet.
21. Mark your answer on your answer sheet.
22. Mark your answer on your answer sheet.
23. Mark your answer on your answer sheet.
24. Mark your answer on your answer sheet.
25. Mark your answer on your answer sheet.
26. Mark your answer on your answer sheet.
27. Mark your answer on your answer sheet.
28. Mark your answer on your answer sheet.
29. Mark your answer on your answer sheet.
30. Mark your answer on your answer sheet.
31. Mark your answer on your answer sheet.
32. Mark your answer on your answer sheet.
33. Mark your answer on your answer sheet.
34. Mark your answer on your answer sheet.
35. Mark your answer on your answer sheet.
36. Mark your answer on your answer sheet.
37. Mark your answer on your answer sheet.
38. Mark your answer on your answer sheet.
39. Mark your answer on your answer sheet.
40. Mark your answer on your answer sheet.

PART 3

Directions: You will hear some conversations between two people. You will be asked to answer three questions about what the speakers say in each conversation. Select the best response to each question and mark the letter (A), (B), (C), or (D) on your answer sheet. The conversations will not be printed in your test book and will be spoken only one time.

41. What time is the meeting?

(A) 10:00 A.M.
(B) 11:00 A.M.
(C) 12:00 P.M.
(D) 1:00 P.M.

42. What is said about the printing?

(A) There was a problem with the printing material.
(B) The client canceled the order.
(C) The paper was jammed.
(D) A printer is malfunctioning.

43. Who is probably going to miss the meeting?

(A) The man
(B) The woman
(C) Mr. Smithers
(D) Mr. Park

GO ON TO THE NEXT PAGE

44. What is the woman surprised about?

(A) There was a breaking news story.
(B) The company is being sold.
(C) The man is working overtime.
(D) The latest issue has not been published yet.

45. What does the man want to do?

(A) Think about the issue some more
(B) Make sure the news article gets published
(C) Find another editor
(D) Visit Medicom tomorrow

46. What does the woman say she will do?

(A) Cancel her plans for tonight
(B) Help the man tomorrow
(C) Attend a PR event
(D) Write a news story for the man

---

47. What did the man do before the conversation?

(A) He talked with his supervisors.
(B) He met with Remy.
(C) He had a phone conversation.
(D) He talked to the project team.

48. What is the problem?

(A) The deadline is approaching.
(B) The client does not find the estimate acceptable.
(C) The man cannot make the meeting.
(D) The woman missed an important call.

49. What do the speakers want to do?

(A) Extend the deadline
(B) Talk to the team
(C) Invite the client to the meeting
(D) Have Remy call the woman

---

50. Where most likely are the speakers?

(A) At a travel agency
(B) At a theater
(C) At a grocery store
(D) At a restaurant

51. What are the speakers mainly discussing?

(A) Room service
(B) A private event
(C) The menu
(D) The staff's availability

52. What does the man say he will do?

(A) Give instructions to the staff
(B) Offer a discount
(C) Cancel the order
(D) Find a new room for the party

---

53. What is good about the facility?

(A) There are many personal trainers.
(B) It is the most modern gym in the area.
(C) Registration is half off.
(D) It is on the woman's route home.

54. What doe the man say the facility has?

(A) Jazz dance classes
(B) A studio
(C) A locker room
(D) A sauna

55. What does the man suggest the woman do?

(A) Take advantage of a special offer
(B) Join the gym
(C) Get a brochure
(D) Decide what class to take

GO ON TO THE NEXT PAGE

56. Who most likely is the woman?

(A) A secretary
(B) A new employee
(C) The man's supervisor
(D) A job applicant

57. What is the main purpose of the phone call?

(A) To thank Mr. Baker
(B) To make an appointment
(C) To cancel a meeting
(D) To ask for a document

58. What does the woman have to do?

(A) Prepare some documents
(B) Choose a different date
(C) Call the man back
(D) Apply in person

---

59. What does the man show the woman?

(A) Gift certificates
(B) Video games
(C) Clothes
(D) Sales manuals

60. What is wrong with the second sample?

(A) It is difficult to play.
(B) The words are hard to read.
(C) The image is too big.
(D) The color is not dark enough.

61. What does the woman say about the three samples?

(A) She does not like any of them.
(B) She is interested in the first sample.
(C) The second sample will be good for children.
(D) The third sample is the best.

---

62. What did the woman assume?

(A) Christopher left early.
(B) The man is working overtime.
(C) The man is with his client.
(D) Jill has called the office.

63. What does the man need to do?

(A) Cancel his meeting
(B) Revise his report
(C) Reschedule an appointment
(D) Prepare for his vacation

64. What does the woman offer to do?

(A) Take over the man's assignment
(B) Take Jill out to lunch
(C) Get in touch with Jill
(D) Go to the meeting for Christopher

---

65. What did the man do?

(A) He wrote a report.
(B) He concluded new contracts.
(C) He reported to the executives.
(D) He went out on business.

66. What does the woman hope will happen?

(A) The company gets new customers.
(B) The man writes a report.
(C) The man meets with vendors.
(D) Her team helps the man.

67. What will the man probably do?

(A) Go to a meeting with Carl
(B) Assist with product testing now
(C) Inform the woman of his availability
(D) Show the woman the finished report

GO ON TO THE NEXT PAGE

68. How many interviews will there be today?

(A) Three
(B) Four
(C) Five
(D) Six

69. What is the man worried about?

(A) The first interview
(B) Arrangements for a meeting with journalists
(C) Finding a location
(D) A sudden cancelation

70. What did the woman do?

(A) She canceled one of the interviews.
(B) She moved an interview to a later time.
(C) She scheduled things to do.
(D) She finished the preparations early.

PART 4

Directions: You will hear some talks given by a single speaker. You will be asked to answer three questions about what the speaker says in each talk. Select the best response to each question and mark the letter (A), (B), (C), or (D) on your answer sheet. The talks will not be printed in your test book and will be spoken only one time.

71. What is the main purpose of the talk?

(A) To encourage applicants
(B) To welcome new employees
(C) To introduce a new company president
(D) To discuss the new procedures

72. What does the speaker expect from the audience?

(A) Their hard work
(B) Applications for each department
(C) Success in finding new jobs
(D) A training schedule

73. What will happen next?

(A) The training period
(B) A short break
(C) A speech
(D) Delivery procedures

GO ON TO THE NEXT PAGE

74. What is the main purpose of the speech?

(A) To announce a new branch's construction
(B) To explain market conditions
(C) To ask for a contract
(D) To express appreciation

75. What particularly impressed the speaker?

(A) The factory
(B) Budget management
(C) The technology
(D) Contract negotiations

76. What does the speaker say he will do?

(A) Rewrite the contract
(B) Tour the facilities
(C) Speak to his boss
(D) Travel to the Singapore branch

---

77. Who is the message intended for?

(A) Bicycle riders
(B) Shop owners
(C) Recyclers
(D) Repairers

78. What should callers bring?

(A) A registration form
(B) A police report
(C) A bank statement
(D) Identification

79. When is the facility closed each month?

(A) On weekends
(B) Every other Saturday
(C) All Sundays but one
(D) Every Sunday

---

80. What is the speaker doing?

(A) He is announcing an associate's retirement.
(B) He is introducing a new employee.
(C) He is talking about an overseas branch.
(D) He is explaining a co-worker's transfer.

81. What did Joyce Roselyn do previously?

(A) She supervised branches overseas.
(B) She led the product testing department.
(C) She worked as a sales rep.
(D) She worked in marketing.

82. What can be said of Joyce Roselyn?

(A) She is going to take over the speaker's position.
(B) She is looking to gain experience.
(C) She will be missed by her co-workers.
(D) Her time in Europe will be useful to the company.

---

83. What is the main purpose of the message?

(A) To ask for a room change
(B) To mention a schedule change
(C) To report on sales
(D) To discuss a client's visit

84. What does the speaker ask Dave to bring?

(A) Sales reports
(B) The meeting room schedule
(C) New business plans
(D) A list of clients' names

85. What should Dave do after listening to the message?

(A) Call the speaker back
(B) Contact the client
(C) Contact the rest of the team
(D) Find out when the next meeting is

GO ON TO THE NEXT PAGE

86. What is the announcement mainly about?

(A) Overbooking
(B) A canceled flight
(C) A flight delay
(D) An alternative destination

87. What can be inferred from the announcement?

(A) Some passengers will board the next flight.
(B) The problem will be solved in an hour.
(C) More information will be given after the plane lands.
(D) First-class passengers may board the plane.

88. Who should passengers with questions talk to?

(A) A flight attendant
(B) Someone at the information desk
(C) Airline ticketing staff
(D) Staff at the gate's counter

---

89. What is the main purpose of the talk?

(A) To discuss hiring new employees
(B) To negotiate a new contract
(C) To present another company's proposal
(D) To ask project leaders questions

90. What problem does the speaker mention?

(A) There are not enough people on the project.
(B) The current system takes too much time.
(C) The companies charge too much.
(D) No one can go overseas.

91. What does the speaker say will happen in the near future?

(A) There will be interviews.
(B) There will be a follow-up meeting.
(C) Everyone will submit ideas.
(D) All projects are due.

---

92. What is the message mainly about?

(A) Customer satisfaction
(B) Food discounts
(C) Online shopping
(D) Membership renewal

93. What are all Super Max members entitled to?

(A) Ordering through the Internet
(B) A 10-dollar discount
(C) A lottery
(D) Telephone assistance

94. What is indicated in the message?

(A) Free delivery is available for all orders.
(B) The membership requires a fee.
(C) A special discount is available to online orders.
(D) The store is closed on Saturdays and Sundays.

---

95. Who is the message intended for?

(A) People who want general information
(B) People interested in an exhibition
(C) People hoping to use the convention center
(D) People who need reservations

96. What is the facility unable to offer?

(A) A ticket discount through the Web site
(B) Tickets sold on the day of the event
(C) Information on other events
(D) Parking for visitors

97. What should callers do to speak to a person?

(A) Press one
(B) Press two
(C) Call another line
(D) Hold

GO ON TO THE NEXT PAGE

98. What is Cyberform going to do?

(A) Purchase new computers
(B) Open new branches
(C) Oversee the use of in-house computers
(D) Hire more employees

99. Where is the plan going to go into effect?

(A) The European branch
(B) The American branch
(C) Cyberform headquarters
(D) All Cyberform offices

100. Why is Cyberform taking this action?

(A) To stop data leaks
(B) To reduce costs
(C) To increase the number of competent personnel
(D) To get money from investors

This is the end of the Listening test. Turn to Part 5 in your test book.

NO TEST MATERIAL ON THIS PAGE

GO ON TO THE NEXT PAGE

実戦模試　正答一覧

Part 1	
1	B
2	A
3	D
4	C
5	B
6	C
7	D
8	A
9	C
10	B

Part 2	
11	B
12	C
13	A
14	A
15	B
16	B
17	C
18	A
19	C
20	B
21	A
22	B
23	B
24	A
25	C
26	A
27	C
28	B
29	C
30	B
31	A
32	C
33	B
34	C
35	A
36	C
37	A
38	C
39	B
40	A

Part 3	
41	D
42	A
43	D
44	C
45	B
46	A
47	C
48	B
49	A
50	D
51	B
52	A
53	D
54	B
55	A
56	D
57	B
58	A
59	C
60	D
61	B
62	C
63	B
64	C
65	D
66	A
67	C
68	D
69	B
70	C

Part 4	
71	B
72	A
73	C
74	D
75	B
76	C
77	A
78	D
79	C
80	B
81	C
82	D
83	B
84	C
85	A
86	C
87	A
88	D
89	A
90	B
91	A
92	D
93	A
94	B
95	B
96	D
97	D
98	C
99	D
100	A

解答・解説
Answer Key

Part 1　写真描写問題

1.　人物（ひとり）

Disc 2……18　正答：(B)

(A) The ladder is lying in the garage.
(B) The man is working on the siding.
(C) The paint job has been completed.
(D) The man is climbing a ladder.

(A) はしごはガレージの床に置いてあります。
(B) 男性は外壁に作業を施しています。
(C) 塗装作業は終わっています。
(D) 男性ははしごを登っています。

解き方　男性が外壁にペンキを塗っています。(B) が正答です。work on ... は「～に作業を施す」という意味の頻出表現です。「～の上で作業する」という意味と文脈から区別する必要があるので注意が必要です。写真描写問題では，はしご（ladder）に登って作業をしている人物の写真が頻繁に出題されますが，ladder を含む選択肢が正答とは限りません。

語　句
□ lie「横たわる」
□ siding「（外壁の）羽目板」
□ paint job「（ペンキの）塗装作業」

2.　人物（複数）

Disc 2……18　正答：(A)

(A) The man is facing a group of people.
(B) The listeners are surrounding the speaker.
(C) The man is tidying up his desk.
(D) Presents are being given to the audience.

(A) 男性はグループの人々と向き合っています。
(B) 聴衆は講演者を囲んでいます。
(C) 男性は机の上を整理しています。
(D) プレゼントが聴衆に渡されています。

解き方　ひとりの男性が聴衆の前で話をしています。講義あるいは講演会の場面でしょう。(A) が正答です。face は「～のほうを向く，～に面する」という意味の重要語です。(D) は presentation と音の似た presents を用いたひっかけです。

語　句
□ surround「～を（取り）囲む」
□ tidy up ...「～を片付ける，整頓する」
□ audience「聴衆」

3. 人物（ひとり）

Disc 2……19　正答：(D)

(A) A woman is adjusting her jeans.
(B) A woman is taking off her shoes.
(C) A woman is standing with her arms crossed.
(D) A woman is leaning against the wall.

(A) 女性はジーンズの装いを直しています。
(B) 女性は靴を脱いでいるところです。
(C) 女性は腕を組んで立っています。
(D) 女性は壁に寄りかかっています。

解き方　女性が建物の壁に寄りかかっています。(D) が正答です。lean against ...（～に寄りかかる，もたれかかる）は写真描写問題の頻出表現です。(C) の with her arms crossed は「腕組みをして」という意味ですが，with を用いて同じ付帯状況を表す表現として，with *one's* legs crossed（脚を組んで），with *one's* hands full（両手にいっぱいの荷物を抱えて），with *one's* coat on（コートを着たまま）なども覚えておきましょう。

語　句
□ adjust「～を調節する，整える」
□ take off ...「～を脱ぐ」

4. 事物・光景

Disc 2……19　正答：(C)

(A) The plane is taxiing the runway.
(B) The airport is under construction.
(C) The door of the jet is open.
(D) The airplane is being loaded with baggage.

(A) 飛行機は滑走路を走行しています。
(B) 空港は建設中です。
(C) ジェット機のドアは開いています。
(D) 飛行機に手荷物が積み込まれています。

解き方　ジェット機（jet）がすでに滑走路にあり，ドアが開いている状態です。(C) が正答です。「飛行機」を意味する語として plane，jet，airplane の 3 語が用いられているので，注意して聞く必要があります。

語　句
□ taxi「（飛行機が）誘導路を移動する」
□ runway「滑走路」
□ under construction「建設中で」
□ load「～に荷物を積む」
□ baggage「手荷物」

5. 人物（複数）

Disc 2 …… 20 正答：(B)

(A) Three men are talking in a circle.
(B) The men are looking over the plans.
(C) The workers are putting on helmets.
(D) Each man has a piece of paper in his hand.

(A) ３人の男性が輪になって話しています。
(B) 男性らは設計図に目を通しています。
(C) 従業員らはヘルメットをかぶろうとしています。
(D) 男性はそれぞれ手に用紙を持っています。

解き方 ヘルメットをかぶった３人の男性が設計図に目を通しています。(B) が正答です。設計図は１枚しかないように見えますが，１枚であっても plans と複数形で使うことが多いので注意が必要です。look over ...（～に目を通す，～を点検する）も写真描写問題の頻出表現です。(C) の are putting on ... は「～を身につけようとしている」という「動作」を表すので誤答です。are wearing ... であれば「～を身につけている」という「状態」を表すので正答となります。

語句
□ in a circle「輪になって」
□ look over ...「～に目を通す，～を点検する」

6. 人物（ひとり）

Disc 2 …… 20 正答：(C)

(A) She's installing a computer.
(B) She's writing something with a pen.
(C) She's doing two things at once.
(D) She's putting the phone down.

(A) 彼女はコンピュータを設置しています。
(B) 彼女はペンで何かを書いています。
(C) 彼女は同時に２つのことをしています。
(D) 彼女は受話器を置こうとしています。

解き方 女性は電話をしながら，同時にコンピュータを使用しています。したがって，「同時に２つのことをしている」という意味の (C) が正答です。at once には「すぐに」（＝ immediately）のほか，「同時に，一度に」（＝ simultaneously）という意味もあります。(A) は「コンピュータにプログラムをインストールしている」ではなく「コンピュータ（そのもの）を設置している」という意味なので誤答です。

語句
□ install「～を設置する」
□ put the phone down「受話器を置く，電話を切る」

7. 人物（複数）

Disc 2…… 21　正答：(D)

(A) The patient is taking down notes.
(B) The doctor is entering the examination room.
(C) The patient is taking his temperature in bed.
(D) The doctor is discussing something with the patient.

(A) 患者はメモを取っています。
(B) 医師は診察室に入るところです。
(C) 患者はベッドで体温を測っています。
(D) 医師は患者と何かについて話し合っています。

解き方 医師が患者（patient）に説明している写真とわかります。それを discuss something と表現している (D) が正答です。写真描写問題では，医師と患者，看護師と患者の写っている写真も出題されます。

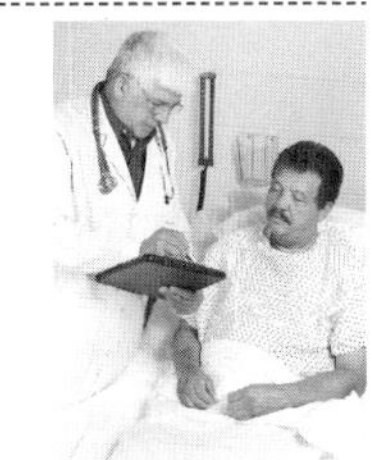

語 句
□ take down a note「メモを取る」
□ examination room「診察室」
□ take *one's* temperature「～の体温を測る」

8. 事物・光景

Disc 2…… 21　正答：(A)

(A) The traffic is quite heavy.
(B) The freeway is blocked in both directions.
(C) There are hardly any vehicles on the road.
(D) Data traffic is gradually growing.

(A) かなりの交通量です。
(B) 高速道路は双方向とも通行止めになっています。
(C) 道にはほとんど車がありません。
(D) データ通信量が徐々に増えています。

解き方 道路に車が連なっています。(A) が正答です。このような場合，よく用いられる表現は The traffic is heavy. や The road is busy. です。(C) の vehicle（車，乗り物）も写真描写問題の最重要語です。

語 句
□ freeway「高速道路」
□ block「～をふさぐ，詰まらせる」
□ hardly「ほとんど～ない」
□ vehicle「車，乗り物」
□ data traffic「データ通信量」

9. 人物（ひとり）

Disc 2 …… 22 正答：(C)

(A) The chef is preparing ingredients.	(A) シェフは材料を用意しています。
(B) The man is lighting a stove.	(B) 男性はコンロの火をつけています。
(C) The cook is in the middle of cooking.	(C) 料理人は調理の最中です。
(D) The man is putting out the fire.	(D) 男性は火を消しています。

解き方 料理人が炒め物を作っています。「調理中である」という意味の(C)が正答です。(A)はingredients（材料）が誤りです。... is preparing a meal（食事を用意しています）なら正答になります。(B)は今まさに点火している瞬間を意味するので誤答です。cook（コック）の発音 [kúk] に注意します。chefはcookの同意語です。

語 句
- □ in the middle of ...「～の最中で」
- □ light「～に点火する」
- □ stove「（料理用の）コンロ」
- □ ingredient「材料，原料」
- □ put out ...「～を消す」

10. 人物（複数）

Disc 2 …… 22 正答：(B)

(A) They're repairing an engine.	(A) 彼らはエンジンを修理しています。
(B) They're seated side by side.	(B) 彼らは並んで座っています。
(C) They're leaving the cockpit.	(C) 彼らは操縦室から出ているところです。
(D) They're sitting back to back.	(D) 彼らは背中合わせに座っています。

解き方 飛行機のコックピット（cockpit）でパイロットらしい2人がともにサングラスをかけ，隣り合わせに座っています。side by side（並んで，隣り合って）がキーワードとなる(B)が正答です。(B)のbe seatedと(D)のbe sittingは，態は違いますが同じ意味です。

語 句
- □ repair「～を修理する」
- □ back to back「背中合わせに」

Part 2 応答問題

11. 疑問詞疑問文

Disc 2 …… 24 正答：(B)

When can we expect to hear from you about this?
(A) Not by letter, but by e-mail.
(B) By the end of this week.
(C) I received the message last week.

この件に関して，いつ連絡をいただけますか。
(A) 手紙ではなく，メールでです。
(B) 今週末までに。
(C) 先週そのメッセージを受け取りました。

解き方 Whenで始まり「時」を尋ねている設問文に対し，「今週末までに」と答えている(B)が正答です。(A)は，連絡の方法を答えています。(C)は過去の事実を伝えており，未来について尋ねる設問文に対応しません。設問文中のhear from ... からmessageを連想しやすいので，注意が必要です。

語句 □ hear from ...「～から連絡をもらう，手紙をもらう」 □ receive「～を受け取る」

12. 疑問詞疑問文

Disc 2 …… 24 正答：(C)

What did the manager say about the schedule change?
(A) We managed to print out all the handouts.
(B) The manager himself made the hotel reservation.
(C) She's always accommodating.

部長はスケジュール変更について何と言っていましたか。
(A) なんとか資料を全部印刷できました。
(B) 部長は自分でホテルを予約しました。
(C) 彼女はいつも融通がききます。

解き方 スケジュール変更に対する部長の反応を尋ねる設問文への応答ですが，直接に部長の発言を伝える選択肢はありませんので注意が必要です。「彼女はいつも融通がききます」と述べて，変更に対応できることを伝えている(C)が正答です。accommodating(融通のきく)という形容詞がキーワードです。たとえこの語の意味がわからなくても，(A)は自分たちが「したこと」，(B)は部長が自分で「したこと」を答えていますので，消去法でも攻略できます。

語句 □ schedule change「日程変更」 □ accommodating「融通がきく」

13. 疑問詞疑問文

Disc 2 …… 25 正答：(A)

How did you find this upscale restaurant?
(A) One of my friends recommended it.
(B) I'll show you how to get there.
(C) I'd like to have a look at the menu.

どのようにして，この高級レストランを見つけたのですか。
(A) 友人が勧めてくれました。
(B) そこへの行き方をお教えします。
(C) メニューを見たいです。

解き方 Howで始まり，レストランを見つけた「方法，経緯」を尋ねている質問です。「友人の推薦です」と答えている(A)が正答です。(B)は道案内をする場合の応答です。(C)はrestaurantから連想しやすいmenuをひっかけに用いています。

語句 □ upscale「高級所得者向けの」 □ recommend「～を勧める」
□ how to get there「そこへの行き方」 □ have a look at ...「～を見る」

14. 疑問詞疑問文

Disc 2 …… 25 **正答：(A)**

Do you know where my plane tickets are?
(A) I don't have the slightest idea.
(B) I've already made a reservation.
(C) They will be on Flight 106 on the 18th.

私の飛行機のチケットがどこにあるかご存じですか。
(A) まったくわかりません。
(B) すでに予約を取りました。
(C) 彼らは18日の106便に乗ります。

解き方 Do you know ...? に対して Yes/No で答えず，「まったくわからない」と答えている (A) が正答です。slightest は否定形で用いて「少しも～ない」という意味を表します。(B) は plane tickets から連想しやすい make a reservation，(C) も同様に flight をひっかけに用いています。

語 句 □ make a reservation「予約する」

15. 疑問詞疑問文

Disc 2 …… 26 **正答：(B)**

Where can I find a hotel with a swimming pool?
(A) We do the carpooling once a week.
(B) There is one near here.
(C) I have to exercise a bit.

プールがあるホテルはどこにありますか。
(A) 私たちは週１回は車に乗り合わせて通勤します。
(B) この近くに１軒あります。
(C) 私は少し運動しなくてはなりません。

解き方 Where で始まり「場所」を尋ねる質問です。Where can I find ...? は, Where is ...? と同じで,「～はどこにありますか」という質問です。「この近くにあります」と答えている (B) が正答です。(A) は swimming pool と音の似た do the carpooling（車を乗り合わせる）を用いたひっかけです。(C) も同じく swimming pool から連想される exercise を用いたひっかけです。

語 句 □ do the carpooling「車を乗り合わせる」□ exercise「運動，練習」

16. 疑問詞疑問文

Disc 2 …… 26 **正答：(B)**

Who's covering the early shift tomorrow morning?
(A) At six in the morning.
(B) I think Hanna is.
(C) They covered it to prevent the smell.

明日はだれが早番ですか。
(A) 午前６時にです。
(B) ハンナだと思います。
(C) 彼らはにおいを防ぐためにそれを覆いました。

解き方 Who で始まり「人物」を尋ねる設問文に対して，ハンナという人名を挙げてすなおに答えている (B) が正答です。(A) は early shift，tomorrow morning から連想される時刻をひっかけに用いています。(C) は cover には「～を担当する」「～を覆う」という複数の意味があることをひっかけに用いています。

語 句 □ early sift「早番」 □ prevent「～を防ぐ」 □ smell「におい」

17. 依頼文・提案文

Disc 2 ····· 27　正答：(C)

May I leave a message for Mr. Story?
(A) I'm sorry but she's already left for the day.
(B) Please say hello to him for me.
(C) Sure. I'll make sure he gets it.

ストーリーさんに伝言をお願いできますか。
(A) 申し訳ありませんが，彼女は今日はもう戻りません。
(B) 彼にどうぞよろしくお伝えください。
(C) もちろんです。確かにお伝えします。

解き方 May I leave a message for ...? は，「～へ伝言をお願いできますか」という依頼を表す決まり文句です。受諾する (C) が正答です。(A) は，伝言を断る表現としては適切ではありませんし，she's という代名詞が Mr. Story に対応しません。(B) は，「～によろしくお伝えください」と伝言を依頼する表現で，設問文に対応しません。

語句 □ leave a message for ...「～へ伝言を残す」 □ leave for the day「今日は戻らない」
□ say hello to ...「～によろしく伝える」 □ make sure ...「必ず～する」

18. 疑問詞疑問文

Disc 2 ····· 27　正答：(A)

How do you like this new copy machine?
(A) It's complicated just for photocopying.
(B) I was asked to make some copies.
(C) They couldn't fix the old one.

この新しいコピー機はどうですか。
(A) コピー目的だけにしては使い方が複雑です。
(B) 何部かコピーをするように頼まれました。
(C) 彼らは古い機械を修理できませんでした。

解き方 How do you like ...? は「～をどう思うか」と意見，感想を求める表現です。「単にコピーを取るだけの目的にしては操作が複雑です」と答えている (A) が正答です。(B) はコピー機を使う理由を答えているので誤答です。(C) は，this new copy machine から連想される the old one をひっかけに用いています。新しい機械を購入した理由を答えていると考えられますが，設問文に対応しません。

語句 □ complicated「複雑な，難しい」 □ photocopy「～を複写する」
□ fix「～を修理する，固定する」

19. 疑問詞疑問文

Disc 2 ····· 28　正答：(C)

Why did the management decide on the merger with Domestic Air?
(A) Evening flights to Shanghai have been added.
(B) It wasn't decided which one to buy.
(C) They need to expand flight operations.

なぜ経営陣はドメスティック航空との合併を決めたのですか。
(A) 上海への夜行便が追加されています。
(B) どれを購入するかは決まっていませんでした。
(C) 彼らは運航便を拡大する必要があるのです。

解き方 Why で始まり「理由」を尋ねる質問ですが，Because で答えている選択肢はありません。「運航便を拡大する必要がある」と答えている (C) が正答です。(B) は decide を繰り返してひっかけをねらっています。

語句 □ decide on ...「～で合意する」 □ merger「合併，吸収」
□ which one to buy「どれを買うか」 □ expand「～を拡大する」
□ flight operations「便の運航」

20. Yes/No 疑問文

Disc 2 ····· 28 正答：(B)

Have you offered Ms. Brand the position?
(A) Unfortunately, I can't take it.
(B) Yes, she will join us next week.
(C) It's a position as an editor.

ブランドさんにその職に採用したいと伝えましたか。
(A) あいにく私はお受けできません。
(B) はい，彼女は来週入社します。
(C) それは編集者の職です。

解き方 「（すでに）～しましたか」という設問文に対して，すなおに Yes, ... で答えている (B) が正答です。join は通常，社員や会員として特定の集団に継続的に加わる場合に用いる動詞です。(A) は提案を断る表現ですから，設問文に対応しません。(C) は職について説明する応答ですから誤答です。

語 句 □ offer「～を提示する」 □ position「地位，職」 □ unfortunately「あいにく」
□ join「（メンバーとして）～に加わる」 □ editor「編集者」

21. 疑問詞疑問文

Disc 2 ····· 29 正答：(A)

Who filed a copy of the minutes for the last meeting?
(A) You were supposed to do so, weren't you?
(B) Yes, it took more than 90 minutes.
(C) I think it should be in the cabinet.

前回の会議録をファイルしたのはだれですか。
(A) あなたがすることになっていましたよ。
(B) はい，90 分以上かかりました。
(C) キャビネットにあるはずですが。

解き方 Who を用いて，議事録を保存した「人物」を尋ねています。質問者に対して，「あなたが自分ですることになっていましたよ」と答えている (A) が正答です。(B) は minutes（議事録）を「分」の意味で用いて，ひっかけをねらっています。疑問詞疑問文に対して Yes/No で答えているだけで誤答と判断できます。(C) は紙資料である minutes から連想される cabinet をひっかけに用いています。

語 句 □ minutes「議事録」□ be supposed to *do*「～することになっている」
□ cabinet「棚，キャビネット」

22. ひっかけ疑問文

Disc 2 ····· 29 正答：(B)

Don't you know why the negotiation failed?
(A) I don't know why the meeting was called.
(B) That's what I've wanted to ask you.
(C) Yes, it's an efficient way of filing.

どうしてその交渉が失敗したかご存じですよね。
(A) 会議が招集された理由は知りません。
(B) 私もそれをお聞きしたかったのです。
(C) はい，それは効率のよいファイリング方法です。

解き方 交渉失敗の原因を知っているかどうかを尋ねています。形式的には否定疑問文ですが，肯定疑問文と意味は大きく変わりません。「私もそれを尋ねたかった」つまり「私は知りません」と答えている (B) が正答です。(A) は negotiation から連想しやすい meeting を用いてひっかけをねらい，why を繰り返しているので注意します。(C) は設問文中の failed と音の似た filing をひっかけに用いています。

語 句 □ negotiation「交渉」 □ fail「失敗する」 □ call a meeting「会議を招集する」
□ efficient「効率のよい」

23. 疑問詞疑問文

Disc 2…… 30 正答：(B)

How soon do you think you can finish it?
(A) Yes, it was the final decision.
(B) It won't take very long.
(C) I didn't know they completed it already.

どれくらいでそれを仕上げることができますか。
(A) はい，それは最終決定でした。
(B) それほど長くはかかりません。
(C) 彼らがそれをすでに完了したとは知りませんでした。

解き方 How soon ...? は「どれくらいで～」と「所要時間」を尋ねる表現です。「それほど長くかからないでしょう」と答えている (B) が正答です。(A) は設問文中の finish から連想しやすい final をひっかけに用いています。(C) も finish と同意語の complete を用いてひっかけをねらっています。

語　句 □ finish「～を仕上げる」 □ the final decision「最終決定」
□ It won't take long.「長くはかからない」 □ complete「～を終える」
□ already「すでに」

24. 疑問詞疑問文

Disc 2…… 30 正答：(A)

When is Mr. Shapiro coming back from his vacation?
(A) He's planning to be back next Monday.
(B) I'm sorry but he's off on vacation now.
(C) Didn't you hear he canceled his business trip?

シャピロさんはいつ休暇から戻りますか。
(A) 彼は来週月曜日に戻る予定です。
(B) 申し訳ありませんが，彼は現在休暇中です。
(C) 彼が出張を中止したことを聞きませんでしたか。

解き方 When で始まり「時」を尋ねる質問です。すなおに戻る予定を答えている (A) が正答です。(B) は休暇で不在であると伝える応答ですから，設問文に対応しません。(C) は出張が中止になったことを伝える応答ですから誤答です。

語　句 □ off on vacation「休暇のために不在で」 □ business trip「出張」

25. 依頼文・提案文

Disc 2…… 31 正答：(C)

What do you say to throwing a going-away party for Steve?
(A) He said it was last Sunday.
(B) Oh, I threw away the invitation.
(C) What a nice idea!

スティーブのために送別会を開きませんか。
(A) 彼は先週の日曜日だったと言っていました。
(B) ああっ，招待状を捨ててしまいました。
(C) いい考えですね。

解き方 What do you say to ...? は「～はいかがですか」という提案を表す定型表現です。それに対して「いい考えですね」と応じている (C) が正答です。(A) は送別会の日程を述べているような応答ですが，送別会は未定の行事なので過去時制は対応しません。(B) は throw，invitation でひっかけをねらっています。throw away ... は「～を捨てる」という意味です。

語　句 □ throw a going-away party「送別会を開く」 □ throw away ...「～を捨てる」
□ invitation「招待状」

26. 疑問詞疑問文

Disc 2……31 正答：(A)

Why has the meeting been called off?
(A) Actually it hasn't. It's been postponed.
(B) Let's call on him in the morning instead.
(C) Meeting new people is always exciting.

なぜ会議は中止になったのですか。
(A) 実は中止ではなく延期されたのです。
(B) 代わりに午前中に彼を訪問しましょう。
(C) 知らない人に会うのは，いつもわくわくします。

解き方 Why で始まり「理由」を問う設問文に対して，理由を答えるのではなく，誤りを正して新たな情報を伝えている (A) が正答です。call off ... は「～を中止する」という意味ですが，実際には postpone「延期する」（= put off ...）であると訂正しています。(B) の call on ... は「～を訪問する」という意味です。(C) は設問文中の名詞 meeting と動名詞 meeting をひっかけています。

語 句 □ call off ...「～を中止する」 □ actually「実のところ」 □ postpone「～を延期する」 □ call on ...「～を訪問する」

27. Yes/No 疑問文

Disc 2……32 正答：(C)

Do you mind if I bring Mary to the gathering?
(A) You should bring your portfolios with you.
(B) She's been brought up in a rural area.
(C) Of course not. The more, the merrier!

メアリーをその集まりに連れていってもよいですか。
(A) 自分の作品集を持参してください。
(B) 彼女はいなか育ちです。
(C) もちろんいいですとも。多ければ多いほど楽しいものです。

解き方 Do you mind ...? は「～してもよいですか」と許可を求める疑問文です。承諾する場合は，No (I don't mind)，断る場合は Yes (I do mind) が基本ですが，Yes/No を用いない応答も可能です。Of course not. を用いて「もちろん気にしません」と応じている (C) が正答です。(A) は bring を繰り返してひっかけをねらっています。(B) は育った場所を答えているので，設問文と無関係です。

語 句 □ gathering「集まり，会合」 □ bring up ...「～を育てる」 □ rural「いなかの」 □ The more, the merrier.「人が多ければ多いほど楽しい」

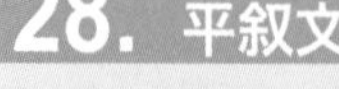

28. 平叙文

Disc 2……32 正答：(B)

Mr. Lee wants everyone in the department to read this memo.
(A) I think we should try the new department store.
(B) Should I forward it to the part-timers, too?
(C) He already met each member at last week's meeting.

リーさんは，この部署の全員にこのメモを読んでもらいたいと思っています。
(A) あの新しい百貨店に行ってみましょう。
(B) パートタイムの人にもこのメモを転送すべきですか。
(C) 彼はすでにメンバー全員に先週の会議で会いました。

解き方 「リーさんは全員にこのメモを読んでもらいたいと思っている」と言う話者に対して，「パートタイムの人にも転送すべきですか」と質問で返している (B) が正答です。(A) は department store と department をひっかけています。(C) は，設問文中の everyone と類義語の each member をひっかけに用いていますが，設問文に対応しません。

語 句 □ department「部署」 □ forward「～を転送する」

29. Yes/No 疑問文

Disc 2 ····· 33　正答：(C)

Do you know who's been invited to the award ceremony besides Mr. Watkins?
(A) He will speak on behalf of all employees.
(B) The managing director is sitting next to him.
(C) His family members are also coming.

ワトキンスさん以外にだれがその授賞式に招待されているかご存じですか。
(A) 彼は全従業員を代表して話します。
(B) 取締役は彼の隣に座っています。
(C) 彼の家族も来ます。

解き方 「ほかにだれが招待されているかをご存じですか」という設問文に対し，「彼の家族も来ます」，つまり招待されていると答えている (C) が正答です。(A) は「全従業員を代表して話をする」と述べていますが，招待客についての応答になっていません。(B) は席順についての応答です。

語 句 □ invite「～を招待する」 □ award ceremony「授賞式」 □ besides ...「～以外に，～に加えて」
□ on behalf of ...「～を代表して，～の代わりに」 □ next to ...「～の隣に」

30. 平叙文

Disc 2 ····· 33　正答：(B)

I'm not familiar with the new safety guidelines.
(A) If you buy something, the store will validate your parking ticket.
(B) You can take this brochure with you.
(C) A safety-deposit box is available to all rooms.

新しい安全指針がよくわからないのですが。
(A) 買い物をすれば，店はあなたの駐車券を有効にしてくれます。
(B) このパンフレットをお持ちください。
(C) 全室に貴重品箱を用意しております。

解き方 「安全指針がよくわからない」という設問文に対して，「このパンフレットをお持ちください」と説明書を手渡そうとする (B) が正答です。(A) は無料駐車券の使用方法を説明しています。(C) は，ホテルの客室に用意されている貴重品箱についての説明です。

語 句 □ be familiar with ...「～に精通している」 □ safety guidelines「安全指針」
□ validate「～を確認して有効にする」 □ parking ticket「駐車券」
□ safety-deposit box「貴重品箱」

31. ひっかけ疑問文

Disc 2 ····· 34　正答：(A)

Isn't there any yogurt left in the refrigerator?
(A) No, there's nothing left.
(B) All right. I'll get some milk.
(C) No, I can't make tea now.

冷蔵庫にヨーグルトが残っていませんか。
(A) いいえ，何も残っていません。
(B) いいですよ。買ってきます。
(C) いいえ，今はお茶をいれることができません。

解き方 Isn't there ...? で始まる否定疑問文ですが，通常の Is there ...? と同じと考えれば理解しやすくなります。冷蔵庫にヨーグルトが残っていないかと尋ねているので，「何も残っていない」と答えている (A) が正答です。(B) は，残りの有無を尋ねる設問文に対して適切な応答ではありません。(C) も適切な応答ではありません。

語 句 □ refrigerator「冷蔵庫」 □ There's nothing left.「何も残っていない」
□ make tea「お茶をいれる」

32. 依頼文・提案文

Disc 2 ····· 34 正答：(C)

Why don't you join us for dinner tonight?
(A) That's why the restaurant went out of business.
(B) Because I'm not hungry at all.
(C) I'm afraid I have another commitment.

今夜夕食をご一緒しませんか。
(A) それがレストランが廃業した理由です。
(B) お腹がまったくすいていないからです。
(C) あいにくほかに約束があるのです。

解き方　Why don't you ...? は，「～しませんか」と勧誘したり，提案する定型表現です。応じるか，理由を述べて断る選択肢が正答です。「別件があるので」と断っている (C) が正答です。(A) は勧誘に対する適切な応答になっていません。(B) は「空腹ではない」という理由だけを述べており，適切な応答と言えません。

語 句　□ another commitment「別の約束」

33. 平叙文

Disc 2 ····· 35 正答：(B)

You need to have prior approval to get reimbursement for the purchase.
(A) Fill out the request form beforehand.
(B) Should I keep the receipt too?
(C) My insurance doesn't cover this payment.

購入品を精算するには事前に承認を得る必要があります。
(A) 事前に申請書に記入してください。
(B) 領収書も取っておくべきですか。
(C) 私の保険はこの支払いを補償してくれません。

解き方　購入品の精算手続きについて述べる平叙文です。事前承認に加えて，「領収書も取っておくべきですか」と質問で返している (B) が正答です。(A) は精算手続きを説明する側の発言ですから誤答です。(C) は支払いに対する保険の補償について述べており，精算手続きとは無関係です。

語 句　□ prior「事前の」　□ approval「承認」　□ reimbursement「返金，精算」
□ purchase「購入(品)」　□ fill out ...「～に記入する」　□ beforehand「前もって，事前に」
□ insurance「保険」　□ cover「～を補償する」

34. ひっかけ疑問文

Disc 2 ····· 35 正答：(C)

We aren't talking about our new hiring policy in today's meeting, **are we**?
(A) Yes, we agreed to meet with the suppliers.
(B) We should hire two more engineers.
(C) Yes, that's the first item on the agenda.

今日の会議では，新しい雇用方針について話し合わないですよね。
(A) はい，供給業者と会うことで合意しました。
(B) もう２名エンジニアを雇用すべきです。
(C) それは最初の議題に挙がっています。

解き方　設問文は「会議では雇用方針について話し合いませんよね」と同意を求める表現です。「最初の議題に挙がっています」，つまり「はい，話し合います」と答えている (C) が正答です。the first item on the agenda はそのまま覚えましょう。(A) は Yes, ... で答えていますが，その後が設問文に対応しません。(B) は設問文中の hiring policy にひっかけて hire を繰り返しています。

語 句　□ hiring policy「雇用方針」　□ supplier「供給業者」
□ the first item on the agenda「最初の議題」

35. 選択疑問文

Disc 2 …… 36 正答：(A)

Would you like an aisle seat **or** a window seat?
(A) Either will do.
(B) I'd rather go by plane.
(C) It's in aisle C.

通路側の席がよろしいですか，それとも窓側の席がよろしいですか。
(A) どちらでも結構です。
(B) 私はむしろ飛行機で行きたいです。
(C) それは通路Cにあります。

解き方 希望する座席について二者択一を求める選択疑問文です。A，B，どちらでもよい，どちらでもないの4つの選択肢が正答になります。「どちらでもよい」と答えている(A)が正答です。(B)はaisle seat，window seatから連想しやすいplaneをひっかけに用いていますが，移動手段そのものを答えているので誤答です。(C)も適切な応答になりません。

語句 □ aisle「通路」 □ Either will do.「どちらでもかまいません」

36. ひっかけ疑問文

Disc 2 …… 36 正答：(C)

You'll contact the marketing department, **won't you**?
(A) We won't come in contact with city officials soon.
(B) The stock market was closed today.
(C) I just got off the phone with them.

マーケティング部に連絡を取りますよね。
(A) 市の職員とすぐには連絡は取りません。
(B) 今日の株式市場は閉まりました。
(C) つい先ほどまで彼らと電話で話していたところです。

解き方 「マーケティング部に連絡を取りますよね」と確認を求める設問文です。これに対し，「先ほどまで電話で話していました」と答えている(C)が正答です。(A)はcontactというキーワードを繰り返してひっかけをねらっていますが，設問文とは無関係です。(B)は株式市場に関する応答ですから誤答です。

語句 □ contact「～と連絡を取る」 □ come in contact with ...「～と連絡を取る」
□ city official「市の職員」 □ stock market「株式市場」
□ get off the phone「電話を切る」

37. ひっかけ疑問文

Disc 2 …… 37 正答：(A)

Didn't Ms. Gordon ask you to cancel the order?
(A) Yes, but she had second thoughts.
(B) No, the order hasn't been processed.
(C) Yes, the order came online.

ゴードンさんは注文を取り消すよう依頼しませんでしたか。
(A) はい，でも考え直したのです。
(B) いいえ，注文は処理されていません。
(C) はい，注文はネット経由でした。

解き方 Didn't ...? で始まる否定疑問文ですが，Did ...? で始まる肯定疑問文と同じと考えてかまいません。「頼まれましたが，彼女は考え直しました」と答えている(A)が正答です。(B)，(C)はorderというキーワードを繰り返していますが，どちらも「ゴードンさんが依頼しましたか」という質問に対する応答になっていません。

語句 □ order「注文」 □ have second thoughts「考え直す，気が変わる」

38. 選択疑問文

Disc 2 ····· 37 正答：(C)

Could you tell Greg to meet us at the lobby **or** should I call and talk to him directly?
(A) I'd like to wait for you at the lobby.
(B) Maybe you should use a telephone directory.
(C) Don't worry, I can take care of it.

グレッグにロビーで待ち合わせるように伝えていただけますか，それとも私が直接彼に言うべきですか。
(A) ロビーであなたをお待ちします。
(B) たぶん電話帳を使うべきです。
(C) ご心配なく。私から伝えます。

解き方 A か B かを問う選択疑問文です。「あなたが伝えますか，私が伝えますか」と問われて「私から伝えます」と答えている (C) が正答です。(A) は自分がロビーで待つと申し出ているので，設問文に対応しません。(B) は設問文中の directly と音の似た directory をひっかけに用いています。

語句 □ directly「直接に」 □ Don't worry.「ご心配なく，大丈夫です」
□ take care of ...「～を処理する」 □ telephone directory「電話帳」

39. 平叙文

Disc 2 ····· 38 正答：(B)

Our competitor's new product has been taken off the market.
(A) It's just been flying off the shelves.
(B) Right. They recalled it due to a safety problem.
(C) Competition has been intensifying, hasn't it?

当社のライバル企業の新商品が市場から回収されています。
(A) 飛ぶような売れ行きなのです。
(B) そうです。安全性の問題で回収したのです。
(C) 競争は激しさを増していますね。

解き方 ライバル企業の新商品が市場から回収されていると伝える平叙文です。回収の原因を答えている (B) が正答です。(A) は「飛ぶように売れている」という意味なので，設問文に対応しません。(C) は競争の激化を伝えていますが，これも回収と無関係です。

語句 □ competitor「ライバル企業」 □ be taken off the market「市場から回収される」
□ fly off the shelves「飛ぶように売れる」 □ recall「～を回収する」
□ competition「競争」 □ intensify「激しくなる」

40. 依頼文・提案文

Disc 2 ····· 38 正答：(A)

Could you send us your new office furniture catalog?
(A) Certainly. What's your address?
(B) That's fine with me.
(C) It's been sent to my new office.

貴社の新しいオフィス家具のカタログを送っていただけますか。
(A) 承知しました。住所をお願いいたします。
(B) 私はそれでかまいません。
(C) それは私の新オフィスへ送られました。

解き方 Could you ...? はていねいな依頼を表す定型表現です。二つ返事で応じて，住所を尋ねている (A) が正答です。(B) は都合を問われて「私はいいですよ」と答える決まり文句です。(C) は配送された事実を伝えているので，設問文に対応しません。

語句 □ furniture「家具」 □ Certainly.「承知しました」

Part 3　会話問題

41-43　Disc 2 ····· 40

Questions 41 through 43 refer to the following conversation.

M: Do you know if we're still having the team meeting at one? I haven't seen Mr. Park around.

W: Yes, the meeting is still on, but Mr. Park had to go to the printer to check the proofs for the pamphlets for the Smithers account.

M: Oh, that's right. I had heard there was a problem with the paper quality.

W: Mr. Park doesn't expect to be back soon, but he said we can start the meeting without him.

設問 41-43 は次の会話に関するものです。

M: 1 時からチーム会議を予定どおり行うかどうかご存じですか。パクさんが見当たらないのですが。

W: はい，会議は予定どおり行います。パクさんはスミザーズ社との取引関連のパンフレットの校正をチェックするために，印刷所に行かなくてはならなくなりました。

M: ああ，そうですね。紙質に問題があったと聞いていました。

W: パクさんはすぐには戻らないでしょうが，自分がいなくても先に始めるようにとのことでした。

41. 詳細情報　Disc 2 ····· 41　正答：(D)

What time is the meeting?
(A) 10:00 A.M.
(B) 11:00 A.M.
(C) 12:00 P.M.
(D) 1:00 P.M.

会議は何時ですか。
(A) 午前 10 時
(B) 午前 11 時
(C) 正午
(D) 午後 1 時

解き方 男性は最初の発言の冒頭で Do you know if we're still having the team meeting at one? と尋ねています。これに対し，女性は Yes, the meeting is still on, ... と答えていますので，(D) が正答です。最初の設問は会話の前半，特に出だしにヒントがあることが多いので，冒頭部分は特に注意して聞くことが大切です。

42. 詳細情報　Disc 2 ····· 41　正答：(A)

What is said about the printing?
(A) There was a problem with the printing material.
(B) The client canceled the order.
(C) The paper was jammed.
(D) A printer is malfunctioning.

印刷について何が述べられていますか。
(A) 印刷素材に問題があった。
(B) 顧客が注文をキャンセルした。
(C) 紙が詰まった。
(D) 印刷機が誤作動している。

解き方 女性の最初の発言から，パクさんは印刷所に出向いたことがわかります。それを聞いた男性が I had heard there was a problem with the paper quality. と述べていることから，印刷用紙に問題が生じたことがわかります。paper を printing material（印刷素材）と言い換えている (A) が正答です。

43. 詳細情報

Disc 2 ····· 41 正答：(D)

Who is probably going to miss the meeting?
(A) The man
(B) The woman
(C) Mr. Smithers
(D) Mr. Park

だれがおそらく会議に出席できませんか。
(A) 男性
(B) 女性
(C) スミザーズさん
(D) パクさん

解き方 男性の最初の発言の2文目でI haven't seen Mr. Park around. と述べていますので，パクさんの姿が見当たらないことがわかります。会話の最後で女性は ..., but he said we can start the meeting without him. と述べており，これはパクさんの発言を指しているとわかるので，(D)が正答です。

語句 □ printer「印刷会社，印刷所」 □ proof「校正刷り」 □ account「取引口座」

44-46

Disc 2 ····· 42

Questions 44 through 46 refer to the following conversation.

W: You're still here? I thought you had gone home already. What's going on?

M: We were ready to put the issue out when Medicrom announced a buyout of Lark Industries. We want to make sure that we get this story out in tomorrow's edition, so we're working late.

W: You guys sound busy. I was going to attend a PR event, but I think you could use my help more. What do you need?

M: Really? That's great news! Could you start by rearranging the layout of the front page?

設問44-46は次の会話に関するものです。

W: まだいたのですか。もう帰ったと思っていました。どうしたのですか。

M: 刊行の用意が整ったときに，メディクロム社がラークインダストリーズ社の買収を発表したのです。この話を必ず明日の版に載せたいので，遅くまで仕事をしているわけです。

W: 忙しそうですね。広報活動のイベントに参加するつもりでしたが，お手伝いしましょう。何が必要ですか。

M: 本当ですか。ありがたい！　第1面のレイアウトをやり直すことから始めてもらえますか。

44. 詳細情報

Disc 2 …… 43 正答：(C)

What is the woman surprised about? (A) There was a breaking news story. (B) The company is being sold. (C) The man is working overtime. (D) The latest issue has not been published yet.	女性は何に驚いていますか。 (A) ニュース速報があった。 (B) 会社が売りに出ている。 (C) 男性が残業している。 (D) 最新号がまだ発行されていない。

解き方 女性は最初の発言で You're still here? I thought you had gone home already. と述べて，男性がまだ仕事をしていることに驚いています。(C) が正答です。(A) は男性がまだ仕事をしている理由です。(B) は会話中の buyout（企業買収）というキーワードを利用したひっかけです。(D) は We were ready to put the issue out ... という男性の発言を利用したひっかけです。

45. 詳細情報

Disc 2 …… 43 正答：(B)

What does the man want to do? (A) Think about the issue some more (B) Make sure the news article gets published (C) Find another editor (D) Visit Medicom tomorrow	男性は何をしたいのですか。 (A) この問題についてもっと考える (B) そのニュース記事が必ず公開されるようにする (C) 別の編集者を見つける (D) 明日メディクロム社を訪問する

解き方 男性は最初の発言で，We want to make sure that we get this story out in tomorrow's edition, ... と残業の理由を述べています。この get this story out in tomorrow's edition を言い換えた (B) が正答です。(A) は issue というキーワードでひっかけをねらっています。(C) は会話とは無関係です。(D) は Medicrom という固有名詞を用いたひっかけです。

46. 詳細情報

Disc 2 …… 43 正答：(A)

What does the woman say she will do? (A) Cancel her plans for tonight (B) Help the man tomorrow (C) Attend a PR event (D) Write a news story for the man	女性は何をすると述べていますか。 (A) 今夜の予定をキャンセルする (B) 明日男性を手伝う (C) 広報活動イベントに参加する (D) 男性のためにニュース記事を書く

解き方 女性は２回目の発言で，I was going to attend a PR event, but I think you could use my help more. と手伝いを申し出ています。イベントへの参加をやめて手伝うと申し出て，男性もその申し出を受けているので，女性はイベントへの参加をやめることになるはずです。それを別の表現で言い換えた (A) が正答です。男性は会話の最後で ... by rearranging the layout of the front page と依頼しています。つまり，女性はレイアウトをやり直すのであって，記事を書くわけではないので，(D) は誤答です。

語句
□ put out ...「～を発行する」 □ issue「刊行物」 □ buyout「企業買収」
□ make sure that ...「～ということを確実にする」
□ get this story out「この記事を出す」 □ edition「版」
□ PR event「広報活動イベント」 □ could use ...「～を必要としている」
□ rearrange「～を再配置する」 □ layout「配置，レイアウト」
□ front page「（新聞などの）第１面」 □ breaking news「ニュース速報」

47-49

Disc 2 ····· 44

Questions 47 through 49 refer to the following conversation.

M: I just got off the phone with Remy, our contact at Osmand Incorporated. He said his supervisors think our estimate for the project is too high, and they want to know if we can lower it.

W: That would be difficult given the time constraints. Is there any way they could extend the deadline? If they do that, we won't have to pay overtime to the team, as they'll be working normal hours to get the job done.

M: That could work. They did say they would be flexible on the timeline. I'll call Remy and find out if they can extend it. If it works out, you can tell the team there will be no overtime for them.

W: OK, sounds great.

設問 47-49 は次の会話に関するものです。

M: たった今，オズマンド社の窓口であるレミーと電話をしていました。レミーによると，彼の上司はプロジェクトに対する当社の見積もりが高すぎると考えているそうで，下げることができるか知りたがっています。

W: 時間の制約を考えると，難しいですね。締め切りを伸ばしてもらうことは可能ですか。それができれば，当社チームは通常勤務で仕事を仕上げられるので，残業手当を支払わなくてもすみます。

M: それならできそうですね。スケジュールは融通がきくとのことでした。レミーに電話して，延ばしてもらえるか聞きます。そうできれば，チームに残業は必要ないと言えますね。

W: ええ，いい考えですね。

47. 詳細情報

Disc 2 ····· 45 正答：(C)

What did the man do before the conversation?

(A) He talked with his supervisors.
(B) He met with Remy.
(C) He had a phone conversation.
(D) He talked to the project team.

男性はこの会話の前に何をしましたか。

(A) 彼は上司と話した。
(B) 彼はレミーと会った。
(C) 彼は電話で話した。
(D) 彼はプロジェクトチームに話した。

解き方 会話の冒頭で男性は，I just got off the phone with Remy, ... と述べています。get off the phone は「電話を切る」という意味ですから，(C) が正答です。レミーと面会していたわけではないので (B) は誤答です。(A) はレミーの supervisor との混同，(D) は会話にたびたび登場する the team というキーワードを用いたひっかけです。

48. 詳細情報

Disc 2 ····· 45 正答：(B)

What is the problem?
(A) The deadline is approaching.
(B) The client does not find the estimate acceptable.
(C) The man cannot make the meeting.
(D) The woman missed an important call.

何が問題ですか。
(A) 締め切りが近付いている。
(B) 顧客は見積もりは受け入れがたいと考えている。
(C) 男性は会議に出席できない。
(D) 女性は重要な電話に出られなかった。

解き方 男性は最初の発言で，He said his supervisors think our estimate for the project is too high, and they want to know if we can lower it. と述べ，見積もりが受け入れられそうにないと報告しています。そして２人は対処策を語り合っているので，(B) が正答です。(A) は会話中の deadline というキーワードを用いたひっかけです。

49. 詳細情報

Disc 2 ····· 45 正答：(A)

What do the speakers want to do?
(A) Extend the deadline
(B) Talk to the team
(C) Invite the client to the meeting
(D) Have Remy call the woman

話者らは何をしたいのですか。
(A) 締め切りを延ばす
(B) チームと話す
(C) 顧客を会議に招く
(D) レミーに女性まで電話してもらう

解き方 見積もり金額を引き下げる方法として，女性は Is there any way they could extend the deadline? と提案し，残業手当を不要にして人件費を減らしたいと話し合っています。そして，男性は２回目の発言で I'll call Remy and find out if they can extend it. と応じているので，(A) が正答です。この男性の発言の続きにある If it works out, you can tell the team there will be no overtime for them. を用いてひっかけをねらったのが (B) です。男性はチームと話したいと思っているわけではないので誤答です。

語　句
□ get off the phone「電話を切る」 □ contact「担当者」 □ supervisor「上司」
□ estimate「見積もり」 □ lower「～を引き下げる」 □ given ...「～を考えると」
□ time constraint「時間の制約」 □ extend a deadline「締め切りを延ばす」
□ pay overtime「残業手当を払う」 □ normal hours「通常の勤務時間」
□ flexible「柔軟な」 □ timeline「スケジュール」 □ work out「うまくいく」

50-52

Disc 2 ····· 46

Questions 50 through 52 refer to the following conversation.

W: Hello. I have a reservation for 8 o'clock. My name is Amanda Williams.

M: Ah, yes. We have you down for the private party area. The room is being prepared now.

W: Oh, wonderful. Could you start bringing the hors d'oeuvres at eight regardless of how many people have showed up by then? I don't want the early arrivers to have to wait for everyone else.

M: Certainly, ma'am. I'll pass your request along to our staff. If there's anything else you need, please let me know.

設問 50-52 は次の会話に関するものです。

W: こんにちは。8 時に予約しているのですが。アマンダ・ウイリアムズです。

M: はい。内輪のパーティーに適した場所をご用意しております。お部屋はただいま準備中です。

W: それはいいですね。それまでに集まっている人数には関係なく，8 時にオードブルを運び始めてくださいますか。早くいらした方々にほかの人を待ってもらうようなことはしたくないのです。

M: 承知しました。スタッフにご要望を伝えます。ほかに何かございましたら，おっしゃってください。

50. 基本情報

Disc 2 ····· 47　正答：(D)

Where most likely are the speakers?
(A) At a travel agency
(B) At a theater
(C) At a grocery store
(D) At a restaurant

話者らはおそらくどこにいますか。
(A) 旅行代理店に
(B) 劇場に
(C) 食料品店に
(D) レストランに

解き方 会話が行われている場所を問う設問です。reservation，private party area，hors d'oeuvres というキーワードから (D) が正答です。

51. 基本情報

Disc 2……47 正答：(B)

What are the speakers mainly discussing?
(A) Room service
(B) A private event
(C) The menu
(D) The staff's availability

話者らは主に何について話し合っていますか。
(A) ルームサービス
(B) 個人的な行事
(C) メニュー
(D) スタッフが調達できるかどうか

解き方 男性の最初の発言にある We have you down for the private party area. から，女性は個人的な行事を主催するためにレストランを訪れていることがわかります。その行事での客の迎え方について会話は展開するので，private party を言い換えた (B) が正答です。(A) は，男性の最初の発言にある The room is being prepared now. を用いたひっかけです。(C) は hors d'oeuvres というキーワードによるひっかけをねらっています。(D) は男性の 2 回目の発言にある staff との混同をねらっています。

52. 詳細情報

Disc 2……47 正答：(A)

What does the man say he will do?
(A) Give instructions to the staff
(B) Offer a discount
(C) Cancel the order
(D) Find a new room for the party

男性は何をすると述べていますか。
(A) スタッフに指示を出す
(B) 割引を提供する
(C) 注文をキャンセルする
(D) パーティーのために新しい部屋を見つける

解き方 会話の最後で男性は，I'll pass your request along to our staff. と述べています。つまり，女性の要望をスタッフに伝えると応じているので，それを言い換えた (A) が正答です。(B)，(C) は会話に無関係です。(D) は，男性の最初の発言にある The room is being prepared now. をひっかけに用いた誤答です。

語　句 □ reservation「予約」 □ private party「個人的なパーティー」
□ hors d'oeuvre「オードブル」 □ regardless of ...「～にかかわらず」
□ show up「現れる」 □ early arriver「早く着いた人」 □ pass along ...「～を申し伝える」

53-55

Disc 2 ····· 48

Questions 53 through 55 refer to the following conversation.

M: Remember you were talking about joining a gym the other day? I just joined one over on Route 9. They just opened up, so there's no registration fee to join. You might want to check it out.

W: Oh really? Route 9 is on my way home from the office. I could go there pretty easily. What kind of equipment do they have? I also really want to try jazz dance. Do you know if they have any special classes like that?

M: Well, they do have all kinds of free weights, a swimming pool and a studio. I wasn't interested in taking any classes, so I'm not sure what they offer in that regard. If you want, I can get you a brochure, but I'd advise checking it out yourself. You can get a free trial membership if you go before the end of this month.

設問 53-55 は次の会話に関するものです。

M: 先日ジムに入る話をなさっていましたよね。9号線にあるジムに入りました。開いたばかりなので，登録手数料が無料です。調べてみてはどうですか。

W: 本当ですか。9号線は仕事からの帰り道です。簡単に行けそうですね。どんな設備がありますか。ジャズダンスもやってみたいのです。そういった特別クラスがあるかどうかご存じですか。

M: そうですねえ，多数のフリーウエイト，プール，そしてスタジオがあります。クラスを取るつもりはなかったので，その点で何が用意されているかはよくわかりません。よろしければパンフレットをもらってきますが，自分で調べるのがよいと思います。今月末までに行けば，無料でお試し会員になることができます。

53. 詳細情報

Disc 2 ····· 49 正答：(D)

What is good about the facility?
(A) There are many personal trainers.
(B) It is the most modern gym in the area.
(C) Registration is half off.
(D) It is on the woman's route home.

その施設の利点は何ですか。
(A) 個人トレーナーが多くいる。
(B) その地域で最新のジムである。
(C) 登録料が半額に値引きされている。
(D) それは女性の帰り道にある。

解き方 女性は最初の発言の冒頭で，Route 9 is on my way home from the office. と述べ，さらに I could go there pretty easily. と続けています。ジムが帰り道にあることを一番に述べていますから，(D) が正答です。(A)，(B) は会話と無関係です。(C) は，男性の最初の発言にある ..., so there's no registration fee to join. にひっかけた誤答です。

54. 詳細情報

Disc 2 …… 49 正答：(B)

What does the man say the facility has? (A) Jazz dance classes (B) A studio (C) A locker room (D) A sauna	その施設には何があると男性は述べていますか。 (A) ジャズダンスのクラス (B) スタジオ (C) ロッカールーム (D) サウナ

解き方 男性は２回目の発言の冒頭で，..., they do have all kinds of free weights, a swimming pool and a studio. と述べているので，(B) が正答です。(C)，(D) は会話に無関係です。(A) は女性の発言にある I also really want to try jazz dance. にひっかけた誤答です。

55. 詳細情報

Disc 2 …… 49 正答：(A)

What does the man suggest the woman do? (A) Take advantage of a special offer (B) Join the gym (C) Get a brochure (D) Decide what class to take	男性は女性に何をするように勧めていますか。 (A) 特典を利用する (B) ジムに入る (C) パンフレットをもらう (D) どのクラスを取るか決める

解き方 男性は２回目の発言で，..., but I'd advise checking it out yourself. と女性に勧めたうえで，You can get a free trial membership if you go before the end of this month. と述べ，特典を利用するように促しています。したがって，(A) が正答です。会話では，登録料無料と無料お試し会員という２つの特典が述べられているので注意が必要です。無料お試し会員の利用を勧めていますが，実際に入会を勧めているわけではないので (B) は誤答です。男性は２回目の発言で，If you want, I can get you a brochure, but I'd advise checking it out yourself. とも述べているので，(C) は誤答です。(D) は会話と無関係です。

語句
- □ registration fee「登録料」
- □ You might want to *do*「～してはどうですか」＊ていねいな命令文
- □ on *one's* way home「家に帰る途中で，帰り道に」 □ equipment「設備，機器」
- □ all kinds of ...「あらゆる種類の～」 □ in that regard「その件に関して」
- □ brochure「パンフレット」 □ trial membership「お試し会員」

56-58

Disc 2 …… 50

Questions 56 through 58 refer to the following conversation.

W: Hello. This is Bipasha Kapoor. I received an e-mail saying I need to set up a date for my second interview with Mr. Baker.

M: Yes, which day would be good for you? Mr. Baker is free this Thursday, and Tuesday and Friday of next week.

W: I'm fine with any of those days, but next Tuesday would be best for me. The e-mail also said I need to bring some papers, but it didn't specify what kind.

M: Oh, yes. Mr. Baker would like you to bring some references from previous employers, but you can e-mail them to us before the interview.

設問 56-58 は次の会話に関するものです。

W: こんにちは。ビパシャ・カポーと申します。ベイカーさんとの2回目の面接日を設定する必要があるというメールをいただきました。

M: はい，何曜日がよろしいですか。ベイカーさんは今週の木曜日と，来週の火曜日，金曜日があいています。

W: その日程なら私はいつでも結構ですが，来週の火曜日がいちばん好都合です。メールではまた，書類を持参する必要があるとのことでしたが，どんな書類か特定されていませんでした。

M: あ，そうですね。ベイカーさんは，以前の雇用主からの推薦状を持参していただきたいとのことですが，面接の前にメールで送ってくださってもかまいません。

56. 基本情報

Disc 2 …… 51 正答：(D)

Who most likely is the woman?
(A) A secretary
(B) A new employee
(C) The man's supervisor
(D) A job applicant

女性はおそらくだれですか。
(A) 秘書
(B) 新しい従業員
(C) 男性の上司
(D) 求職者

解き方 女性は最初の発言で，... I need to set up a date for my second interview with Mr. Baker. と述べています。この interview は job interview（就職面接）であることが後のやりとりでわかりますから，女性は求人応募者です。(D) が正答です。まだ採用決定前の会話ですから，(B) は誤答です。秘書である可能性があるとすれば男性なので，(A) も誤答です。男性の上司である可能性があるのはベーカーさんであって，女性ではありませんので，(C) も誤答です。

57. 基本情報

Disc 2 …… 51 正答：(B)

What is the main purpose of the phone call?
(A) To thank Mr. Baker
(B) To make an appointment
(C) To cancel a meeting
(D) To ask for a document

この電話の主な目的は何ですか。
(A) ベイカーさんに礼を言うこと
(B) 面会の予約を取ること
(C) 会議をキャンセルすること
(D) 書類を請求すること

解き方 電話の目的は通常は冒頭で述べます。女性は会話の冒頭で，I received an e-mail saying I need to set up a date for my second interview with Mr. Baker. と電話の理由を説明しています。したがって，(B) が正答です。set up a date を make an appointment と言い換えています。(D) は document という会話中のキーワードを用いたひっかけです。(A), (C) は会話と無関係です。

58. 詳細情報

Disc 2 ····· 51 正答：(A)

What does the woman have to do? (A) Prepare some documents (B) Choose a different date (C) Call the man back (D) Apply in person	女性は何をしなければなりませんか。 (A) 書類を用意する (B) 別の日を選ぶ (C) 男性に電話をかけ直す (D) 自分で直接申し込む

解き方 男性は会話の最後で女性に対して，Mr. Baker would like you to bring some references from previous employers, ... と述べ，以前の雇用主からの推薦状を持参するように指示しています。これを言い換えた (A) が正答です。その他の選択肢は会話と無関係です。

語句
□ set up a date「日時を設定する」 □ interview「面接」
□ specify「～を明確に述べる，特定する」 □ reference「推薦状」
□ previous「以前の」 □ employer「雇用主」 □ job applicant「求職者」
□ in person「本人が直接に」

59-61

Disc 2 ····· 52

Questions 59 through 61 refer to the following conversation.

設問 59-61 は次の会話に関するものです。

M: We are going to be printing up some T-shirts as part of the promotion for the video game. We're not sure if we're going to give them away for free or as prizes in a contest. Tell me what you think about these designs.	**M:** テレビゲームの販促の一環としてTシャツを印刷する予定です。無料で配るか，それともコンテストの賞品にするかはまだわかりません。これらのデザインをどう思うか教えてください。
W: I think this first one is good. I like the color and the design on the sleeves, but the picture on the front is too big. The second one is better, but I think the color is too light for the picture.	**W:** この最初のはいいですね。色も袖にあるデザインもいいですが，前面にある絵は少し大きすぎます。2つ目のはもっといいですが，色がこの絵には明るすぎます。
M: OK. I agree with you on the second one; the color is too light. What do you think about the third shirt?	**M:** そうですね。2つ目については同意見で，色が明るすぎます。3つ目のシャツはどうですか。
W: My first impression was that it's the best one. But I think the words are really difficult to read. I think I'm going to have to say that the first one you showed me is the best as is.	**W:** 第一印象ではいちばんよかったのですが，文字がとにかく読みにくいです。そのままでもベストなのは最初に見せてくださったシャツでしょうね。

59. 詳細情報

Disc 2 ····· 53 正答：(C)

What does the man show the woman?
(A) Gift certificates
(B) Video games
(C) Clothes
(D) Sales manuals

男性は女性に何を見せていますか
(A) 商品券
(B) テレビゲーム
(C) 衣服
(D) 販売マニュアル

解き方 会話の冒頭で男性は，We are going to be printing up some T-shirts as part of the promotion for the video game. と述べ，その見本に対する感想を女性に尋ねています。したがって，T シャツを見せているとわかります。T-shirts を言い換えた (C) が正答です。(B) は video game というキーワードをひっかけに用いた誤答です。(A)，(D) は会話と無関係です。

60. 詳細情報

Disc 2 ····· 53 正答：(D)

What is wrong with the second sample?
(A) It is difficult to play.
(B) The words are hard to read.
(C) The image is too big.
(D) The color is not dark enough.

2 番目の見本は何が問題ですか。
(A) プレーするのが難しい。
(B) 字句が読みにくい。
(C) 画像が大きすぎる。
(D) 色の暗さが足りない。

解き方 女性は最初の発言の後半で，The second one is better, but I think the color is too light for the picture. と述べているので，too light を not dark enough と言い換えている (D) が正答です。(A) は video game にひっかけています。(B) は 3 番目の T シャツ，(C) は最初の T シャツに対する感想です。

61. 詳細情報

Disc 2 ····· 53 正答：(B)

What does the woman say about the three samples?
(A) She does not like any of them.
(B) She is interested in the first sample.
(C) The second sample will be good for children.
(D) The third sample is the best.

3 つのサンプルについて女性は何と述べていますか。
(A) 彼女はどれも気に入らない。
(B) 彼女は最初のサンプルがよいと思う。
(C) 2 番目のサンプルは子ども向きである。
(D) 3 番目のサンプルがベストである。

解き方 3 つのサンプルに対する女性の感想を問う設問で，情報が入り組んでいるので注意が必要です。女性は会話の最後で，I think I'm going to have to say that the first one you showed me is the best as is. と述べています。現在のデザインでは，最初に見せてもらったものがベストと述べているので，(B) が正答です。どのサンプルについても問題点を指摘していますが，どれもが気に入らないのではなく，それぞれを好意的に評価しようとしているので，(A) は誤答です。(C) は会話と無関係です。(D) については，2 回目の発言で My first impression was that it's the best one. But I think the words are really difficult to read. と述べたうえで，最初のサンプルを推しているので，誤答です。

語 句
□ print up ...「～を印刷する」 □ promotion「販売促進」
□ video game「テレビゲーム」 □ give away ...「～を無料で与える」 □ sleeve「袖」
□ first impression「第一印象」 □ as is「現状のままで」

62-64

Disc 2 ····· 54

Questions 62 through 64 refer to the following conversation.

W: You're still here, Al? I thought you had an appointment to meet a client at one. What's going on?

M: I was supposed to go, but I sent Christopher instead. I have to deliver this report tomorrow, but there have been some changes and I have to work on them because Jill is on vacation. I'll probably be here all night.

W: I just got an e-mail from Jill. She said we should contact her if we need any help with anything. I could give her a call and see if we can fax her the changes.

M: That would be great! When she comes back, I'll have to buy her lunch to show her my appreciation then.

設問 62-64 は次の会話に関するものです。

W: まだいたのですか，アル。1 時に顧客と会う約束があったのではないですか。どうしたのですか。

M: その予定だったのですが，代わりにクリストファーを行かせました。このレポートを明日発表しなければならないのですが，変更があり，ジルが休暇中なので私が直さなくてはならないのです。今夜は徹夜になりそうです。

W: ちょうどジルからメールを受け取ったところです。手伝いが必要なら，どんなことでも連絡してほしいとのことでした。電話して，彼女に変更をファクスで送ってよいか聞いてみましょうか。

M: それは助かります。彼女が戻ったら，感謝のしるしに昼食をごちそうしなくては。

62. 推測情報

Disc 2 ····· 55 正答：(C)

What did the woman assume?
(A) Christopher left early.
(B) The man is working overtime.
(C) The man is with his client.
(D) Jill has called the office.

女性はどのように思い込んでいましたか。
(A) クリストファーは早退した。
(B) 男性は残業している。
(C) 男性は顧客といる。
(D) ジルはオフィスに電話してきた。

解き方 会話の冒頭で女性は，I thought you had an appointment to meet a client at one. と述べていますので，男性は顧客と会っていると思っていたことがわかります。(C) が正答です。(A) は，男性が自分の代わりに面会に行かせた Christopher という固有名詞をひっかけに用いています。(B) は I'll probably be here all night. という男性の発言にひっかけた誤答です。女性はジルからのメールについて話していますが，電話に関する話は出てきませんので (D) も誤答です。

63. 詳細情報

Disc 2 ····· 55 正答：(B)

What does the man need to do?	男性は何をする必要がありますか。
(A) Cancel his meeting	(A) 面会をキャンセルする
(B) Revise his report	(B) レポートを修正する
(C) Reschedule an appointment	(C) 面会の約束を変更する
(D) Prepare for his vacation	(D) 休暇に備える

解き方 男性は最初の発言で，自分が面会に出かけなかった理由として I have to deliver this report tomorrow, but there have been some changes and I have to work on them ... と述べています。レポートに変更が生じたので書き直さなくてはならないということですから，これを言い換えた (B) が正答です。(A)，(C) は顧客との約束にひっかけた誤答です。(D) はジルが休暇中であることにひっかけたものです。

64. 詳細情報

Disc 2 ····· 55 正答：(C)

What does the woman offer to do?	女性は何をすると申し出ていますか。
(A) Take over the man's assignment	(A) 男性の仕事を引き継ぐ
(B) Take Jill out to lunch	(B) ジルを昼食に連れていく
(C) Get in touch with Jill	(C) ジルと連絡を取る
(D) Go to the meeting for Christopher	(D) クリストファーに代わって会議に行く

解き方 女性は2回目の発言の最後で，I could give her a call and see if we can fax her the changes. と申し出ています。ジルに手伝ってもらえるかどうか電話で頼んでみるわけですから，give her a call を get in touch with ... と言い換えた (C) が正答です。(A) は会話と無関係です。(B) は男性の考えであり，(D) は Christopher をひっかけに用いた誤答です。

語 句
□ appointment「約束」 □ client「顧客」
□ be supposed to *do*「〜することになっている」 □ instead「代わりに」
□ deliver a report「報告を発表する」 □ be on vacation「休暇である」
□ contact「〜に連絡を取る」 □ appreciation「感謝」
□ get in touch with ...「〜と連絡を取る」

65-67

Disc 2 …… 56

Questions 65 through 67 refer to the following conversation.

設問 65-67 は次の会話に関するものです。

W: Hey there, Brandon! Welcome back! You can't even begin to imagine how busy we were without you here. But how was the business trip? Did everything go well?

M: Oh, yes, everything went smoothly. I had a meeting with four new clients, and hopefully we'll be able to conclude contracts with them by the end of this month. I was also able to meet with most of our vendors to confirm delivery dates.

W: Well, that certainly sounds quite productive. I hope we can conclude those new contracts. But now that you're back, we really need you with our product testing stage. Do you think you'll have time today?

M: I'm not sure, because I have to write up a report on the trip for Carl and the other executives. I'll see where I am by noon, then I'll give you a call and let you know if I can help today.

W: ブランドンじゃないですか！ お帰りなさい！ あなたがいなくてどれだけ忙しかったか，想像もつかないでしょうね。出張はどうでしたか。すべてうまく行きましたか。

M: ええ，すべて順調でした。4人の新しい顧客と会いました。今月末までに彼らと契約を結ぶことができればよいのですが。また，ほとんどの供給業者にも会って納期を確認できました。

W: 収穫の多い出張だったようですね。新しい契約を結べるとよいですね。ただ，あなたが戻ったのであれば，ぜひとも製品テストを手伝ってほしいのです。今日は時間がありますか。

M: わかりません，カールや他の重役のために今回の出張報告書を書き上げないといけないので。昼までの進行状況を見て，今日お手伝いできるかどうかお電話します。

65. 詳細情報

Disc 2 …… 57 正答：(D)

What did the man do?
(A) He wrote a report.
(B) He concluded new contracts.
(C) He reported to the executives.
(D) He went out on business.

男性は何をしましたか。
(A) 彼は報告書を書いた。
(B) 彼は新たな契約を交わした。
(C) 彼は重役らに報告した。
(D) 彼は出張に出た。

解き方 会話の冒頭で女性は Welcome back! と男性に声をかけ，But how was the business trip? と述べていることから，男性は出張に出ていたことがわかります。(D) が正答です。(A)，(C) は，男性が2回目の発言で述べている「今日これからするべきこと」なので誤答です。男性は最初の発言で，..., and hopefully we'll be able to conclude contracts with them ... と述べており，まだ新たな契約は交わしていないので，(B) は誤答です。

66. 詳細情報

Disc 2 ····· 57 正答：(A)

What does the woman hope will happen?	女性は何が起こることを望んでいますか。
(A) The company gets new customers.	(A) 会社が新しい顧客を得る。
(B) The man writes a report.	(B) 男性が報告書を書く。
(C) The man meets with vendors.	(C) 男性が供給業者と会う。
(D) Her team helps the man.	(D) 彼女のチームが男性を手伝う。

解き方 女性は2回目の発言で，I hope we can conclude those new contracts. と述べています。conclude those new contracts を gets new customers と言い換えた (A) が正答です。(B) は男性がこれから行うことであり，女性が望んでいることではありません。(C) は男性がすでに出張中に行ったことです。会話では女性が男性に助けを求めているので，(D) は誤答です。

67. 詳細情報

Disc 2 ····· 57 正答：(C)

What will the man probably do?	男性はおそらく何をしますか。
(A) Go to a meeting with Carl	(A) カールと会議に行く
(B) Assist with product testing now	(B) 製品テストを今手伝う
(C) Inform the woman of his availability	(C) 女性に手伝えるかどうかを知らせる
(D) Show the woman the finished report	(D) 完成した報告書を女性に見せる

解き方 今後の行動については，通常は会話の後半で述べられます。男性は会話の最後で，I'll see where I am by noon, then I'll give you a call and let you know if I can help today. と述べています。これをまったく別の表現で言い換えた (C) が正答です。(A) は Carl という固有名詞をひっかけに用いています。手伝えるかどうかは昼までわからないので，(B) は誤答です。(D) は会話と無関係です。

語句

□ can't even begin to imagine ...「～についてまるで想像がつかない，さっぱり見当がつかない」＊「想像を始めることもできない」ということ。
□ smoothly「うまく，順調に」 □ conclude a contract「契約を結ぶ」
□ vendor「製造供給元，供給メーカー」 □ confirm「～を確認する」
□ delivery date「配達日，納期」 □ productive「実りが多い，生産性が高い」
□ now that ...「今や～なので」 □ testing stage「試験段階」
□ availability「あいている可能性，入手できる可能性」

68-70

Disc 2 ····· 58

Questions 68 through 70 refer to the following conversation.

M: How's everything looking for the interviews? We're still doing five magazines from two to four thirty, right?

W: That was the original plan, but another magazine asked if we could squeeze them in sometime today, so I had to add another one in there, which means we'll be finished at five.

M: Wow, that sounds like we're going to have a really busy afternoon. We'll have almost no time to prepare for the press conference at five thirty. I guess we will have to do that before 2 o'clock.

W: True, that's why I wrote up a list of things we need to prepare for the press conference so we can get a head start on preparations.

設問 68-70 は次の会話に関するものです。

M: インタビューのほうはどうですか？ 2時から4時半の間にまだ5誌を相手にするのですよね。

W: その予定でしたが，別の雑誌に今日中にどこかでできないかと頼まれたのです。それをその枠に入れるしかなかったので，終わりは5時になります。

M: わあ，とても忙しい午後になりそうですね。5時半からの記者会見の準備をする時間はほとんど取れそうにないので，2時までに準備しなければならないでしょうね。

W: そうですね，記者会見用に準備しておかなければならない事項をリストにまとめたので，さっと取りかかれます。

68. 詳細情報

Disc 2 ····· 59 正答：(D)

How many interviews will there be today?

(A) Three
(B) Four
(C) Five
(D) Six

何本のインタビューが今日行われますか。

(A) 3本
(B) 4本
(C) 5本
(D) 6本

解き方 数値情報を問う設問です。会話の冒頭で We're still doing five magazines ... と述べる男性に対して，女性は That was the original plan, but another magazine asked if we could squeeze them in sometime today, ... と応じているので，インタビューはひとつ増えたことがわかります。(D) が正答です。(B)，(C) は時刻を表す数字として会話に登場しますから注意が必要です。

69. 詳細情報

Disc 2 ····· 59 正答：(B)

What is the man worried about?
(A) The first interview
(B) Arrangements for a meeting with journalists
(C) Finding a location
(D) A sudden cancelation

男性は何を懸念していますか。
(A) 最初のインタビュー
(B) 記者たちとの面談の準備
(C) 場所を見つけること
(D) 急なキャンセル

解き方 男性の懸念は，2回目の発言全体に表れています。記者会見が5時半に設定されており，インタビューが5時まで続くなら，We'll have almost no time to prepare for the press conference ... と心配しているわけです。この press conference を言い換えた (B) が正答です。(A) は，会話の冒頭の男性の発言 How's everything looking for the interviews? にひっかけた誤答です。(C)，(D) は会話と無関係です。

70. 詳細情報

Disc 2 ····· 59 正答：(C)

What did the woman do?
(A) She canceled one of the interviews.
(B) She moved an interview to a later time.
(C) She scheduled things to do.
(D) She finished the preparations early.

女性は何をしましたか。
(A) 彼女はインタビューのひとつをキャンセルした。
(B) 彼女はあるインタビューを後に回した。
(C) 彼女はすべきことを予定に組んだ。
(D) 彼女は準備を早く終えた。

解き方 女性は会話の最後で ... I wrote up a list of things we need to prepare for the press conference ... と述べています。記者会見のために準備するべきことをリストにまとめたというわけですから，これを言い換えている (C) が正答です。他の選択肢はいずれも会話と無関係ですが，interview, preparation というキーワードを繰り返しているので注意が必要です。話の流れに沿って，情報を整理しながら聞くことで対処します。

語 句 □ squeeze「～を（無理に）押し込む」 □ press conference「記者会見」
□ a list of things「物事のリスト」 □ get a head start「有利なスタートを切る，先んじる」

Part 4 説明文問題

71-73

Disc 2 ····· 61

Questions 71 through 73 refer to the following talk.

1 I'm sure a lot of you are feeling nervous
since it's your first day here at Anderson
Industries, but just relax as today
we'll just be going through some basic
2 introductory procedures. Tomorrow you
all will begin training for your respective
departments, and we expect you to
3 work hard during this time. If you do,
you will leave the training center with
the skills you will need to do your jobs
4 with confidence. Before we break down
the schedule for you, our president, Mr.
Robert Anderson, would like to deliver a
few words of encouragement.

設問 71-73 は次のトークに関するものです。

皆さんの多くは緊張していらっしゃるでしょう。アンダーソン・インダストリーズ社での初日なのですから。でも，気持ちを楽にしてください。今日は基本的な紹介手順をすませるだけです。明日からは皆さんそれぞれの部署のための研修が始まり，この研修期間中は一生懸命やっていただきます。そうすることで，研修センターを出るときには自信を持って仕事にとりかかるだけのスキルを身につけていただけるでしょう。スケジュールについて詳しく説明する前に，ロバート・アンダーソン社長が励ましの言葉を申し上げます。

71. 基本情報

Disc 2 ····· 62　正答：(B)

What is the main purpose of the talk?
(A) To encourage applicants
(B) To welcome new employees
(C) To introduce a new company president
(D) To discuss the new procedures

このトークの主な目的は何ですか。
(A) 応募者を激励すること
(B) 新入社員を歓迎すること
(C) 新社長を紹介すること
(D) 新手順を話し合うこと

解き方 トークの目的や話者などの基本情報を問う問題では，多くの場合，正答につながる情報はトークの冒頭から前半にかけて登場するので，聞き逃さないようにします。冒頭の I'm sure a lot of you are feeling nervous since it's your first day here at Anderson Industries, ... から，新入社員に対する歓迎の席でのトークであることがわかります。(B) が正答です。全体として新入社員を励ましている内容ですが，対象は applicants（応募者）ではないので (A) は誤答です。最後に社長を紹介していますが，新社長の紹介ではないので (C) も誤りです。(D) はキーワードである procedures を用いたひっかけです。

72. 詳細情報

Disc 2 ····· 62　正答：(A)

What does the speaker expect from the audience?
(A) Their hard work
(B) Applications for each department
(C) Success in finding new jobs
(D) A training schedule

話者は，聞き手に何を期待していますか。
(A) 一生懸命やること
(B) 各部署への応募
(C) 職探しに成功すること
(D) 研修のスケジュール

解き方 2 文目の後半で話者は，..., and we expect you to work hard during this time. と述べています。まずは研修期間の間に頑張ってほしいということですから，(A) が正答です。(B) は department というキーワードを用いたひっかけです。研修のスケジュールは聞き手である新入社員が決めるわけではないので (D) も誤答です。

73. 詳細情報

Disc 2 ····· 62 正答：(C)

What will happen next?
(A) The training period
(B) A short break
(C) A speech
(D) Delivery procedures

次に何が起こりますか。
(A) 研修期間
(B) 短い休憩
(C) スピーチ
(D) 配達の手順

解き方 今後の行動についての設問では，多くの場合，正答につながる情報はトークの後半から最後にかけて登場します。最後に Before we break down the schedule for you, our president, Mr. Robert Anderson, would like to deliver a few words of encouragement. と述べているので，社長のスピーチに続いてスケジュールの説明が行われることがわかります。したがって，次に起こることとして (C) が正答です。研修は明日から始まるので，(A) は誤答です。(B) は break down ...（～を詳しく説明する）というキーワードと break（休憩）との混同をねらったものです。(D) は deliver a few words（手短に話す）というキーワードを用いたひっかけです。

語 句
□ feel nervous「緊張する，ハラハラする」 □ go through ...「～を体験する」
□ introductory「紹介の，導入の」 □ procedure「手順，手続き」
□ respective「それぞれの」 □ confidence「自信」
□ break down ...「～を詳しく説明する」 □ encouragement「激励」

74-76

Disc 2 ····· 63

Questions 74 through 76 refer to the following speech.

1 I'd like to take a few minutes to thank
our hosts here at the Singapore branch
of RA Computers for the informative
2 introduction to their company. We were
quite pleased with the tour of your
facilities, and we are looking forward to
a long and fruitful business partnership.
3 We were quite impressed with how you
manage project budgets to maximize
4 your profits. In a competitive industry
like ours, little steps like that are
important in maintaining viability in the
5 market. I'm looking forward to going
back and telling my supervisor in San
Francisco about the competent partner
we have here in Asia.

設問 74-76 は次のスピーチに関するものです。

数分お時間をいただき，RA コンピュータズの当シンガポール支店で私たちを迎えてくださっている皆さんに対し，貴社について有益な紹介をしていただいたお礼を申し上げます。施設を見学させていただき，とても喜んでおります。末長く，実りあるビジネスパートナーとして協力し合えることを願っております。とても印象的でしたのは，収益を最大化するために，皆さんがいかにプロジェクトの予算を管理なさっているかという点です。我々のような競争の激しい業界では，市場で生き残り続けるためにはこうした小さなステップが重要です。サンフランシスコへ戻り，アジアの優秀なパートナーである皆さんのことを上司に報告するのを楽しみにしております。

74. 基本情報

Disc 2····· 64　正答：(D)

What is the main purpose of the speech?
(A) To announce a new branch's construction
(B) To explain market conditions
(C) To ask for a contract
(D) To express appreciation

このスピーチの主な目的は何ですか。
(A) 新しい支店の建設を発表すること
(B) 市場の情勢を説明すること
(C) 契約を求めること
(D) 感謝の気持ちを伝えること

解き方 I'd like to take a few minutes to thank our hosts ... という感謝の言葉でスピーチを始めていることが決め手になります。この thank を express appreciation と言い換えている (D) が正答です。(A) は branch というキーワードを用いたひっかけです。(B), (C) はスピーチの内容と無関係です。

75. 詳細情報

Disc 2····· 64　正答：(B)

What particularly impressed the speaker?
(A) The factory
(B) Budget management
(C) The technology
(D) Contract negotiations

話者は特に何に感心しましたか。
(A) 工場
(B) 予算管理
(C) 技術
(D) 契約交渉

解き方 3 文目で We were quite impressed with how you manage project budgets to maximize your profits. と，印象に残った点を述べています。この manage project budgets to maximize your profits を言い換えた (B) が正答です。見学したのはシンガポール支店であって，工場ではないので，(A) は誤答です。(C)，(D) はスピーチの内容と無関係です。

76. 詳細情報

Disc 2····· 64　正答：(C)

What does the speaker say he will do?
(A) Rewrite the contract
(B) Tour the facilities
(C) Speak to his boss
(D) Travel to the Singapore branch

話者は何をすると述べていますか。
(A) 契約を書き直す
(B) 施設を見学する
(C) 上司に話す
(D) シンガポール支店に行く

解き方 今後の行動については，トークの最後で I'm looking forward to going back and telling my supervisor ... と述べていることから，話者は帰国後に今回の見学について上司に報告するとわかります。(C) が正答です。(A) はスピーチの内容と無関係です。(B)，(D) はいま現在進行中のことですから誤答です。

語　句
□ branch「支店」 □ informative「有益な，情報を提供する」
□ introduction「紹介」 □ tour「見学」 □ facility「設備，施設」
□ look forward to ...「～を楽しみにしている」 □ fruitful「実りある」
□ be impressed with ...「～に感心する」 □ manage「～を有効に使う，管理する」
□ budget「予算」 □ maximize「～を最大化する」 □ profit「収益，利潤」
□ competitive「競争の激しい」 □ viability「生存力，（実行）可能性」
□ supervisor「上司」

77-79

Disc 2 ····· 65

Questions 77 through 79 refer to the following recorded message.

1 Thank you for calling the Wilder Bicycle
2 Holding Center. This center holds
bicycles that have been removed for
being parked illegally around the city.
3 All bicycles impounded by police will
be held for one month before they are
turned over to second-hand shops and
4 recycling centers. In order to retrieve
your bicycle, you must present a form of
5 ID and pay the fee of 25 dollars. Because
the Center is located outside of the
city proper, you may want to arrange a
6 vehicle to transport your bicycle. We are
open Monday through Saturday 10 A.M.
to 6 P.M., and on the last Sunday of each
month.

設問 77-79 は次の録音メッセージに関するものです。

ワイルダー自転車保管センターにお電話をいただき，ありがとうございます。当センターでは，市内不法駐輪のために撤去された自転車を保管しております。警察が没収した自転車はすべて1か月保管し，その後中古販売店とリサイクルセンターに引き渡します。自転車を回収なさるには，身分証明書を提示いただき，手数料25ドルをお支払いいただく必要があります。当センターは市街部から離れた場所にありますので，自転車を運ぶための車をご手配願います。月曜日から土曜日，午前10時から午後6時までと，毎月の最終日曜日も開館しております。

77. 基本情報

Disc 2 ····· 66 正答：(A)

Who is the message intended for?
(A) Bicycle riders
(B) Shop owners
(C) Recyclers
(D) Repairers

このメッセージはだれに向けたものですか。
(A) 自転車に乗る人々
(B) 店舗経営者
(C) リサイクルする人々
(D) 修理担当者

解き方 メッセージ冒頭の Thank you for calling the Wilder Bicycle Holding Center. から，放置自転車保管所が流す留守電メッセージであることがわかります。ここを聞き逃しても，2文目で This center holds bicycles that have been removed for being parked illegally around the city. と続いているので，(A) が正答とわかります。この箇所を正確に聞き取れれば，他の選択肢は自信を持って誤答と判断できます。

78. 詳細情報

Disc 2 ····· 66 正答：(D)

What should callers bring?
(A) A registration form
(B) A police report
(C) A bank statement
(D) Identification

電話をかけた人々は何を持ってくるべきですか。
(A) 登録用紙
(B) 警察の調書
(C) 銀行取引明細書
(D) 身分証明書

解き方 4文目で自転車を取り戻すためには ..., you must present a form of ID ... とありますから，(D) が正答です。(A) は form というキーワードを用いたひっかけです。(B), (C) はメッセージと無関係です。

79. 詳細情報

Disc 2 ····· 66 正答：(C)

When is the facility closed each month?
(A) On weekends
(B) Every other Saturday
(C) All Sundays but one
(D) Every Sunday

この施設は毎月いつ閉館していますか。
(A) 週末
(B) 隔週の日曜日
(C) 月１回を除いた日曜日
(D) 毎週日曜日

解き方 メッセージの最後で利用時間を説明しています。We are open Monday through Saturday 10 A.M. to 6 P.M., and on the last Sunday of each month. ということですから，利用可能なのは月曜日から土曜日までと，毎月の最終日曜日です。言い換えれば毎月の最終日曜日以外の日曜日は閉まっているわけです。したがって，(C) が正答です。開館日である the last Sunday of each month を閉館日は all Sundays but one と言い換えています。

語 句
□ remove「～を取り除く，撤去する」 □ illegally「不法に」 □ impound「～を没収する」
□ turn over ...「～を引き渡す，譲渡する」 □ retrieve「～を取り戻す」
□ present「～を提示する」 □ form「用紙」 □ be located「（建物などが）～にある」
□ city proper「市街地，市の中心部」 □ vehicle「自動車，乗り物」
□ transport「～を運ぶ，輸送する」 □ repair「修理（する）」
□ registration form「登録用紙」 □ police report「警察の調書」
□ bank statement「銀行取引明細書」 □ identification「身分証明書」

80-82

Disc 2 ····· 67

Questions 80 through 82 refer to the following talk.

1-2 Good morning, everyone. I would like
3 your attention for just a minute. I want
4 to introduce Joyce Roselyn to you. She
will be taking over the team leader
position for Frank, who has moved on
5 to the product testing department. Joyce
has worked as a sales manager at her
previous company, and she brings with
her the experience and knowledge that
comes from being a sales rep for five
6 years. She has also spent the last year in
Europe as an international liaison, which
will help us as we expand our market
7 overseas. I'm sure you'll all make her
feel a welcome part of the marketing
team.

設問 80-82 は次のトークに関するものです。

おはようございます，皆さん。少しの間お聞きください。ジョイス・ロズリンさんをご紹介します。彼女はフランクからチームリーダーの職を引き継ぎ，彼は製品試験部へ異動しました。ジョイスさんは，前の勤務先で販売部長をなさっておられました。5年間の販売担当者としての経験と知識もお持ちです。また昨年は欧州で国際渉外担当として過ごされ，海外市場を拡大する当社の力になってくださるでしょう。皆さん，ジョイスさんをマーケティングチームの一員として温かくお迎えください。

80. 基本情報

Disc 2 …… 68 正答：(B)

What is the speaker doing?	話者は何をしていますか。
(A) He is announcing an associate's retirement.	(A) 彼は同僚の退職を発表している。
(B) He is introducing a new employee.	(B) 彼は新入社員を紹介している。
(C) He is talking about an overseas branch.	(C) 彼は海外の支店について話している。
(D) He is explaining a co-worker's transfer.	(D) 彼は同僚の異動を説明している。

解き方 設問文は話者の行動を尋ねているようですが，選択肢から実はトークの目的を尋ねていることがわかります。トークの目的は，通常は冒頭から前半で述べます。3 文目で I want to introduce Joyce Roselyn to you. と切り出しており，続けて彼女が引き継ぐ職務と経歴を紹介しているので，(B) が正答です。フランクの異動にも触れていますが，それが主題ではないので (D) は誤答です。(A)，(C) はトークと無関係です。

81. 詳細情報

Disc 2 …… 68 正答：(C)

What did Joyce Roselyn do previously?	ジョイス・ロズリンさんは以前に何をしましたか。
(A) She supervised branches overseas.	(A) 海外支店を監督した。
(B) She led the product testing department.	(B) 製品試験部を指揮した。
(C) She worked as a sales rep.	(C) 販売担当者として働いた。
(D) She worked in marketing.	(D) マーケティングの仕事をした。

解き方 ロズリンさんの経歴についてはまず 5 文目の前半で Joyce has worked as a sales manager at her previous company，後半で ... being a sales rep for five years. と述べていますから，販売担当者として 5 年の経験を有していることがわかります。(C) が正答です。(B) はフランクさんの異動先，(A)，(D) はトークと無関係ですが，overseas，marketing というキーワードにひっかからないように注意します。

82. 推測情報

Disc 2 …… 68 正答：(D)

What can be said of Joyce Roselyn?	ジョイス・ロズリンさんについて何が言えますか。
(A) She is going to take over the speaker's position.	(A) 彼女は話し手の地位を引き継ぐ予定である。
(B) She is looking to gain experience.	(B) 彼女は経験を積もうとしている。
(C) She will be missed by her co-workers.	(C) 彼女は同僚に惜しまれるだろう。
(D) Her time in Europe will be useful to the company.	(D) 彼女のヨーロッパでの時間が会社に役立つ。

解き方 6 文目で She has also spent the last year in Europe as an international liaison, which will help us as we expand our market overseas. と述べ，彼女の欧州での経験が会社の海外市場の拡大に役立つと考えているので，それを言い換えた (D) が正答です。彼女が引き継ぐのはフランクさんの職務ですから (A) は誤答です。販売担当者として経験を積んだことには触れていても，これから経験を積むとは述べていないので，(B) も誤答です。(C) はトークと無関係です。

語　句
□ I would like your attention.「話を聞いてください」
□ take over ...「(仕事・役職など) を引き継ぐ」 □ move on to ...「～に異動する」
□ previous「以前の」 □ sales rep「販売担当者」(= sales representative)
□ liaison「渉外担当者」 □ expand「～を拡大する」 □ associate「同僚」

83-85

Disc 2 ····· 69

Questions 83 through 85 refer to the following voice-mail message.

1-3 Good morning, Dave. This is Karen. I
wanted to let you know that there has
been an overlap scheduled with our
team's meeting and client visit on Tuesday.
4 Since I can't reschedule the client visit, I
want to move our meeting to Wednesday
5 morning at ten. We'll still have the
6 meeting in room 15-A as usual. Also, don't
forget I want everyone to bring their ideas
for a new marketing strategy in South
7 America. Sales in that sector are going to
8 be important in the next few years. When
you get this message, mail me or call me
9 back. I'll contact everyone else on the
team to let them know about the changes.

設問 83-85 は次のボイスメール・メッセージに関するものです。

デイブ，おはようございます。カレンです。チームの会議と顧客の訪問が火曜日に重なっています。顧客の訪問を変更することはできないので，会議を水曜日の朝 10 時に変更したいのです。部屋はいつものとおり 15-A です。また，皆さんには南米での新しいマーケティングについて考えてきてほしいので，忘れないでください。その地域の営業活動は今後数年の間重要なものになります。このメッセージを聞いたら，メールか電話をください。私からチームの全員に連絡して，この変更を伝えます。

83. 基本情報

Disc 2 ····· 70　正答：(B)

What is the main purpose of the message?
(A) To ask for a room change
(B) To mention a schedule change
(C) To report on sales
(D) To discuss a client's visit

このメッセージの主な目的は何ですか。
(A) 部屋の変更を依頼すること
(B) 日程変更を述べること
(C) 販売について報告すること
(D) 顧客の訪問について話すこと

解き方 3 文目で ... there has been an overlap scheduled with our team's meeting ... と予定が重複していることを述べ，4 文目で ..., I want to move our meeting to Wednesday morning at ten. と予定の変更を求めています。(B) が正答です。5 文目で会議室に変更はないと述べているので，(A) は誤答です。(C) は sales というキーワードを用いたひっかけです。ボイスメールは顧客の訪問について詳細を述べてはいないので，(D) は誤答です。

84. 詳細情報

Disc 2 ····· 70　正答：(C)

What does the speaker ask Dave to bring?
(A) Sales reports
(B) The meeting room schedule
(C) New business plans
(D) A list of clients' names

話者はデイブに何を持ってくるように求めていますか。
(A) 販売報告
(B) 会議室のスケジュール
(C) 新しいビジネスプラン
(D) 顧客名簿

解き方 6 文目で ..., don't forget I want everyone to bring their ideas for a new marketing strategy in South America. と希望を伝えていますが，この everyone にはデイブも含まれることに注意します。ideas for a new marketing strategy を言い換えた (C) が正答です。他の選択肢は sales，meeting room，clients などのキーワードを用いたひっかけです。

85. 詳細情報

Disc 2 ····· 70　**正答：(A)**

What should Dave do after listening to the message?

(A) Call the speaker back
(B) Contact the client
(C) Contact the rest of the team
(D) Find out when the next meeting is

デイブはこのメッセージを聞いた後，何をすべきですか。

(A) 話者に電話をかける
(B) 顧客に連絡を取る
(C) チームの他の人に連絡を取る
(D) 次の会議がいつかを調べる

解き方　聞き手に対する指示を問う問題です。聞き手に対する指示や希望は，通常はメッセージの後半から終わりで述べられます。8 文目で When you get this message, mail me or call me back. と指示しています。(A) が正答です。他のスタッフに連絡するのは話者ですから，(C) は誤答です。会議の新たな日時はすでに決まっているので，(D) も誤りです。(B) はボイスメールと無関係です。

語　句　□ overlap「重なり」　□ client「顧客」　□ reschedule「～の日程を変更する」
□ as usual「いつものとおり」　□ sector「部門，分野」

86-88

Disc 2 ····· 71

Questions 86 through 88 refer to the following announcement.

1 Attention, all passengers waiting
to board Air Global flight 805 to
2 Paris, France. We apologize for the
inconvenience, but this flight will
be delayed because of a mechanical
3 problem. We are doing all we can to
resolve the problem, but we don't know
how long it will be before the plane is
4 cleared for takeoff. There is another
5 flight for Paris leaving in an hour. We
can start transferring interested parties
to this flight, but we only have 23 seats
available on a first-come, first-served
6 basis. We apologize in advance for not
7 being able to accommodate everyone. If
you would like to board this next flight,
or if you have any questions about the
delay, please see our staff at the counter
8 of Gate 49. Thank you.

設問 86-88 は次のアナウンスメントに関するものです。

エアグローバル 805 便，パリ行きをお待ちの皆様に申し上げます。ご不便をおかけして申し訳ございませんが，当便は機械系統の故障のために遅れる見込みです。全力で問題解決に当たっておりますが，離陸許可が出るまでどれくらいかかるかまだわかっておりません。1 時間後にパリ行きの別便がございます。ご希望の皆様にはその便に乗り換えていただくようにいたしますが，座席は先着順で 23 席しかございません。皆様全員に乗り換えていただけないことをまずお詫びいたします。この次便に搭乗ご希望のお客様，あるいはこの遅れについてご質問がある方は，49 番ゲートのカウンターにおりますスタッフにお尋ねください。ありがとうございます。

86. 基本情報

Disc 2 ····· 72 正答：(C)

What is the announcement mainly about?
(A) Overbooking
(B) A canceled flight
(C) A flight delay
(D) An alternative destination

このアナウンスメントは主に何についてのものですか。
(A) 予約の取り過ぎ
(B) キャンセルされた便
(C) 便の遅れ
(D) 代替目的地

解き方 2 文目で ..., but this flight will be delayed because of a mechanical problem. と述べているので，便はキャンセルされたのではなく，遅れているわけです。(C) が正答です。(B) は誤答です。(A) は無関係です。代替便の目的地はパリのままですから，目的地に変更はありません。(D) も誤答です。

87. 推測情報

Disc 2 ····· 72 正答：(A)

What can be inferred from the announcement?
(A) Some passengers will board the next flight.
(B) The problem will be solved in an hour.
(C) More information will be given after the plane lands.
(D) First-class passengers may board the plane.

このアナウンスメントから何が推測できますか。
(A) 一部の乗客は次の便に搭乗するだろう。
(B) 問題は 1 時間で解決されるだろう。
(C) 着陸後にさらに情報が伝えられるだろう。
(D) ファーストクラスの乗客は搭乗してもよい。

解き方 便の遅れを告げたうえで，4-5 文目でパリ行きの次便に 23 人の乗客が搭乗できると述べています。したがって，(A) が正答です。1 時間後に次の便が出るが，問題が解決される時間についてはわからないと述べているので (B) は誤答です。(C)，(D) はアナウンスメントと無関係です。

88. 詳細情報

Disc 2 ····· 72 正答：(D)

Who should passengers with questions talk to?
(A) A flight attendant
(B) Someone at the information desk
(C) Airline ticketing staff
(D) Staff at the gate's counter

質問がある乗客はだれに話すべきですか。
(A) 客室乗務員
(B) 案内所の係員
(C) 航空券発行係
(D) ゲートのカウンターにいるスタッフ

解き方 アナウンスメントの終わりの部分で，..., or if you have any questions about the delay, please see our staff at the counter of Gate 49. と述べています。(D) が正答です。(B) の information desk は「案内所」という意味ですが，(D) と混同しやすいので要注意です。(A)，(C) はアナウンスメントと無関係です。

語 句
□ passenger「乗客」□ board「～に乗り込む」 □ apologize for ...「～の件で詫びる」
□ inconvenience「不便，不都合」 □ mechanical problem「機械系統の故障」
□ be cleared for takeoff「離陸を許可される」 □ interested party「関係者，当事者」
□ on a first-come, first-served basis「先着順に」 □ in advance「前もって」
□ accommodate「～の要望を聞き入れる」

89-91

Disc 2 ····· 73

Questions 89 through 91 refer to the following talk.

1 I'd like to start off the meeting by
discussing my goal to hire in-house
2 translators for our projects. As you
all know, we outsource all of our
translation work to companies overseas.
3 The majority of these companies do
fine work, but the time differences
have caused delays on certain projects.
4 When translators have questions, they
usually come through the outsource
companies' managers and then go to
5 the project teams. This process can
be quite time-consuming, so that is
why we are going to hire translators
6 to work here alongside the teams. Not
only will we save time, but we will also
7 be able to reduce costs. Right now we
are reviewing submissions from several
candidates, and we should be done by
8 next Friday. Once we've narrowed down
the candidates, we will start holding
interviews.

設問 89-91 は次のトークに関するものです。

会議にあたり，私の目的である社内翻訳者をプロジェクトのために採用する件から始めたいと思います。ご存じのように，翻訳業務はすべて海外企業に外注しております。外注先の大半はきちんとした仕事をしますが，プロジェクトによっては時差のために遅れが出ています。翻訳者が質問したい場合，外注先企業の責任者を通したうえで，プロジェクトチームに届きます。この過程は時間がかかりますので，翻訳者を採用し，チームと一緒に働いてもらいたいのです。時間を節約できるだけでなく，費用も削減できます。現在は候補者数人からの提出書類を見直しているところで，来週の金曜日までには終わるはずです。志願者を絞り込んだら，すぐに面接を行います。

89. 基本情報

Disc 2 ····· 74 正答：(A)

What is the main purpose of the talk?
(A) To discuss hiring new employees
(B) To negotiate a new contract
(C) To present another company's proposal
(D) To ask project leaders questions

このトークの主な目的は何ですか。
(A) 新しい従業員の採用について話すこと
(B) 新たな契約を交渉すること
(C) 別会社からの提案を示すこと
(D) プロジェクトのリーダーたちに質問すること

解き方 トークの冒頭で I'd like to start off the meeting by discussing my goal to hire in-house translators for our projects. と述べて，自分の目標を示しています。したがって，in-house translators を new employees と言い換えた (A) が正答です。他の選択肢はトークと無関係です。

90. 詳細情報

Disc 2 …… 74　正答：(B)

What problem does the speaker mention?
(A) There are not enough people on the project.
(B) The current system takes too much time.
(C) The companies charge too much.
(D) No one can go overseas.

話者はどんな問題を述べていますか。
(A) プロジェクトの人手が十分でない。
(B) 現在のシステムは時間がかかりすぎる。
(C)（外注先の）企業は料金が高すぎる。
(D) だれも海外へ行けない。

解き方 翻訳を海外企業に外注している現状を 3-5 文目で述べていますが，This process can be quite time-consuming, ... という問題を挙げているので，(B) が正答です。6 文目で Not only will we save time, but we will also be able to reduce costs. と述べ，コスト削減も期待効果として述べていますが，外注先企業の料金が高すぎるとは述べていないので，(C) は誤答です。(A)，(D) はトークと無関係です。

91. 詳細情報

Disc 2 …… 74　正答：(A)

What does the speaker say will happen in the near future?
(A) There will be interviews.
(B) There will be a follow-up meeting.
(C) Everyone will submit ideas.
(D) All projects are due.

話者は近い将来何があると述べていますか。
(A) 面接がある。
(B) 最新状況に関する会議がある。
(C) 全員がアイデアを提出する。
(D) 全プロジェクトが締め切られる。

解き方 最後で Once we've narrowed down the candidates, we will start holding interviews. と述べていますので，(A) が正答です。他の選択肢はトークと無関係です。

語句
□ in-house translator「社内の翻訳者」 □ outsource「～を外注する」
□ time difference「時差」 □ time-consuming「時間がかかる」
□ save「～を節約する」 □ reduce「～を減らす」 □ submission「提出書類」
□ narrow down ...「～を絞り込む」□ candidate「志願者，候補者」

92-94

Disc 2 ····· 75

Questions 92 through 94 refer to the following telephone message.

1-2 Hello. This is a message for Francis
3 Kebert. This is Carla Johansson calling
4 from Super Max. I wanted to remind
you that your membership for our store
is going to expire on the 28th of this
5 month. If you sign up for two years, you
can save 10 dollars on your membership
6 fees. In addition, any members who
renew their membership for at least one
year get a coupon good for free servings
of steak, or a selection of fruits and
vegetables, or any 24 bottles of brand
7 soda. All Super Max members are also
entitled to use our online shopping
service and have their groceries
8 delivered straight to their homes. We
9 hope to see you soon. If you have any
questions about your membership, call
us between 10:00 A.M. and 4:30 P.M.,
Monday through Friday at 301-555-4321.

設問 92-94 は次の電話メッセージに関するものです。

こんにちは。フランシス・ケバートさんへのメッセージです。こちらはスーパーマックスのカーラ・ジョハンソンです。当店でのお客様の会員資格が今月28日で切れますのでお知らせいたします。2年間の更新をしていただきますと，会費が10ドルお得になります。さらに，少なくとも1年間ご更新いただきますと，お渡しするクーポンでステーキ，または一部のフルーツと野菜，あるいはメーカー品ソーダ24本が無料になります。スーパーマックスの会員はオンラインショッピングサービスもご利用いただくことができ，食料品をご自宅までお届けいたします。ご来店をお待ちしております。会員資格についてご質問がありましたら，月曜日から金曜日，午前10時から午後4時半までの間に301-555-4321までお電話ください。

92. 基本情報

Disc 2 ····· 76 正答：(D)

What is the message mainly about?
(A) Customer satisfaction
(B) Food discounts
(C) Online shopping
(D) Membership renewal

このメッセージは主に何についてのものですか。
(A) 顧客満足度
(B) 食料品の割引
(C) オンラインショッピング
(D) 会員資格の更新

解き方 4-5文目でI wanted to remind you that your membership for our store is going to expire ... と電話の目的を述べたうえで，If you sign up for two years, ... と特典を示して，会員資格の更新を勧誘しています。したがって，もうすぐ切れる会員資格の更新（renewal）についての内容なので，(D) が正答です。(B)，(C) は会員資格を更新した場合の特典としてメッセージに出ていますが，主要な話題ではないので誤答です。(A) はメッセージと無関係です。

93. 詳細情報

Disc 2 ····· 76 正答：(A)

What are all Super Max members entitled to?	スーパーマックスの会員全員は何の資格がありますか。
(A) Ordering through the Internet	(A) インターネットを通じての注文
(B) A 10-dollar discount	(B) 10ドルの割引
(C) A lottery	(C) くじ引き
(D) Telephone assistance	(D) 電話でのサポート

解き方 7文目で All Super Max members are also entitled to use our online shopping service ... と述べていますので，会員はオンラインショッピングを利用できるわけです。これを言い換えた (A) が正答です。5文目で会費の10ドル割引が提示されていますが，それは2年更新した場合に限られ，会員全員に適用されるわけではないので，(B) は誤答です。(C), (D) はメッセージと無関係です。

94. 推測情報

Disc 2 ····· 76 正答：(B)

What is indicated in the message?	メッセージの中で述べられていることは何ですか。
(A) Free delivery is available for all orders.	(A) 注文はすべて無料で配達される。
(B) The membership requires a fee.	(B) 会員権には会費が必要である。
(C) A special discount is available to online orders.	(C) オンライン注文には特別割引がある。
(D) The store is closed on Saturdays and Sundays.	(D) 店は土曜日と日曜日に閉まる。

解き方 5文目で If you sign up for two years, you can save 10 dollars on your membership fees. と述べていますので，会費が必要なことがわかります。(B) が正答です。他の選択肢はいずれもメッセージと無関係です。

語 句
□ remind「～に思い出させる」 □ expire「有効期限が切れる」
□ membership fee「会費」 □ in addition「さらに，加えて」 □ renew「～を更新する」
□ (be) good for ...「～に有効である」 □ be entitled to *do*「～する資格がある」
□ grocery「食料（雑貨）品（店）」

95-97

Disc 2 ····· 77

Questions 95 through 97 refer to the following recorded message.

1 Thank you for calling the Travis-Merrick
2 Convention Center. This line is for this
3 weekend's Auto Show. If you are calling
for one of our other events such as the
Fall Fashion Show, please hang up and
4 call the information line. This weekend's
Auto Show will be held from Friday
to Sunday from 9:30 A.M. to 8:00 P.M.
5 each day. Tickets may be ordered at a
discount from our Web site or purchased
6 for full price at the door. Guests arriving
by car are reminded that there are no
parking spaces on premises, and you
must use one of the parking garages
7 in the area. If you would like more
information on the Auto Show, please
8 press one. If you require information
about access or parking, please press
9 two. To speak to an operator, please
hold and someone will answer your call.

設問 95-97 は次の録音メッセージに関するものです。

トラヴィス・メリック・コンベンションセンターにお電話いただき，ありがとうございます。この回線は今週末の自動車展示会専用です。秋のファッションショーなど他の催しの件でお電話いただいている場合は，情報用回線におかけ直しください。今週末の自動車展示会は，金曜日から日曜日の午前９時半から午後８時までです。チケットは当センターウェブサイトで割引価格でお求めいただけますし，会場でも通常価格でお求めいただけます。車でお越しのお客様は，敷地内に駐車場はございませんので，近隣の駐車場をご利用いただくことになります。自動車展示会に関するもっと詳しい情報は１を押してください。アクセス方法や駐車場についての情報は２を押してください。オペレーターと話すには，しばらくお待ちいただければ担当者が応対いたします。

95. 基本情報

Disc 2 ····· 78 正答：(B)

Who is the message intended for?
(A) People who want general information
(B) People interested in an exhibition
(C) People hoping to use the convention center
(D) People who need reservations

このメッセージはだれに向けたものですか。
(A) 総合的な情報がほしい人々
(B) 展示会に関心がある人々
(C) コンベンションセンターを利用したい人々
(D) 予約を必要とする人々

解き方 2 文目で This line is for this weekend's Auto Show. と述べているので，自動車展示会専用の電話回線とわかります。したがって，対象者として (B) が正答です。(A) の general information（総合情報）については触れていませんし，その他の回線案内の部分もしっかり聞き取りたいところです。(C)，(D) はメッセージと無関係です。

96. 詳細情報

Disc 2 …… 78　正答：(D)

What is the facility unable to offer?
(A) A ticket discount through the Web site
(B) Tickets sold on the day of the event
(C) Information on other events
(D) Parking for visitors

この施設が提供できないものは何ですか。
(A) ウェブ上でのチケット割引
(B) イベントの当日券
(C) 他のイベント情報
(D) 来客用の駐車場

解き方 6文目でGuests arriving by car are reminded that there are no parking spaces on premises, and you must use one of the parking garages in the area. と述べています。駐車場は敷地内に用意されていないので，(D) が正答です。チケットに関しては，ネット上では割引券が購入できますし，当日販売も用意されているので，(A)，(B) は誤答です。他のイベントについては3文目で紹介しているので，(C) は誤りです。

97. 詳細情報

Disc 2 …… 78　正答：(D)

What should callers do to speak to a person?
(A) Press one
(B) Press two
(C) Call another line
(D) Hold

電話をかけた人が人と話すためにはどうすべきですか。
(A) 1を押す
(B) 2を押す
(C) 別の線にかける
(D) 待つ

解き方 目的別の手順については，ポイントを押さえて整理しながら聞くようにします。メッセージの最後で，To speak to an operator, please hold and someone will answer your call. と述べています。(D) が正答です。(A) は自転車展示会の詳しい情報がほしい場合，(B) はセンターへのアクセスや駐車場について知りたい場合に押します。(C) は他のイベント情報を知りたい場合の手順です。

語句 □ hang up「電話を切る」 □ purchase「～を購入する」 □ full price「正規の代金」 □ at the door「現地で」 □ premises「敷地，土地」

98-100

Disc 2 ····· 79

Questions 98 through 100 refer to the following news report.

1 The giant consumer electronics firm
Cyberform Industries announced a plan
to centrally monitor all of the personal
computers their employees use within
2 the next three years. This plan is not just
limited to the company's headquarters
in Seoul, but branches all over the
globe including the United States and
3 Europe. Installing the proper software
to monitor employee computers will
cost the company around 7 million U.S.
4 dollars. In addition, all new computer
purchases must now come through
headquarters instead of the individual
5 divisions. Investors are pleased with the
move even though the initial costs are
6 high. They say the reason Cyberform is
going to monitor all their computers is
7 to prevent information leaks. The loss of
sensitive data could cost the company
much more in the long run.

設問98-100は次のニュース報道に関するものです。

大手消費者向け電子機器企業であるサイバーフォームインダストリーズ社は，今後３年以内に，従業員が使用するパソコンを集中監視する計画を発表しました。この計画はソウル市の本社だけでなく，合衆国，欧州を含む全世界の支社で実施されます。従業員のコンピュータを監視するために適切なソフトウェアをインストールするには，約700万米ドルを要します。加えて，コンピュータの新規購入はすべて，各部署ではなく本社を通さなくてはなりません。初期費用が高くつくにもかかわらず，投資家はこの措置を歓迎しています。サイバーフォーム社が全コンピュータを監視する理由は，情報漏洩を防ぐためであるとのことです。極秘データを失うことは，長期的にはもっと高くつくというわけです。

98. 詳細情報

Disc 2 ····· 80　正答：(C)

What is Cyberform going to do?
(A) Purchase new computers
(B) Open new branches
(C) Oversee the use of in-house computers
(D) Hire more employees

サイバーフォーム社は何をする予定ですか。
(A) 新しいコンピュータを購入する
(B) 新しい支社を開く
(C) 社内のコンピュータ利用を監視する
(D) さらに従業員を雇用する

解き方 報道の冒頭で ... announced a plan to centrally monitor all of the personal computers their employees use within the next three years. と述べています。(C) が正答です。monitor を oversee, all of the personal computers their employees use を in-house computers と言い換えています。(A) は，4文目の ..., all new computer purchases must now come through headquarters instead of the individual divisions を利用したひっかけです。コンピュータの新規購入は本部を通すと述べているだけで，全社的に購入する予定があるわけではありません。他の選択肢はニュースと無関係です。

99. 詳細情報

Disc 2 …… 80 正答：(D)

Where is the plan going to go into effect?
(A) The European branch
(B) The American branch
(C) Cyberform headquarters
(D) All Cyberform offices

この計画はどこで実施されますか。
(A) ヨーロッパ支社
(B) アメリカ支社
(C) サイバーフォーム本社
(D) サイバーフォーム全社

解き方 2 文目で This plan is not just limited to the company's headquarters in Seoul, but branches all over the globe including the United States and Europe. と述べているので，(D) が正答です。

100.

Disc 2 …… 80 正答：(A)

Why is Cyberform taking this action?
(A) To stop data leaks
(B) To reduce costs
(C) To increase the number of competent personnel
(D) To get money from investors

なぜサイバーフォーム社はこの措置を講じるのですか。
(A) データ漏洩を止めるため
(B) コストを削減するため
(C) 有能な人材を増やすため
(D) 投資家から資金を得るため

解き方 この計画を実行する理由をサイバーフォーム社ではなく，投資家の意見として伝えていることに注意します。6 文目で ... the reason Cyberform is going to monitor all their computers is to prevent information leaks. と述べているので，(A) が正答です。(C) はニュースと無関係です。(B)，(D) は cost，investors などのキーワードを用いたひっかけです。

語 句
□ consumer「消費者」 □ electronics firm「電子機器企業」 □ centrally「中央で」
□ monitor「～を監視する」 □ headquarters「本部」 □ branch「支店，支社」
□ globe「地球」 □ proper「適切な」 □ division「部署」 □ investor「投資家」
□ move「措置」 □ initial cost「初期投資」 □ information leak「情報漏洩」
□ sensitive data「極秘データ」 □ in the long run「長期的に見て」
□ oversee「～を監視する」

PRACTICE TEST ANSWER SHEET

LISTENING SECTION

Part 1		Part 2						Part 3						Part 4					
NO.	ANSWER A B C D	NO.	ANSWER A B C D	NO.	ANSWER A B C D	NO.	ANSWER A B C D	NO.	ANSWER A B C D	NO.	ANSWER A B C D	NO.	ANSWER A B C D	NO.	ANSWER A B C D	NO.	ANSWER A B C D	NO.	ANSWER A B C D
1	Ⓐ Ⓑ Ⓒ Ⓓ	11	Ⓐ Ⓑ Ⓒ	21	Ⓐ Ⓑ Ⓒ	31	Ⓐ Ⓑ Ⓒ	41	Ⓐ Ⓑ Ⓒ Ⓓ	51	Ⓐ Ⓑ Ⓒ Ⓓ	61	Ⓐ Ⓑ Ⓒ Ⓓ	71	Ⓐ Ⓑ Ⓒ Ⓓ	81	Ⓐ Ⓑ Ⓒ Ⓓ	91	Ⓐ Ⓑ Ⓒ Ⓓ
2	Ⓐ Ⓑ Ⓒ Ⓓ	12	Ⓐ Ⓑ Ⓒ	22	Ⓐ Ⓑ Ⓒ	32	Ⓐ Ⓑ Ⓒ	42	Ⓐ Ⓑ Ⓒ Ⓓ	52	Ⓐ Ⓑ Ⓒ Ⓓ	62	Ⓐ Ⓑ Ⓒ Ⓓ	72	Ⓐ Ⓑ Ⓒ Ⓓ	82	Ⓐ Ⓑ Ⓒ Ⓓ	92	Ⓐ Ⓑ Ⓒ Ⓓ
3	Ⓐ Ⓑ Ⓒ Ⓓ	13	Ⓐ Ⓑ Ⓒ	23	Ⓐ Ⓑ Ⓒ	33	Ⓐ Ⓑ Ⓒ	43	Ⓐ Ⓑ Ⓒ Ⓓ	53	Ⓐ Ⓑ Ⓒ Ⓓ	63	Ⓐ Ⓑ Ⓒ Ⓓ	73	Ⓐ Ⓑ Ⓒ Ⓓ	83	Ⓐ Ⓑ Ⓒ Ⓓ	93	Ⓐ Ⓑ Ⓒ Ⓓ
4	Ⓐ Ⓑ Ⓒ Ⓓ	14	Ⓐ Ⓑ Ⓒ	24	Ⓐ Ⓑ Ⓒ	34	Ⓐ Ⓑ Ⓒ	44	Ⓐ Ⓑ Ⓒ Ⓓ	54	Ⓐ Ⓑ Ⓒ Ⓓ	64	Ⓐ Ⓑ Ⓒ Ⓓ	74	Ⓐ Ⓑ Ⓒ Ⓓ	84	Ⓐ Ⓑ Ⓒ Ⓓ	94	Ⓐ Ⓑ Ⓒ Ⓓ
5	Ⓐ Ⓑ Ⓒ Ⓓ	15	Ⓐ Ⓑ Ⓒ	25	Ⓐ Ⓑ Ⓒ	35	Ⓐ Ⓑ Ⓒ	45	Ⓐ Ⓑ Ⓒ Ⓓ	55	Ⓐ Ⓑ Ⓒ Ⓓ	65	Ⓐ Ⓑ Ⓒ Ⓓ	75	Ⓐ Ⓑ Ⓒ Ⓓ	85	Ⓐ Ⓑ Ⓒ Ⓓ	95	Ⓐ Ⓑ Ⓒ Ⓓ
6	Ⓐ Ⓑ Ⓒ Ⓓ	16	Ⓐ Ⓑ Ⓒ	26	Ⓐ Ⓑ Ⓒ	36	Ⓐ Ⓑ Ⓒ	46	Ⓐ Ⓑ Ⓒ Ⓓ	56	Ⓐ Ⓑ Ⓒ Ⓓ	66	Ⓐ Ⓑ Ⓒ Ⓓ	76	Ⓐ Ⓑ Ⓒ Ⓓ	86	Ⓐ Ⓑ Ⓒ Ⓓ	96	Ⓐ Ⓑ Ⓒ Ⓓ
7	Ⓐ Ⓑ Ⓒ Ⓓ	17	Ⓐ Ⓑ Ⓒ	27	Ⓐ Ⓑ Ⓒ	37	Ⓐ Ⓑ Ⓒ	47	Ⓐ Ⓑ Ⓒ Ⓓ	57	Ⓐ Ⓑ Ⓒ Ⓓ	67	Ⓐ Ⓑ Ⓒ Ⓓ	77	Ⓐ Ⓑ Ⓒ Ⓓ	87	Ⓐ Ⓑ Ⓒ Ⓓ	97	Ⓐ Ⓑ Ⓒ Ⓓ
8	Ⓐ Ⓑ Ⓒ Ⓓ	18	Ⓐ Ⓑ Ⓒ	28	Ⓐ Ⓑ Ⓒ	38	Ⓐ Ⓑ Ⓒ	48	Ⓐ Ⓑ Ⓒ Ⓓ	58	Ⓐ Ⓑ Ⓒ Ⓓ	68	Ⓐ Ⓑ Ⓒ Ⓓ	78	Ⓐ Ⓑ Ⓒ Ⓓ	88	Ⓐ Ⓑ Ⓒ Ⓓ	98	Ⓐ Ⓑ Ⓒ Ⓓ
9	Ⓐ Ⓑ Ⓒ Ⓓ	19	Ⓐ Ⓑ Ⓒ	29	Ⓐ Ⓑ Ⓒ	39	Ⓐ Ⓑ Ⓒ	49	Ⓐ Ⓑ Ⓒ Ⓓ	59	Ⓐ Ⓑ Ⓒ Ⓓ	69	Ⓐ Ⓑ Ⓒ Ⓓ	79	Ⓐ Ⓑ Ⓒ Ⓓ	89	Ⓐ Ⓑ Ⓒ Ⓓ	99	Ⓐ Ⓑ Ⓒ Ⓓ
10	Ⓐ Ⓑ Ⓒ Ⓓ	20	Ⓐ Ⓑ Ⓒ	30	Ⓐ Ⓑ Ⓒ	40	Ⓐ Ⓑ Ⓒ	50	Ⓐ Ⓑ Ⓒ Ⓓ	60	Ⓐ Ⓑ Ⓒ Ⓓ	70	Ⓐ Ⓑ Ⓒ Ⓓ	80	Ⓐ Ⓑ Ⓒ Ⓓ	90	Ⓐ Ⓑ Ⓒ Ⓓ	100	Ⓐ Ⓑ Ⓒ Ⓓ

READING SECTION

Part 5								Part 6				Part 7							
NO.	ANSWER A B C D	NO.	ANSWER A B C D	NO.	ANSWER A B C D	NO.	ANSWER A B C D	NO.	ANSWER A B C D	NO.	ANSWER A B C D	NO.	ANSWER A B C D	NO.	ANSWER A B C D	NO.	ANSWER A B C D	NO.	ANSWER A B C D
101	Ⓐ Ⓑ Ⓒ Ⓓ	111	Ⓐ Ⓑ Ⓒ Ⓓ	121	Ⓐ Ⓑ Ⓒ Ⓓ	131	Ⓐ Ⓑ Ⓒ Ⓓ	141	Ⓐ Ⓑ Ⓒ Ⓓ	151	Ⓐ Ⓑ Ⓒ Ⓓ	161	Ⓐ Ⓑ Ⓒ Ⓓ	171	Ⓐ Ⓑ Ⓒ Ⓓ	181	Ⓐ Ⓑ Ⓒ Ⓓ	191	Ⓐ Ⓑ Ⓒ Ⓓ
102	Ⓐ Ⓑ Ⓒ Ⓓ	112	Ⓐ Ⓑ Ⓒ Ⓓ	122	Ⓐ Ⓑ Ⓒ Ⓓ	132	Ⓐ Ⓑ Ⓒ Ⓓ	142	Ⓐ Ⓑ Ⓒ Ⓓ	152	Ⓐ Ⓑ Ⓒ Ⓓ	162	Ⓐ Ⓑ Ⓒ Ⓓ	172	Ⓐ Ⓑ Ⓒ Ⓓ	182	Ⓐ Ⓑ Ⓒ Ⓓ	192	Ⓐ Ⓑ Ⓒ Ⓓ
103	Ⓐ Ⓑ Ⓒ Ⓓ	113	Ⓐ Ⓑ Ⓒ Ⓓ	123	Ⓐ Ⓑ Ⓒ Ⓓ	133	Ⓐ Ⓑ Ⓒ Ⓓ	143	Ⓐ Ⓑ Ⓒ Ⓓ	153	Ⓐ Ⓑ Ⓒ Ⓓ	163	Ⓐ Ⓑ Ⓒ Ⓓ	173	Ⓐ Ⓑ Ⓒ Ⓓ	183	Ⓐ Ⓑ Ⓒ Ⓓ	193	Ⓐ Ⓑ Ⓒ Ⓓ
104	Ⓐ Ⓑ Ⓒ Ⓓ	114	Ⓐ Ⓑ Ⓒ Ⓓ	124	Ⓐ Ⓑ Ⓒ Ⓓ	134	Ⓐ Ⓑ Ⓒ Ⓓ	144	Ⓐ Ⓑ Ⓒ Ⓓ	154	Ⓐ Ⓑ Ⓒ Ⓓ	164	Ⓐ Ⓑ Ⓒ Ⓓ	174	Ⓐ Ⓑ Ⓒ Ⓓ	184	Ⓐ Ⓑ Ⓒ Ⓓ	194	Ⓐ Ⓑ Ⓒ Ⓓ
105	Ⓐ Ⓑ Ⓒ Ⓓ	115	Ⓐ Ⓑ Ⓒ Ⓓ	125	Ⓐ Ⓑ Ⓒ Ⓓ	135	Ⓐ Ⓑ Ⓒ Ⓓ	145	Ⓐ Ⓑ Ⓒ Ⓓ	155	Ⓐ Ⓑ Ⓒ Ⓓ	165	Ⓐ Ⓑ Ⓒ Ⓓ	175	Ⓐ Ⓑ Ⓒ Ⓓ	185	Ⓐ Ⓑ Ⓒ Ⓓ	195	Ⓐ Ⓑ Ⓒ Ⓓ
106	Ⓐ Ⓑ Ⓒ Ⓓ	116	Ⓐ Ⓑ Ⓒ Ⓓ	126	Ⓐ Ⓑ Ⓒ Ⓓ	136	Ⓐ Ⓑ Ⓒ Ⓓ	146	Ⓐ Ⓑ Ⓒ Ⓓ	156	Ⓐ Ⓑ Ⓒ Ⓓ	166	Ⓐ Ⓑ Ⓒ Ⓓ	176	Ⓐ Ⓑ Ⓒ Ⓓ	186	Ⓐ Ⓑ Ⓒ Ⓓ	196	Ⓐ Ⓑ Ⓒ Ⓓ
107	Ⓐ Ⓑ Ⓒ Ⓓ	117	Ⓐ Ⓑ Ⓒ Ⓓ	127	Ⓐ Ⓑ Ⓒ Ⓓ	137	Ⓐ Ⓑ Ⓒ Ⓓ	147	Ⓐ Ⓑ Ⓒ Ⓓ	157	Ⓐ Ⓑ Ⓒ Ⓓ	167	Ⓐ Ⓑ Ⓒ Ⓓ	177	Ⓐ Ⓑ Ⓒ Ⓓ	187	Ⓐ Ⓑ Ⓒ Ⓓ	197	Ⓐ Ⓑ Ⓒ Ⓓ
108	Ⓐ Ⓑ Ⓒ Ⓓ	118	Ⓐ Ⓑ Ⓒ Ⓓ	128	Ⓐ Ⓑ Ⓒ Ⓓ	138	Ⓐ Ⓑ Ⓒ Ⓓ	148	Ⓐ Ⓑ Ⓒ Ⓓ	158	Ⓐ Ⓑ Ⓒ Ⓓ	168	Ⓐ Ⓑ Ⓒ Ⓓ	178	Ⓐ Ⓑ Ⓒ Ⓓ	188	Ⓐ Ⓑ Ⓒ Ⓓ	198	Ⓐ Ⓑ Ⓒ Ⓓ
109	Ⓐ Ⓑ Ⓒ Ⓓ	119	Ⓐ Ⓑ Ⓒ Ⓓ	129	Ⓐ Ⓑ Ⓒ Ⓓ	139	Ⓐ Ⓑ Ⓒ Ⓓ	149	Ⓐ Ⓑ Ⓒ Ⓓ	159	Ⓐ Ⓑ Ⓒ Ⓓ	169	Ⓐ Ⓑ Ⓒ Ⓓ	179	Ⓐ Ⓑ Ⓒ Ⓓ	189	Ⓐ Ⓑ Ⓒ Ⓓ	199	Ⓐ Ⓑ Ⓒ Ⓓ
110	Ⓐ Ⓑ Ⓒ Ⓓ	120	Ⓐ Ⓑ Ⓒ Ⓓ	130	Ⓐ Ⓑ Ⓒ Ⓓ	140	Ⓐ Ⓑ Ⓒ Ⓓ	150	Ⓐ Ⓑ Ⓒ Ⓓ	160	Ⓐ Ⓑ Ⓒ Ⓓ	170	Ⓐ Ⓑ Ⓒ Ⓓ	180	Ⓐ Ⓑ Ⓒ Ⓓ	190	Ⓐ Ⓑ Ⓒ Ⓓ	200	Ⓐ Ⓑ Ⓒ Ⓓ

PRACTICE TEST ANSWER SHEET

LISTENING SECTION

Part 1		Part 2						Part 3						Part 4					
NO.	ANSWER A B C D	NO.	ANSWER A B C D	NO.	ANSWER A B C D	NO.	ANSWER A B C D	NO.	ANSWER A B C D	NO.	ANSWER A B C D	NO.	ANSWER A B C D	NO.	ANSWER A B C D	NO.	ANSWER A B C D	NO.	ANSWER A B C D
1	Ⓐ Ⓑ Ⓒ Ⓓ	11	Ⓐ Ⓑ Ⓒ	21	Ⓐ Ⓑ Ⓒ	31	Ⓐ Ⓑ Ⓒ	41	Ⓐ Ⓑ Ⓒ Ⓓ	51	Ⓐ Ⓑ Ⓒ Ⓓ	61	Ⓐ Ⓑ Ⓒ Ⓓ	71	Ⓐ Ⓑ Ⓒ Ⓓ	81	Ⓐ Ⓑ Ⓒ Ⓓ	91	Ⓐ Ⓑ Ⓒ Ⓓ
2	Ⓐ Ⓑ Ⓒ Ⓓ	12	Ⓐ Ⓑ Ⓒ	22	Ⓐ Ⓑ Ⓒ	32	Ⓐ Ⓑ Ⓒ	42	Ⓐ Ⓑ Ⓒ Ⓓ	52	Ⓐ Ⓑ Ⓒ Ⓓ	62	Ⓐ Ⓑ Ⓒ Ⓓ	72	Ⓐ Ⓑ Ⓒ Ⓓ	82	Ⓐ Ⓑ Ⓒ Ⓓ	92	Ⓐ Ⓑ Ⓒ Ⓓ
3	Ⓐ Ⓑ Ⓒ Ⓓ	13	Ⓐ Ⓑ Ⓒ	23	Ⓐ Ⓑ Ⓒ	33	Ⓐ Ⓑ Ⓒ	43	Ⓐ Ⓑ Ⓒ Ⓓ	53	Ⓐ Ⓑ Ⓒ Ⓓ	63	Ⓐ Ⓑ Ⓒ Ⓓ	73	Ⓐ Ⓑ Ⓒ Ⓓ	83	Ⓐ Ⓑ Ⓒ Ⓓ	93	Ⓐ Ⓑ Ⓒ Ⓓ
4	Ⓐ Ⓑ Ⓒ Ⓓ	14	Ⓐ Ⓑ Ⓒ	24	Ⓐ Ⓑ Ⓒ	34	Ⓐ Ⓑ Ⓒ	44	Ⓐ Ⓑ Ⓒ Ⓓ	54	Ⓐ Ⓑ Ⓒ Ⓓ	64	Ⓐ Ⓑ Ⓒ Ⓓ	74	Ⓐ Ⓑ Ⓒ Ⓓ	84	Ⓐ Ⓑ Ⓒ Ⓓ	94	Ⓐ Ⓑ Ⓒ Ⓓ
5	Ⓐ Ⓑ Ⓒ Ⓓ	15	Ⓐ Ⓑ Ⓒ	25	Ⓐ Ⓑ Ⓒ	35	Ⓐ Ⓑ Ⓒ	45	Ⓐ Ⓑ Ⓒ Ⓓ	55	Ⓐ Ⓑ Ⓒ Ⓓ	65	Ⓐ Ⓑ Ⓒ Ⓓ	75	Ⓐ Ⓑ Ⓒ Ⓓ	85	Ⓐ Ⓑ Ⓒ Ⓓ	95	Ⓐ Ⓑ Ⓒ Ⓓ
6	Ⓐ Ⓑ Ⓒ Ⓓ	16	Ⓐ Ⓑ Ⓒ	26	Ⓐ Ⓑ Ⓒ	36	Ⓐ Ⓑ Ⓒ	46	Ⓐ Ⓑ Ⓒ Ⓓ	56	Ⓐ Ⓑ Ⓒ Ⓓ	66	Ⓐ Ⓑ Ⓒ Ⓓ	76	Ⓐ Ⓑ Ⓒ Ⓓ	86	Ⓐ Ⓑ Ⓒ Ⓓ	96	Ⓐ Ⓑ Ⓒ Ⓓ
7	Ⓐ Ⓑ Ⓒ Ⓓ	17	Ⓐ Ⓑ Ⓒ	27	Ⓐ Ⓑ Ⓒ	37	Ⓐ Ⓑ Ⓒ	47	Ⓐ Ⓑ Ⓒ Ⓓ	57	Ⓐ Ⓑ Ⓒ Ⓓ	67	Ⓐ Ⓑ Ⓒ Ⓓ	77	Ⓐ Ⓑ Ⓒ Ⓓ	87	Ⓐ Ⓑ Ⓒ Ⓓ	97	Ⓐ Ⓑ Ⓒ Ⓓ
8	Ⓐ Ⓑ Ⓒ Ⓓ	18	Ⓐ Ⓑ Ⓒ	28	Ⓐ Ⓑ Ⓒ	38	Ⓐ Ⓑ Ⓒ	48	Ⓐ Ⓑ Ⓒ Ⓓ	58	Ⓐ Ⓑ Ⓒ Ⓓ	68	Ⓐ Ⓑ Ⓒ Ⓓ	78	Ⓐ Ⓑ Ⓒ Ⓓ	88	Ⓐ Ⓑ Ⓒ Ⓓ	98	Ⓐ Ⓑ Ⓒ Ⓓ
9	Ⓐ Ⓑ Ⓒ Ⓓ	19	Ⓐ Ⓑ Ⓒ	29	Ⓐ Ⓑ Ⓒ	39	Ⓐ Ⓑ Ⓒ	49	Ⓐ Ⓑ Ⓒ Ⓓ	59	Ⓐ Ⓑ Ⓒ Ⓓ	69	Ⓐ Ⓑ Ⓒ Ⓓ	79	Ⓐ Ⓑ Ⓒ Ⓓ	89	Ⓐ Ⓑ Ⓒ Ⓓ	99	Ⓐ Ⓑ Ⓒ Ⓓ
10	Ⓐ Ⓑ Ⓒ Ⓓ	20	Ⓐ Ⓑ Ⓒ	30	Ⓐ Ⓑ Ⓒ	40	Ⓐ Ⓑ Ⓒ	50	Ⓐ Ⓑ Ⓒ Ⓓ	60	Ⓐ Ⓑ Ⓒ Ⓓ	70	Ⓐ Ⓑ Ⓒ Ⓓ	80	Ⓐ Ⓑ Ⓒ Ⓓ	90	Ⓐ Ⓑ Ⓒ Ⓓ	100	Ⓐ Ⓑ Ⓒ Ⓓ

READING SECTION

Part 5								Part 6				Part 7							
NO.	ANSWER A B C D	NO.	ANSWER A B C D	NO.	ANSWER A B C D	NO.	ANSWER A B C D	NO.	ANSWER A B C D	NO.	ANSWER A B C D	NO.	ANSWER A B C D	NO.	ANSWER A B C D	NO.	ANSWER A B C D	NO.	ANSWER A B C D
101	Ⓐ Ⓑ Ⓒ Ⓓ	111	Ⓐ Ⓑ Ⓒ Ⓓ	121	Ⓐ Ⓑ Ⓒ Ⓓ	131	Ⓐ Ⓑ Ⓒ Ⓓ	141	Ⓐ Ⓑ Ⓒ Ⓓ	151	Ⓐ Ⓑ Ⓒ Ⓓ	161	Ⓐ Ⓑ Ⓒ Ⓓ	171	Ⓐ Ⓑ Ⓒ Ⓓ	181	Ⓐ Ⓑ Ⓒ Ⓓ	191	Ⓐ Ⓑ Ⓒ Ⓓ
102	Ⓐ Ⓑ Ⓒ Ⓓ	112	Ⓐ Ⓑ Ⓒ Ⓓ	122	Ⓐ Ⓑ Ⓒ Ⓓ	132	Ⓐ Ⓑ Ⓒ Ⓓ	142	Ⓐ Ⓑ Ⓒ Ⓓ	152	Ⓐ Ⓑ Ⓒ Ⓓ	162	Ⓐ Ⓑ Ⓒ Ⓓ	172	Ⓐ Ⓑ Ⓒ Ⓓ	182	Ⓐ Ⓑ Ⓒ Ⓓ	192	Ⓐ Ⓑ Ⓒ Ⓓ
103	Ⓐ Ⓑ Ⓒ Ⓓ	113	Ⓐ Ⓑ Ⓒ Ⓓ	123	Ⓐ Ⓑ Ⓒ Ⓓ	133	Ⓐ Ⓑ Ⓒ Ⓓ	143	Ⓐ Ⓑ Ⓒ Ⓓ	153	Ⓐ Ⓑ Ⓒ Ⓓ	163	Ⓐ Ⓑ Ⓒ Ⓓ	173	Ⓐ Ⓑ Ⓒ Ⓓ	183	Ⓐ Ⓑ Ⓒ Ⓓ	193	Ⓐ Ⓑ Ⓒ Ⓓ
104	Ⓐ Ⓑ Ⓒ Ⓓ	114	Ⓐ Ⓑ Ⓒ Ⓓ	124	Ⓐ Ⓑ Ⓒ Ⓓ	134	Ⓐ Ⓑ Ⓒ Ⓓ	144	Ⓐ Ⓑ Ⓒ Ⓓ	154	Ⓐ Ⓑ Ⓒ Ⓓ	164	Ⓐ Ⓑ Ⓒ Ⓓ	174	Ⓐ Ⓑ Ⓒ Ⓓ	184	Ⓐ Ⓑ Ⓒ Ⓓ	194	Ⓐ Ⓑ Ⓒ Ⓓ
105	Ⓐ Ⓑ Ⓒ Ⓓ	115	Ⓐ Ⓑ Ⓒ Ⓓ	125	Ⓐ Ⓑ Ⓒ Ⓓ	135	Ⓐ Ⓑ Ⓒ Ⓓ	145	Ⓐ Ⓑ Ⓒ Ⓓ	155	Ⓐ Ⓑ Ⓒ Ⓓ	165	Ⓐ Ⓑ Ⓒ Ⓓ	175	Ⓐ Ⓑ Ⓒ Ⓓ	185	Ⓐ Ⓑ Ⓒ Ⓓ	195	Ⓐ Ⓑ Ⓒ Ⓓ
106	Ⓐ Ⓑ Ⓒ Ⓓ	116	Ⓐ Ⓑ Ⓒ Ⓓ	126	Ⓐ Ⓑ Ⓒ Ⓓ	136	Ⓐ Ⓑ Ⓒ Ⓓ	146	Ⓐ Ⓑ Ⓒ Ⓓ	156	Ⓐ Ⓑ Ⓒ Ⓓ	166	Ⓐ Ⓑ Ⓒ Ⓓ	176	Ⓐ Ⓑ Ⓒ Ⓓ	186	Ⓐ Ⓑ Ⓒ Ⓓ	196	Ⓐ Ⓑ Ⓒ Ⓓ
107	Ⓐ Ⓑ Ⓒ Ⓓ	117	Ⓐ Ⓑ Ⓒ Ⓓ	127	Ⓐ Ⓑ Ⓒ Ⓓ	137	Ⓐ Ⓑ Ⓒ Ⓓ	147	Ⓐ Ⓑ Ⓒ Ⓓ	157	Ⓐ Ⓑ Ⓒ Ⓓ	167	Ⓐ Ⓑ Ⓒ Ⓓ	177	Ⓐ Ⓑ Ⓒ Ⓓ	187	Ⓐ Ⓑ Ⓒ Ⓓ	197	Ⓐ Ⓑ Ⓒ Ⓓ
108	Ⓐ Ⓑ Ⓒ Ⓓ	118	Ⓐ Ⓑ Ⓒ Ⓓ	128	Ⓐ Ⓑ Ⓒ Ⓓ	138	Ⓐ Ⓑ Ⓒ Ⓓ	148	Ⓐ Ⓑ Ⓒ Ⓓ	158	Ⓐ Ⓑ Ⓒ Ⓓ	168	Ⓐ Ⓑ Ⓒ Ⓓ	178	Ⓐ Ⓑ Ⓒ Ⓓ	188	Ⓐ Ⓑ Ⓒ Ⓓ	198	Ⓐ Ⓑ Ⓒ Ⓓ
109	Ⓐ Ⓑ Ⓒ Ⓓ	119	Ⓐ Ⓑ Ⓒ Ⓓ	129	Ⓐ Ⓑ Ⓒ Ⓓ	139	Ⓐ Ⓑ Ⓒ Ⓓ	149	Ⓐ Ⓑ Ⓒ Ⓓ	159	Ⓐ Ⓑ Ⓒ Ⓓ	169	Ⓐ Ⓑ Ⓒ Ⓓ	179	Ⓐ Ⓑ Ⓒ Ⓓ	189	Ⓐ Ⓑ Ⓒ Ⓓ	199	Ⓐ Ⓑ Ⓒ Ⓓ
110	Ⓐ Ⓑ Ⓒ Ⓓ	120	Ⓐ Ⓑ Ⓒ Ⓓ	130	Ⓐ Ⓑ Ⓒ Ⓓ	140	Ⓐ Ⓑ Ⓒ Ⓓ	150	Ⓐ Ⓑ Ⓒ Ⓓ	160	Ⓐ Ⓑ Ⓒ Ⓓ	170	Ⓐ Ⓑ Ⓒ Ⓓ	180	Ⓐ Ⓑ Ⓒ Ⓓ	190	Ⓐ Ⓑ Ⓒ Ⓓ	200	Ⓐ Ⓑ Ⓒ Ⓓ

PRACTICE TEST ANSWER SHEET

LISTENING SECTION

Part 1		Part 2						Part 3						Part 4					
NO.	ANSWER A B C D	NO.	ANSWER A B C D	NO.	ANSWER A B C D	NO.	ANSWER A B C D	NO.	ANSWER A B C D	NO.	ANSWER A B C D	NO.	ANSWER A B C D	NO.	ANSWER A B C D	NO.	ANSWER A B C D	NO.	ANSWER A B C D
1	Ⓐ Ⓑ Ⓒ Ⓓ	11	Ⓐ Ⓑ Ⓒ	21	Ⓐ Ⓑ Ⓒ	31	Ⓐ Ⓑ Ⓒ	41	Ⓐ Ⓑ Ⓒ Ⓓ	51	Ⓐ Ⓑ Ⓒ Ⓓ	61	Ⓐ Ⓑ Ⓒ Ⓓ	71	Ⓐ Ⓑ Ⓒ Ⓓ	81	Ⓐ Ⓑ Ⓒ Ⓓ	91	Ⓐ Ⓑ Ⓒ Ⓓ
2	Ⓐ Ⓑ Ⓒ Ⓓ	12	Ⓐ Ⓑ Ⓒ	22	Ⓐ Ⓑ Ⓒ	32	Ⓐ Ⓑ Ⓒ	42	Ⓐ Ⓑ Ⓒ Ⓓ	52	Ⓐ Ⓑ Ⓒ Ⓓ	62	Ⓐ Ⓑ Ⓒ Ⓓ	72	Ⓐ Ⓑ Ⓒ Ⓓ	82	Ⓐ Ⓑ Ⓒ Ⓓ	92	Ⓐ Ⓑ Ⓒ Ⓓ
3	Ⓐ Ⓑ Ⓒ Ⓓ	13	Ⓐ Ⓑ Ⓒ	23	Ⓐ Ⓑ Ⓒ	33	Ⓐ Ⓑ Ⓒ	43	Ⓐ Ⓑ Ⓒ Ⓓ	53	Ⓐ Ⓑ Ⓒ Ⓓ	63	Ⓐ Ⓑ Ⓒ Ⓓ	73	Ⓐ Ⓑ Ⓒ Ⓓ	83	Ⓐ Ⓑ Ⓒ Ⓓ	93	Ⓐ Ⓑ Ⓒ Ⓓ
4	Ⓐ Ⓑ Ⓒ Ⓓ	14	Ⓐ Ⓑ Ⓒ	24	Ⓐ Ⓑ Ⓒ	34	Ⓐ Ⓑ Ⓒ	44	Ⓐ Ⓑ Ⓒ Ⓓ	54	Ⓐ Ⓑ Ⓒ Ⓓ	64	Ⓐ Ⓑ Ⓒ Ⓓ	74	Ⓐ Ⓑ Ⓒ Ⓓ	84	Ⓐ Ⓑ Ⓒ Ⓓ	94	Ⓐ Ⓑ Ⓒ Ⓓ
5	Ⓐ Ⓑ Ⓒ Ⓓ	15	Ⓐ Ⓑ Ⓒ	25	Ⓐ Ⓑ Ⓒ	35	Ⓐ Ⓑ Ⓒ	45	Ⓐ Ⓑ Ⓒ Ⓓ	55	Ⓐ Ⓑ Ⓒ Ⓓ	65	Ⓐ Ⓑ Ⓒ Ⓓ	75	Ⓐ Ⓑ Ⓒ Ⓓ	85	Ⓐ Ⓑ Ⓒ Ⓓ	95	Ⓐ Ⓑ Ⓒ Ⓓ
6	Ⓐ Ⓑ Ⓒ Ⓓ	16	Ⓐ Ⓑ Ⓒ	26	Ⓐ Ⓑ Ⓒ	36	Ⓐ Ⓑ Ⓒ	46	Ⓐ Ⓑ Ⓒ Ⓓ	56	Ⓐ Ⓑ Ⓒ Ⓓ	66	Ⓐ Ⓑ Ⓒ Ⓓ	76	Ⓐ Ⓑ Ⓒ Ⓓ	86	Ⓐ Ⓑ Ⓒ Ⓓ	96	Ⓐ Ⓑ Ⓒ Ⓓ
7	Ⓐ Ⓑ Ⓒ Ⓓ	17	Ⓐ Ⓑ Ⓒ	27	Ⓐ Ⓑ Ⓒ	37	Ⓐ Ⓑ Ⓒ	47	Ⓐ Ⓑ Ⓒ Ⓓ	57	Ⓐ Ⓑ Ⓒ Ⓓ	67	Ⓐ Ⓑ Ⓒ Ⓓ	77	Ⓐ Ⓑ Ⓒ Ⓓ	87	Ⓐ Ⓑ Ⓒ Ⓓ	97	Ⓐ Ⓑ Ⓒ Ⓓ
8	Ⓐ Ⓑ Ⓒ Ⓓ	18	Ⓐ Ⓑ Ⓒ	28	Ⓐ Ⓑ Ⓒ	38	Ⓐ Ⓑ Ⓒ	48	Ⓐ Ⓑ Ⓒ Ⓓ	58	Ⓐ Ⓑ Ⓒ Ⓓ	68	Ⓐ Ⓑ Ⓒ Ⓓ	78	Ⓐ Ⓑ Ⓒ Ⓓ	88	Ⓐ Ⓑ Ⓒ Ⓓ	98	Ⓐ Ⓑ Ⓒ Ⓓ
9	Ⓐ Ⓑ Ⓒ Ⓓ	19	Ⓐ Ⓑ Ⓒ	29	Ⓐ Ⓑ Ⓒ	39	Ⓐ Ⓑ Ⓒ	49	Ⓐ Ⓑ Ⓒ Ⓓ	59	Ⓐ Ⓑ Ⓒ Ⓓ	69	Ⓐ Ⓑ Ⓒ Ⓓ	79	Ⓐ Ⓑ Ⓒ Ⓓ	89	Ⓐ Ⓑ Ⓒ Ⓓ	99	Ⓐ Ⓑ Ⓒ Ⓓ
10	Ⓐ Ⓑ Ⓒ Ⓓ	20	Ⓐ Ⓑ Ⓒ	30	Ⓐ Ⓑ Ⓒ	40	Ⓐ Ⓑ Ⓒ	50	Ⓐ Ⓑ Ⓒ Ⓓ	60	Ⓐ Ⓑ Ⓒ Ⓓ	70	Ⓐ Ⓑ Ⓒ Ⓓ	80	Ⓐ Ⓑ Ⓒ Ⓓ	90	Ⓐ Ⓑ Ⓒ Ⓓ	100	Ⓐ Ⓑ Ⓒ Ⓓ

READING SECTION

Part 5								Part 6				Part 7							
NO.	ANSWER A B C D	NO.	ANSWER A B C D	NO.	ANSWER A B C D	NO.	ANSWER A B C D	NO.	ANSWER A B C D	NO.	ANSWER A B C D	NO.	ANSWER A B C D	NO.	ANSWER A B C D	NO.	ANSWER A B C D	NO.	ANSWER A B C D
101	Ⓐ Ⓑ Ⓒ Ⓓ	111	Ⓐ Ⓑ Ⓒ Ⓓ	121	Ⓐ Ⓑ Ⓒ Ⓓ	131	Ⓐ Ⓑ Ⓒ Ⓓ	141	Ⓐ Ⓑ Ⓒ Ⓓ	151	Ⓐ Ⓑ Ⓒ Ⓓ	161	Ⓐ Ⓑ Ⓒ Ⓓ	171	Ⓐ Ⓑ Ⓒ Ⓓ	181	Ⓐ Ⓑ Ⓒ Ⓓ	191	Ⓐ Ⓑ Ⓒ Ⓓ
102	Ⓐ Ⓑ Ⓒ Ⓓ	112	Ⓐ Ⓑ Ⓒ Ⓓ	122	Ⓐ Ⓑ Ⓒ Ⓓ	132	Ⓐ Ⓑ Ⓒ Ⓓ	142	Ⓐ Ⓑ Ⓒ Ⓓ	152	Ⓐ Ⓑ Ⓒ Ⓓ	162	Ⓐ Ⓑ Ⓒ Ⓓ	172	Ⓐ Ⓑ Ⓒ Ⓓ	182	Ⓐ Ⓑ Ⓒ Ⓓ	192	Ⓐ Ⓑ Ⓒ Ⓓ
103	Ⓐ Ⓑ Ⓒ Ⓓ	113	Ⓐ Ⓑ Ⓒ Ⓓ	123	Ⓐ Ⓑ Ⓒ Ⓓ	133	Ⓐ Ⓑ Ⓒ Ⓓ	143	Ⓐ Ⓑ Ⓒ Ⓓ	153	Ⓐ Ⓑ Ⓒ Ⓓ	163	Ⓐ Ⓑ Ⓒ Ⓓ	173	Ⓐ Ⓑ Ⓒ Ⓓ	183	Ⓐ Ⓑ Ⓒ Ⓓ	193	Ⓐ Ⓑ Ⓒ Ⓓ
104	Ⓐ Ⓑ Ⓒ Ⓓ	114	Ⓐ Ⓑ Ⓒ Ⓓ	124	Ⓐ Ⓑ Ⓒ Ⓓ	134	Ⓐ Ⓑ Ⓒ Ⓓ	144	Ⓐ Ⓑ Ⓒ Ⓓ	154	Ⓐ Ⓑ Ⓒ Ⓓ	164	Ⓐ Ⓑ Ⓒ Ⓓ	174	Ⓐ Ⓑ Ⓒ Ⓓ	184	Ⓐ Ⓑ Ⓒ Ⓓ	194	Ⓐ Ⓑ Ⓒ Ⓓ
105	Ⓐ Ⓑ Ⓒ Ⓓ	115	Ⓐ Ⓑ Ⓒ Ⓓ	125	Ⓐ Ⓑ Ⓒ Ⓓ	135	Ⓐ Ⓑ Ⓒ Ⓓ	145	Ⓐ Ⓑ Ⓒ Ⓓ	155	Ⓐ Ⓑ Ⓒ Ⓓ	165	Ⓐ Ⓑ Ⓒ Ⓓ	175	Ⓐ Ⓑ Ⓒ Ⓓ	185	Ⓐ Ⓑ Ⓒ Ⓓ	195	Ⓐ Ⓑ Ⓒ Ⓓ
106	Ⓐ Ⓑ Ⓒ Ⓓ	116	Ⓐ Ⓑ Ⓒ Ⓓ	126	Ⓐ Ⓑ Ⓒ Ⓓ	136	Ⓐ Ⓑ Ⓒ Ⓓ	146	Ⓐ Ⓑ Ⓒ Ⓓ	156	Ⓐ Ⓑ Ⓒ Ⓓ	166	Ⓐ Ⓑ Ⓒ Ⓓ	176	Ⓐ Ⓑ Ⓒ Ⓓ	186	Ⓐ Ⓑ Ⓒ Ⓓ	196	Ⓐ Ⓑ Ⓒ Ⓓ
107	Ⓐ Ⓑ Ⓒ Ⓓ	117	Ⓐ Ⓑ Ⓒ Ⓓ	127	Ⓐ Ⓑ Ⓒ Ⓓ	137	Ⓐ Ⓑ Ⓒ Ⓓ	147	Ⓐ Ⓑ Ⓒ Ⓓ	157	Ⓐ Ⓑ Ⓒ Ⓓ	167	Ⓐ Ⓑ Ⓒ Ⓓ	177	Ⓐ Ⓑ Ⓒ Ⓓ	187	Ⓐ Ⓑ Ⓒ Ⓓ	197	Ⓐ Ⓑ Ⓒ Ⓓ
108	Ⓐ Ⓑ Ⓒ Ⓓ	118	Ⓐ Ⓑ Ⓒ Ⓓ	128	Ⓐ Ⓑ Ⓒ Ⓓ	138	Ⓐ Ⓑ Ⓒ Ⓓ	148	Ⓐ Ⓑ Ⓒ Ⓓ	158	Ⓐ Ⓑ Ⓒ Ⓓ	168	Ⓐ Ⓑ Ⓒ Ⓓ	178	Ⓐ Ⓑ Ⓒ Ⓓ	188	Ⓐ Ⓑ Ⓒ Ⓓ	198	Ⓐ Ⓑ Ⓒ Ⓓ
109	Ⓐ Ⓑ Ⓒ Ⓓ	119	Ⓐ Ⓑ Ⓒ Ⓓ	129	Ⓐ Ⓑ Ⓒ Ⓓ	139	Ⓐ Ⓑ Ⓒ Ⓓ	149	Ⓐ Ⓑ Ⓒ Ⓓ	159	Ⓐ Ⓑ Ⓒ Ⓓ	169	Ⓐ Ⓑ Ⓒ Ⓓ	179	Ⓐ Ⓑ Ⓒ Ⓓ	189	Ⓐ Ⓑ Ⓒ Ⓓ	199	Ⓐ Ⓑ Ⓒ Ⓓ
110	Ⓐ Ⓑ Ⓒ Ⓓ	120	Ⓐ Ⓑ Ⓒ Ⓓ	130	Ⓐ Ⓑ Ⓒ Ⓓ	140	Ⓐ Ⓑ Ⓒ Ⓓ	150	Ⓐ Ⓑ Ⓒ Ⓓ	160	Ⓐ Ⓑ Ⓒ Ⓓ	170	Ⓐ Ⓑ Ⓒ Ⓓ	180	Ⓐ Ⓑ Ⓒ Ⓓ	190	Ⓐ Ⓑ Ⓒ Ⓓ	200	Ⓐ Ⓑ Ⓒ Ⓓ

PRACTICE TEST ANSWER SHEET

LISTENING SECTION

Part 1		Part 2						Part 3						Part 4					
NO.	ANSWER A B C D	NO.	ANSWER A B C D	NO.	ANSWER A B C D	NO.	ANSWER A B C D	NO.	ANSWER A B C D	NO.	ANSWER A B C D	NO.	ANSWER A B C D	NO.	ANSWER A B C D	NO.	ANSWER A B C D	NO.	ANSWER A B C D
1	Ⓐ Ⓑ Ⓒ Ⓓ	11	Ⓐ Ⓑ Ⓒ	21	Ⓐ Ⓑ Ⓒ	31	Ⓐ Ⓑ Ⓒ	41	Ⓐ Ⓑ Ⓒ Ⓓ	51	Ⓐ Ⓑ Ⓒ Ⓓ	61	Ⓐ Ⓑ Ⓒ Ⓓ	71	Ⓐ Ⓑ Ⓒ Ⓓ	81	Ⓐ Ⓑ Ⓒ Ⓓ	91	Ⓐ Ⓑ Ⓒ Ⓓ
2	Ⓐ Ⓑ Ⓒ Ⓓ	12	Ⓐ Ⓑ Ⓒ	22	Ⓐ Ⓑ Ⓒ	32	Ⓐ Ⓑ Ⓒ	42	Ⓐ Ⓑ Ⓒ Ⓓ	52	Ⓐ Ⓑ Ⓒ Ⓓ	62	Ⓐ Ⓑ Ⓒ Ⓓ	72	Ⓐ Ⓑ Ⓒ Ⓓ	82	Ⓐ Ⓑ Ⓒ Ⓓ	92	Ⓐ Ⓑ Ⓒ Ⓓ
3	Ⓐ Ⓑ Ⓒ Ⓓ	13	Ⓐ Ⓑ Ⓒ	23	Ⓐ Ⓑ Ⓒ	33	Ⓐ Ⓑ Ⓒ	43	Ⓐ Ⓑ Ⓒ Ⓓ	53	Ⓐ Ⓑ Ⓒ Ⓓ	63	Ⓐ Ⓑ Ⓒ Ⓓ	73	Ⓐ Ⓑ Ⓒ Ⓓ	83	Ⓐ Ⓑ Ⓒ Ⓓ	93	Ⓐ Ⓑ Ⓒ Ⓓ
4	Ⓐ Ⓑ Ⓒ Ⓓ	14	Ⓐ Ⓑ Ⓒ	24	Ⓐ Ⓑ Ⓒ	34	Ⓐ Ⓑ Ⓒ	44	Ⓐ Ⓑ Ⓒ Ⓓ	54	Ⓐ Ⓑ Ⓒ Ⓓ	64	Ⓐ Ⓑ Ⓒ Ⓓ	74	Ⓐ Ⓑ Ⓒ Ⓓ	84	Ⓐ Ⓑ Ⓒ Ⓓ	94	Ⓐ Ⓑ Ⓒ Ⓓ
5	Ⓐ Ⓑ Ⓒ Ⓓ	15	Ⓐ Ⓑ Ⓒ	25	Ⓐ Ⓑ Ⓒ	35	Ⓐ Ⓑ Ⓒ	45	Ⓐ Ⓑ Ⓒ Ⓓ	55	Ⓐ Ⓑ Ⓒ Ⓓ	65	Ⓐ Ⓑ Ⓒ Ⓓ	75	Ⓐ Ⓑ Ⓒ Ⓓ	85	Ⓐ Ⓑ Ⓒ Ⓓ	95	Ⓐ Ⓑ Ⓒ Ⓓ
6	Ⓐ Ⓑ Ⓒ Ⓓ	16	Ⓐ Ⓑ Ⓒ	26	Ⓐ Ⓑ Ⓒ	36	Ⓐ Ⓑ Ⓒ	46	Ⓐ Ⓑ Ⓒ Ⓓ	56	Ⓐ Ⓑ Ⓒ Ⓓ	66	Ⓐ Ⓑ Ⓒ Ⓓ	76	Ⓐ Ⓑ Ⓒ Ⓓ	86	Ⓐ Ⓑ Ⓒ Ⓓ	96	Ⓐ Ⓑ Ⓒ Ⓓ
7	Ⓐ Ⓑ Ⓒ Ⓓ	17	Ⓐ Ⓑ Ⓒ	27	Ⓐ Ⓑ Ⓒ	37	Ⓐ Ⓑ Ⓒ	47	Ⓐ Ⓑ Ⓒ Ⓓ	57	Ⓐ Ⓑ Ⓒ Ⓓ	67	Ⓐ Ⓑ Ⓒ Ⓓ	77	Ⓐ Ⓑ Ⓒ Ⓓ	87	Ⓐ Ⓑ Ⓒ Ⓓ	97	Ⓐ Ⓑ Ⓒ Ⓓ
8	Ⓐ Ⓑ Ⓒ Ⓓ	18	Ⓐ Ⓑ Ⓒ	28	Ⓐ Ⓑ Ⓒ	38	Ⓐ Ⓑ Ⓒ	48	Ⓐ Ⓑ Ⓒ Ⓓ	58	Ⓐ Ⓑ Ⓒ Ⓓ	68	Ⓐ Ⓑ Ⓒ Ⓓ	78	Ⓐ Ⓑ Ⓒ Ⓓ	88	Ⓐ Ⓑ Ⓒ Ⓓ	98	Ⓐ Ⓑ Ⓒ Ⓓ
9	Ⓐ Ⓑ Ⓒ Ⓓ	19	Ⓐ Ⓑ Ⓒ	29	Ⓐ Ⓑ Ⓒ	39	Ⓐ Ⓑ Ⓒ	49	Ⓐ Ⓑ Ⓒ Ⓓ	59	Ⓐ Ⓑ Ⓒ Ⓓ	69	Ⓐ Ⓑ Ⓒ Ⓓ	79	Ⓐ Ⓑ Ⓒ Ⓓ	89	Ⓐ Ⓑ Ⓒ Ⓓ	99	Ⓐ Ⓑ Ⓒ Ⓓ
10	Ⓐ Ⓑ Ⓒ Ⓓ	20	Ⓐ Ⓑ Ⓒ	30	Ⓐ Ⓑ Ⓒ	40	Ⓐ Ⓑ Ⓒ	50	Ⓐ Ⓑ Ⓒ Ⓓ	60	Ⓐ Ⓑ Ⓒ Ⓓ	70	Ⓐ Ⓑ Ⓒ Ⓓ	80	Ⓐ Ⓑ Ⓒ Ⓓ	90	Ⓐ Ⓑ Ⓒ Ⓓ	100	Ⓐ Ⓑ Ⓒ Ⓓ

READING SECTION

Part 5								Part 6				Part 7							
NO.	ANSWER A B C D	NO.	ANSWER A B C D	NO.	ANSWER A B C D	NO.	ANSWER A B C D	NO.	ANSWER A B C D	NO.	ANSWER A B C D	NO.	ANSWER A B C D	NO.	ANSWER A B C D	NO.	ANSWER A B C D	NO.	ANSWER A B C D
101	Ⓐ Ⓑ Ⓒ Ⓓ	111	Ⓐ Ⓑ Ⓒ Ⓓ	121	Ⓐ Ⓑ Ⓒ Ⓓ	131	Ⓐ Ⓑ Ⓒ Ⓓ	141	Ⓐ Ⓑ Ⓒ Ⓓ	151	Ⓐ Ⓑ Ⓒ Ⓓ	161	Ⓐ Ⓑ Ⓒ Ⓓ	171	Ⓐ Ⓑ Ⓒ Ⓓ	181	Ⓐ Ⓑ Ⓒ Ⓓ	191	Ⓐ Ⓑ Ⓒ Ⓓ
102	Ⓐ Ⓑ Ⓒ Ⓓ	112	Ⓐ Ⓑ Ⓒ Ⓓ	122	Ⓐ Ⓑ Ⓒ Ⓓ	132	Ⓐ Ⓑ Ⓒ Ⓓ	142	Ⓐ Ⓑ Ⓒ Ⓓ	152	Ⓐ Ⓑ Ⓒ Ⓓ	162	Ⓐ Ⓑ Ⓒ Ⓓ	172	Ⓐ Ⓑ Ⓒ Ⓓ	182	Ⓐ Ⓑ Ⓒ Ⓓ	192	Ⓐ Ⓑ Ⓒ Ⓓ
103	Ⓐ Ⓑ Ⓒ Ⓓ	113	Ⓐ Ⓑ Ⓒ Ⓓ	123	Ⓐ Ⓑ Ⓒ Ⓓ	133	Ⓐ Ⓑ Ⓒ Ⓓ	143	Ⓐ Ⓑ Ⓒ Ⓓ	153	Ⓐ Ⓑ Ⓒ Ⓓ	163	Ⓐ Ⓑ Ⓒ Ⓓ	173	Ⓐ Ⓑ Ⓒ Ⓓ	183	Ⓐ Ⓑ Ⓒ Ⓓ	193	Ⓐ Ⓑ Ⓒ Ⓓ
104	Ⓐ Ⓑ Ⓒ Ⓓ	114	Ⓐ Ⓑ Ⓒ Ⓓ	124	Ⓐ Ⓑ Ⓒ Ⓓ	134	Ⓐ Ⓑ Ⓒ Ⓓ	144	Ⓐ Ⓑ Ⓒ Ⓓ	154	Ⓐ Ⓑ Ⓒ Ⓓ	164	Ⓐ Ⓑ Ⓒ Ⓓ	174	Ⓐ Ⓑ Ⓒ Ⓓ	184	Ⓐ Ⓑ Ⓒ Ⓓ	194	Ⓐ Ⓑ Ⓒ Ⓓ
105	Ⓐ Ⓑ Ⓒ Ⓓ	115	Ⓐ Ⓑ Ⓒ Ⓓ	125	Ⓐ Ⓑ Ⓒ Ⓓ	135	Ⓐ Ⓑ Ⓒ Ⓓ	145	Ⓐ Ⓑ Ⓒ Ⓓ	155	Ⓐ Ⓑ Ⓒ Ⓓ	165	Ⓐ Ⓑ Ⓒ Ⓓ	175	Ⓐ Ⓑ Ⓒ Ⓓ	185	Ⓐ Ⓑ Ⓒ Ⓓ	195	Ⓐ Ⓑ Ⓒ Ⓓ
106	Ⓐ Ⓑ Ⓒ Ⓓ	116	Ⓐ Ⓑ Ⓒ Ⓓ	126	Ⓐ Ⓑ Ⓒ Ⓓ	136	Ⓐ Ⓑ Ⓒ Ⓓ	146	Ⓐ Ⓑ Ⓒ Ⓓ	156	Ⓐ Ⓑ Ⓒ Ⓓ	166	Ⓐ Ⓑ Ⓒ Ⓓ	176	Ⓐ Ⓑ Ⓒ Ⓓ	186	Ⓐ Ⓑ Ⓒ Ⓓ	196	Ⓐ Ⓑ Ⓒ Ⓓ
107	Ⓐ Ⓑ Ⓒ Ⓓ	117	Ⓐ Ⓑ Ⓒ Ⓓ	127	Ⓐ Ⓑ Ⓒ Ⓓ	137	Ⓐ Ⓑ Ⓒ Ⓓ	147	Ⓐ Ⓑ Ⓒ Ⓓ	157	Ⓐ Ⓑ Ⓒ Ⓓ	167	Ⓐ Ⓑ Ⓒ Ⓓ	177	Ⓐ Ⓑ Ⓒ Ⓓ	187	Ⓐ Ⓑ Ⓒ Ⓓ	197	Ⓐ Ⓑ Ⓒ Ⓓ
108	Ⓐ Ⓑ Ⓒ Ⓓ	118	Ⓐ Ⓑ Ⓒ Ⓓ	128	Ⓐ Ⓑ Ⓒ Ⓓ	138	Ⓐ Ⓑ Ⓒ Ⓓ	148	Ⓐ Ⓑ Ⓒ Ⓓ	158	Ⓐ Ⓑ Ⓒ Ⓓ	168	Ⓐ Ⓑ Ⓒ Ⓓ	178	Ⓐ Ⓑ Ⓒ Ⓓ	188	Ⓐ Ⓑ Ⓒ Ⓓ	198	Ⓐ Ⓑ Ⓒ Ⓓ
109	Ⓐ Ⓑ Ⓒ Ⓓ	119	Ⓐ Ⓑ Ⓒ Ⓓ	129	Ⓐ Ⓑ Ⓒ Ⓓ	139	Ⓐ Ⓑ Ⓒ Ⓓ	149	Ⓐ Ⓑ Ⓒ Ⓓ	159	Ⓐ Ⓑ Ⓒ Ⓓ	169	Ⓐ Ⓑ Ⓒ Ⓓ	179	Ⓐ Ⓑ Ⓒ Ⓓ	189	Ⓐ Ⓑ Ⓒ Ⓓ	199	Ⓐ Ⓑ Ⓒ Ⓓ
110	Ⓐ Ⓑ Ⓒ Ⓓ	120	Ⓐ Ⓑ Ⓒ Ⓓ	130	Ⓐ Ⓑ Ⓒ Ⓓ	140	Ⓐ Ⓑ Ⓒ Ⓓ	150	Ⓐ Ⓑ Ⓒ Ⓓ	160	Ⓐ Ⓑ Ⓒ Ⓓ	170	Ⓐ Ⓑ Ⓒ Ⓓ	180	Ⓐ Ⓑ Ⓒ Ⓓ	190	Ⓐ Ⓑ Ⓒ Ⓓ	200	Ⓐ Ⓑ Ⓒ Ⓓ

PRACTICE TEST ANSWER SHEET

LISTENING SECTION

Part 1		Part 2						Part 3						Part 4					
NO.	ANSWER A B C D	NO.	ANSWER A B C D	NO.	ANSWER A B C D	NO.	ANSWER A B C D	NO.	ANSWER A B C D	NO.	ANSWER A B C D	NO.	ANSWER A B C D	NO.	ANSWER A B C D	NO.	ANSWER A B C D	NO.	ANSWER A B C D
1	Ⓐ Ⓑ Ⓒ Ⓓ	11	Ⓐ Ⓑ Ⓒ	21	Ⓐ Ⓑ Ⓒ	31	Ⓐ Ⓑ Ⓒ	41	Ⓐ Ⓑ Ⓒ Ⓓ	51	Ⓐ Ⓑ Ⓒ Ⓓ	61	Ⓐ Ⓑ Ⓒ Ⓓ	71	Ⓐ Ⓑ Ⓒ Ⓓ	81	Ⓐ Ⓑ Ⓒ Ⓓ	91	Ⓐ Ⓑ Ⓒ Ⓓ
2	Ⓐ Ⓑ Ⓒ Ⓓ	12	Ⓐ Ⓑ Ⓒ	22	Ⓐ Ⓑ Ⓒ	32	Ⓐ Ⓑ Ⓒ	42	Ⓐ Ⓑ Ⓒ Ⓓ	52	Ⓐ Ⓑ Ⓒ Ⓓ	62	Ⓐ Ⓑ Ⓒ Ⓓ	72	Ⓐ Ⓑ Ⓒ Ⓓ	82	Ⓐ Ⓑ Ⓒ Ⓓ	92	Ⓐ Ⓑ Ⓒ Ⓓ
3	Ⓐ Ⓑ Ⓒ Ⓓ	13	Ⓐ Ⓑ Ⓒ	23	Ⓐ Ⓑ Ⓒ	33	Ⓐ Ⓑ Ⓒ	43	Ⓐ Ⓑ Ⓒ Ⓓ	53	Ⓐ Ⓑ Ⓒ Ⓓ	63	Ⓐ Ⓑ Ⓒ Ⓓ	73	Ⓐ Ⓑ Ⓒ Ⓓ	83	Ⓐ Ⓑ Ⓒ Ⓓ	93	Ⓐ Ⓑ Ⓒ Ⓓ
4	Ⓐ Ⓑ Ⓒ Ⓓ	14	Ⓐ Ⓑ Ⓒ	24	Ⓐ Ⓑ Ⓒ	34	Ⓐ Ⓑ Ⓒ	44	Ⓐ Ⓑ Ⓒ Ⓓ	54	Ⓐ Ⓑ Ⓒ Ⓓ	64	Ⓐ Ⓑ Ⓒ Ⓓ	74	Ⓐ Ⓑ Ⓒ Ⓓ	84	Ⓐ Ⓑ Ⓒ Ⓓ	94	Ⓐ Ⓑ Ⓒ Ⓓ
5	Ⓐ Ⓑ Ⓒ Ⓓ	15	Ⓐ Ⓑ Ⓒ	25	Ⓐ Ⓑ Ⓒ	35	Ⓐ Ⓑ Ⓒ	45	Ⓐ Ⓑ Ⓒ Ⓓ	55	Ⓐ Ⓑ Ⓒ Ⓓ	65	Ⓐ Ⓑ Ⓒ Ⓓ	75	Ⓐ Ⓑ Ⓒ Ⓓ	85	Ⓐ Ⓑ Ⓒ Ⓓ	95	Ⓐ Ⓑ Ⓒ Ⓓ
6	Ⓐ Ⓑ Ⓒ Ⓓ	16	Ⓐ Ⓑ Ⓒ	26	Ⓐ Ⓑ Ⓒ	36	Ⓐ Ⓑ Ⓒ	46	Ⓐ Ⓑ Ⓒ Ⓓ	56	Ⓐ Ⓑ Ⓒ Ⓓ	66	Ⓐ Ⓑ Ⓒ Ⓓ	76	Ⓐ Ⓑ Ⓒ Ⓓ	86	Ⓐ Ⓑ Ⓒ Ⓓ	96	Ⓐ Ⓑ Ⓒ Ⓓ
7	Ⓐ Ⓑ Ⓒ Ⓓ	17	Ⓐ Ⓑ Ⓒ	27	Ⓐ Ⓑ Ⓒ	37	Ⓐ Ⓑ Ⓒ	47	Ⓐ Ⓑ Ⓒ Ⓓ	57	Ⓐ Ⓑ Ⓒ Ⓓ	67	Ⓐ Ⓑ Ⓒ Ⓓ	77	Ⓐ Ⓑ Ⓒ Ⓓ	87	Ⓐ Ⓑ Ⓒ Ⓓ	97	Ⓐ Ⓑ Ⓒ Ⓓ
8	Ⓐ Ⓑ Ⓒ Ⓓ	18	Ⓐ Ⓑ Ⓒ	28	Ⓐ Ⓑ Ⓒ	38	Ⓐ Ⓑ Ⓒ	48	Ⓐ Ⓑ Ⓒ Ⓓ	58	Ⓐ Ⓑ Ⓒ Ⓓ	68	Ⓐ Ⓑ Ⓒ Ⓓ	78	Ⓐ Ⓑ Ⓒ Ⓓ	88	Ⓐ Ⓑ Ⓒ Ⓓ	98	Ⓐ Ⓑ Ⓒ Ⓓ
9	Ⓐ Ⓑ Ⓒ Ⓓ	19	Ⓐ Ⓑ Ⓒ	29	Ⓐ Ⓑ Ⓒ	39	Ⓐ Ⓑ Ⓒ	49	Ⓐ Ⓑ Ⓒ Ⓓ	59	Ⓐ Ⓑ Ⓒ Ⓓ	69	Ⓐ Ⓑ Ⓒ Ⓓ	79	Ⓐ Ⓑ Ⓒ Ⓓ	89	Ⓐ Ⓑ Ⓒ Ⓓ	99	Ⓐ Ⓑ Ⓒ Ⓓ
10	Ⓐ Ⓑ Ⓒ Ⓓ	20	Ⓐ Ⓑ Ⓒ	30	Ⓐ Ⓑ Ⓒ	40	Ⓐ Ⓑ Ⓒ	50	Ⓐ Ⓑ Ⓒ Ⓓ	60	Ⓐ Ⓑ Ⓒ Ⓓ	70	Ⓐ Ⓑ Ⓒ Ⓓ	80	Ⓐ Ⓑ Ⓒ Ⓓ	90	Ⓐ Ⓑ Ⓒ Ⓓ	100	Ⓐ Ⓑ Ⓒ Ⓓ

READING SECTION

Part 5								Part 6				Part 7							
NO.	ANSWER A B C D	NO.	ANSWER A B C D	NO.	ANSWER A B C D	NO.	ANSWER A B C D	NO.	ANSWER A B C D	NO.	ANSWER A B C D	NO.	ANSWER A B C D	NO.	ANSWER A B C D	NO.	ANSWER A B C D	NO.	ANSWER A B C D
101	Ⓐ Ⓑ Ⓒ Ⓓ	111	Ⓐ Ⓑ Ⓒ Ⓓ	121	Ⓐ Ⓑ Ⓒ Ⓓ	131	Ⓐ Ⓑ Ⓒ Ⓓ	141	Ⓐ Ⓑ Ⓒ Ⓓ	151	Ⓐ Ⓑ Ⓒ Ⓓ	161	Ⓐ Ⓑ Ⓒ Ⓓ	171	Ⓐ Ⓑ Ⓒ Ⓓ	181	Ⓐ Ⓑ Ⓒ Ⓓ	191	Ⓐ Ⓑ Ⓒ Ⓓ
102	Ⓐ Ⓑ Ⓒ Ⓓ	112	Ⓐ Ⓑ Ⓒ Ⓓ	122	Ⓐ Ⓑ Ⓒ Ⓓ	132	Ⓐ Ⓑ Ⓒ Ⓓ	142	Ⓐ Ⓑ Ⓒ Ⓓ	152	Ⓐ Ⓑ Ⓒ Ⓓ	162	Ⓐ Ⓑ Ⓒ Ⓓ	172	Ⓐ Ⓑ Ⓒ Ⓓ	182	Ⓐ Ⓑ Ⓒ Ⓓ	192	Ⓐ Ⓑ Ⓒ Ⓓ
103	Ⓐ Ⓑ Ⓒ Ⓓ	113	Ⓐ Ⓑ Ⓒ Ⓓ	123	Ⓐ Ⓑ Ⓒ Ⓓ	133	Ⓐ Ⓑ Ⓒ Ⓓ	143	Ⓐ Ⓑ Ⓒ Ⓓ	153	Ⓐ Ⓑ Ⓒ Ⓓ	163	Ⓐ Ⓑ Ⓒ Ⓓ	173	Ⓐ Ⓑ Ⓒ Ⓓ	183	Ⓐ Ⓑ Ⓒ Ⓓ	193	Ⓐ Ⓑ Ⓒ Ⓓ
104	Ⓐ Ⓑ Ⓒ Ⓓ	114	Ⓐ Ⓑ Ⓒ Ⓓ	124	Ⓐ Ⓑ Ⓒ Ⓓ	134	Ⓐ Ⓑ Ⓒ Ⓓ	144	Ⓐ Ⓑ Ⓒ Ⓓ	154	Ⓐ Ⓑ Ⓒ Ⓓ	164	Ⓐ Ⓑ Ⓒ Ⓓ	174	Ⓐ Ⓑ Ⓒ Ⓓ	184	Ⓐ Ⓑ Ⓒ Ⓓ	194	Ⓐ Ⓑ Ⓒ Ⓓ
105	Ⓐ Ⓑ Ⓒ Ⓓ	115	Ⓐ Ⓑ Ⓒ Ⓓ	125	Ⓐ Ⓑ Ⓒ Ⓓ	135	Ⓐ Ⓑ Ⓒ Ⓓ	145	Ⓐ Ⓑ Ⓒ Ⓓ	155	Ⓐ Ⓑ Ⓒ Ⓓ	165	Ⓐ Ⓑ Ⓒ Ⓓ	175	Ⓐ Ⓑ Ⓒ Ⓓ	185	Ⓐ Ⓑ Ⓒ Ⓓ	195	Ⓐ Ⓑ Ⓒ Ⓓ
106	Ⓐ Ⓑ Ⓒ Ⓓ	116	Ⓐ Ⓑ Ⓒ Ⓓ	126	Ⓐ Ⓑ Ⓒ Ⓓ	136	Ⓐ Ⓑ Ⓒ Ⓓ	146	Ⓐ Ⓑ Ⓒ Ⓓ	156	Ⓐ Ⓑ Ⓒ Ⓓ	166	Ⓐ Ⓑ Ⓒ Ⓓ	176	Ⓐ Ⓑ Ⓒ Ⓓ	186	Ⓐ Ⓑ Ⓒ Ⓓ	196	Ⓐ Ⓑ Ⓒ Ⓓ
107	Ⓐ Ⓑ Ⓒ Ⓓ	117	Ⓐ Ⓑ Ⓒ Ⓓ	127	Ⓐ Ⓑ Ⓒ Ⓓ	137	Ⓐ Ⓑ Ⓒ Ⓓ	147	Ⓐ Ⓑ Ⓒ Ⓓ	157	Ⓐ Ⓑ Ⓒ Ⓓ	167	Ⓐ Ⓑ Ⓒ Ⓓ	177	Ⓐ Ⓑ Ⓒ Ⓓ	187	Ⓐ Ⓑ Ⓒ Ⓓ	197	Ⓐ Ⓑ Ⓒ Ⓓ
108	Ⓐ Ⓑ Ⓒ Ⓓ	118	Ⓐ Ⓑ Ⓒ Ⓓ	128	Ⓐ Ⓑ Ⓒ Ⓓ	138	Ⓐ Ⓑ Ⓒ Ⓓ	148	Ⓐ Ⓑ Ⓒ Ⓓ	158	Ⓐ Ⓑ Ⓒ Ⓓ	168	Ⓐ Ⓑ Ⓒ Ⓓ	178	Ⓐ Ⓑ Ⓒ Ⓓ	188	Ⓐ Ⓑ Ⓒ Ⓓ	198	Ⓐ Ⓑ Ⓒ Ⓓ
109	Ⓐ Ⓑ Ⓒ Ⓓ	119	Ⓐ Ⓑ Ⓒ Ⓓ	129	Ⓐ Ⓑ Ⓒ Ⓓ	139	Ⓐ Ⓑ Ⓒ Ⓓ	149	Ⓐ Ⓑ Ⓒ Ⓓ	159	Ⓐ Ⓑ Ⓒ Ⓓ	169	Ⓐ Ⓑ Ⓒ Ⓓ	179	Ⓐ Ⓑ Ⓒ Ⓓ	189	Ⓐ Ⓑ Ⓒ Ⓓ	199	Ⓐ Ⓑ Ⓒ Ⓓ
110	Ⓐ Ⓑ Ⓒ Ⓓ	120	Ⓐ Ⓑ Ⓒ Ⓓ	130	Ⓐ Ⓑ Ⓒ Ⓓ	140	Ⓐ Ⓑ Ⓒ Ⓓ	150	Ⓐ Ⓑ Ⓒ Ⓓ	160	Ⓐ Ⓑ Ⓒ Ⓓ	170	Ⓐ Ⓑ Ⓒ Ⓓ	180	Ⓐ Ⓑ Ⓒ Ⓓ	190	Ⓐ Ⓑ Ⓒ Ⓓ	200	Ⓐ Ⓑ Ⓒ Ⓓ

PRACTICE TEST ANSWER SHEET

LISTENING SECTION

Part 1		Part 2						Part 3						Part 4					
NO.	ANSWER A B C D	NO.	ANSWER A B C D	NO.	ANSWER A B C D	NO.	ANSWER A B C D	NO.	ANSWER A B C D	NO.	ANSWER A B C D	NO.	ANSWER A B C D	NO.	ANSWER A B C D	NO.	ANSWER A B C D	NO.	ANSWER A B C D
1	Ⓐ Ⓑ Ⓒ Ⓓ	11	Ⓐ Ⓑ Ⓒ	21	Ⓐ Ⓑ Ⓒ	31	Ⓐ Ⓑ Ⓒ	41	Ⓐ Ⓑ Ⓒ Ⓓ	51	Ⓐ Ⓑ Ⓒ Ⓓ	61	Ⓐ Ⓑ Ⓒ Ⓓ	71	Ⓐ Ⓑ Ⓒ Ⓓ	81	Ⓐ Ⓑ Ⓒ Ⓓ	91	Ⓐ Ⓑ Ⓒ Ⓓ
2	Ⓐ Ⓑ Ⓒ Ⓓ	12	Ⓐ Ⓑ Ⓒ	22	Ⓐ Ⓑ Ⓒ	32	Ⓐ Ⓑ Ⓒ	42	Ⓐ Ⓑ Ⓒ Ⓓ	52	Ⓐ Ⓑ Ⓒ Ⓓ	62	Ⓐ Ⓑ Ⓒ Ⓓ	72	Ⓐ Ⓑ Ⓒ Ⓓ	82	Ⓐ Ⓑ Ⓒ Ⓓ	92	Ⓐ Ⓑ Ⓒ Ⓓ
3	Ⓐ Ⓑ Ⓒ Ⓓ	13	Ⓐ Ⓑ Ⓒ	23	Ⓐ Ⓑ Ⓒ	33	Ⓐ Ⓑ Ⓒ	43	Ⓐ Ⓑ Ⓒ Ⓓ	53	Ⓐ Ⓑ Ⓒ Ⓓ	63	Ⓐ Ⓑ Ⓒ Ⓓ	73	Ⓐ Ⓑ Ⓒ Ⓓ	83	Ⓐ Ⓑ Ⓒ Ⓓ	93	Ⓐ Ⓑ Ⓒ Ⓓ
4	Ⓐ Ⓑ Ⓒ Ⓓ	14	Ⓐ Ⓑ Ⓒ	24	Ⓐ Ⓑ Ⓒ	34	Ⓐ Ⓑ Ⓒ	44	Ⓐ Ⓑ Ⓒ Ⓓ	54	Ⓐ Ⓑ Ⓒ Ⓓ	64	Ⓐ Ⓑ Ⓒ Ⓓ	74	Ⓐ Ⓑ Ⓒ Ⓓ	84	Ⓐ Ⓑ Ⓒ Ⓓ	94	Ⓐ Ⓑ Ⓒ Ⓓ
5	Ⓐ Ⓑ Ⓒ Ⓓ	15	Ⓐ Ⓑ Ⓒ	25	Ⓐ Ⓑ Ⓒ	35	Ⓐ Ⓑ Ⓒ	45	Ⓐ Ⓑ Ⓒ Ⓓ	55	Ⓐ Ⓑ Ⓒ Ⓓ	65	Ⓐ Ⓑ Ⓒ Ⓓ	75	Ⓐ Ⓑ Ⓒ Ⓓ	85	Ⓐ Ⓑ Ⓒ Ⓓ	95	Ⓐ Ⓑ Ⓒ Ⓓ
6	Ⓐ Ⓑ Ⓒ Ⓓ	16	Ⓐ Ⓑ Ⓒ	26	Ⓐ Ⓑ Ⓒ	36	Ⓐ Ⓑ Ⓒ	46	Ⓐ Ⓑ Ⓒ Ⓓ	56	Ⓐ Ⓑ Ⓒ Ⓓ	66	Ⓐ Ⓑ Ⓒ Ⓓ	76	Ⓐ Ⓑ Ⓒ Ⓓ	86	Ⓐ Ⓑ Ⓒ Ⓓ	96	Ⓐ Ⓑ Ⓒ Ⓓ
7	Ⓐ Ⓑ Ⓒ Ⓓ	17	Ⓐ Ⓑ Ⓒ	27	Ⓐ Ⓑ Ⓒ	37	Ⓐ Ⓑ Ⓒ	47	Ⓐ Ⓑ Ⓒ Ⓓ	57	Ⓐ Ⓑ Ⓒ Ⓓ	67	Ⓐ Ⓑ Ⓒ Ⓓ	77	Ⓐ Ⓑ Ⓒ Ⓓ	87	Ⓐ Ⓑ Ⓒ Ⓓ	97	Ⓐ Ⓑ Ⓒ Ⓓ
8	Ⓐ Ⓑ Ⓒ Ⓓ	18	Ⓐ Ⓑ Ⓒ	28	Ⓐ Ⓑ Ⓒ	38	Ⓐ Ⓑ Ⓒ	48	Ⓐ Ⓑ Ⓒ Ⓓ	58	Ⓐ Ⓑ Ⓒ Ⓓ	68	Ⓐ Ⓑ Ⓒ Ⓓ	78	Ⓐ Ⓑ Ⓒ Ⓓ	88	Ⓐ Ⓑ Ⓒ Ⓓ	98	Ⓐ Ⓑ Ⓒ Ⓓ
9	Ⓐ Ⓑ Ⓒ Ⓓ	19	Ⓐ Ⓑ Ⓒ	29	Ⓐ Ⓑ Ⓒ	39	Ⓐ Ⓑ Ⓒ	49	Ⓐ Ⓑ Ⓒ Ⓓ	59	Ⓐ Ⓑ Ⓒ Ⓓ	69	Ⓐ Ⓑ Ⓒ Ⓓ	79	Ⓐ Ⓑ Ⓒ Ⓓ	89	Ⓐ Ⓑ Ⓒ Ⓓ	99	Ⓐ Ⓑ Ⓒ Ⓓ
10	Ⓐ Ⓑ Ⓒ Ⓓ	20	Ⓐ Ⓑ Ⓒ	30	Ⓐ Ⓑ Ⓒ	40	Ⓐ Ⓑ Ⓒ	50	Ⓐ Ⓑ Ⓒ Ⓓ	60	Ⓐ Ⓑ Ⓒ Ⓓ	70	Ⓐ Ⓑ Ⓒ Ⓓ	80	Ⓐ Ⓑ Ⓒ Ⓓ	90	Ⓐ Ⓑ Ⓒ Ⓓ	100	Ⓐ Ⓑ Ⓒ Ⓓ

READING SECTION

Part 5								Part 6				Part 7							
NO.	ANSWER A B C D	NO.	ANSWER A B C D	NO.	ANSWER A B C D	NO.	ANSWER A B C D	NO.	ANSWER A B C D	NO.	ANSWER A B C D	NO.	ANSWER A B C D	NO.	ANSWER A B C D	NO.	ANSWER A B C D	NO.	ANSWER A B C D
101	Ⓐ Ⓑ Ⓒ Ⓓ	111	Ⓐ Ⓑ Ⓒ Ⓓ	121	Ⓐ Ⓑ Ⓒ Ⓓ	131	Ⓐ Ⓑ Ⓒ Ⓓ	141	Ⓐ Ⓑ Ⓒ Ⓓ	151	Ⓐ Ⓑ Ⓒ Ⓓ	161	Ⓐ Ⓑ Ⓒ Ⓓ	171	Ⓐ Ⓑ Ⓒ Ⓓ	181	Ⓐ Ⓑ Ⓒ Ⓓ	191	Ⓐ Ⓑ Ⓒ Ⓓ
102	Ⓐ Ⓑ Ⓒ Ⓓ	112	Ⓐ Ⓑ Ⓒ Ⓓ	122	Ⓐ Ⓑ Ⓒ Ⓓ	132	Ⓐ Ⓑ Ⓒ Ⓓ	142	Ⓐ Ⓑ Ⓒ Ⓓ	152	Ⓐ Ⓑ Ⓒ Ⓓ	162	Ⓐ Ⓑ Ⓒ Ⓓ	172	Ⓐ Ⓑ Ⓒ Ⓓ	182	Ⓐ Ⓑ Ⓒ Ⓓ	192	Ⓐ Ⓑ Ⓒ Ⓓ
103	Ⓐ Ⓑ Ⓒ Ⓓ	113	Ⓐ Ⓑ Ⓒ Ⓓ	123	Ⓐ Ⓑ Ⓒ Ⓓ	133	Ⓐ Ⓑ Ⓒ Ⓓ	143	Ⓐ Ⓑ Ⓒ Ⓓ	153	Ⓐ Ⓑ Ⓒ Ⓓ	163	Ⓐ Ⓑ Ⓒ Ⓓ	173	Ⓐ Ⓑ Ⓒ Ⓓ	183	Ⓐ Ⓑ Ⓒ Ⓓ	193	Ⓐ Ⓑ Ⓒ Ⓓ
104	Ⓐ Ⓑ Ⓒ Ⓓ	114	Ⓐ Ⓑ Ⓒ Ⓓ	124	Ⓐ Ⓑ Ⓒ Ⓓ	134	Ⓐ Ⓑ Ⓒ Ⓓ	144	Ⓐ Ⓑ Ⓒ Ⓓ	154	Ⓐ Ⓑ Ⓒ Ⓓ	164	Ⓐ Ⓑ Ⓒ Ⓓ	174	Ⓐ Ⓑ Ⓒ Ⓓ	184	Ⓐ Ⓑ Ⓒ Ⓓ	194	Ⓐ Ⓑ Ⓒ Ⓓ
105	Ⓐ Ⓑ Ⓒ Ⓓ	115	Ⓐ Ⓑ Ⓒ Ⓓ	125	Ⓐ Ⓑ Ⓒ Ⓓ	135	Ⓐ Ⓑ Ⓒ Ⓓ	145	Ⓐ Ⓑ Ⓒ Ⓓ	155	Ⓐ Ⓑ Ⓒ Ⓓ	165	Ⓐ Ⓑ Ⓒ Ⓓ	175	Ⓐ Ⓑ Ⓒ Ⓓ	185	Ⓐ Ⓑ Ⓒ Ⓓ	195	Ⓐ Ⓑ Ⓒ Ⓓ
106	Ⓐ Ⓑ Ⓒ Ⓓ	116	Ⓐ Ⓑ Ⓒ Ⓓ	126	Ⓐ Ⓑ Ⓒ Ⓓ	136	Ⓐ Ⓑ Ⓒ Ⓓ	146	Ⓐ Ⓑ Ⓒ Ⓓ	156	Ⓐ Ⓑ Ⓒ Ⓓ	166	Ⓐ Ⓑ Ⓒ Ⓓ	176	Ⓐ Ⓑ Ⓒ Ⓓ	186	Ⓐ Ⓑ Ⓒ Ⓓ	196	Ⓐ Ⓑ Ⓒ Ⓓ
107	Ⓐ Ⓑ Ⓒ Ⓓ	117	Ⓐ Ⓑ Ⓒ Ⓓ	127	Ⓐ Ⓑ Ⓒ Ⓓ	137	Ⓐ Ⓑ Ⓒ Ⓓ	147	Ⓐ Ⓑ Ⓒ Ⓓ	157	Ⓐ Ⓑ Ⓒ Ⓓ	167	Ⓐ Ⓑ Ⓒ Ⓓ	177	Ⓐ Ⓑ Ⓒ Ⓓ	187	Ⓐ Ⓑ Ⓒ Ⓓ	197	Ⓐ Ⓑ Ⓒ Ⓓ
108	Ⓐ Ⓑ Ⓒ Ⓓ	118	Ⓐ Ⓑ Ⓒ Ⓓ	128	Ⓐ Ⓑ Ⓒ Ⓓ	138	Ⓐ Ⓑ Ⓒ Ⓓ	148	Ⓐ Ⓑ Ⓒ Ⓓ	158	Ⓐ Ⓑ Ⓒ Ⓓ	168	Ⓐ Ⓑ Ⓒ Ⓓ	178	Ⓐ Ⓑ Ⓒ Ⓓ	188	Ⓐ Ⓑ Ⓒ Ⓓ	198	Ⓐ Ⓑ Ⓒ Ⓓ
109	Ⓐ Ⓑ Ⓒ Ⓓ	119	Ⓐ Ⓑ Ⓒ Ⓓ	129	Ⓐ Ⓑ Ⓒ Ⓓ	139	Ⓐ Ⓑ Ⓒ Ⓓ	149	Ⓐ Ⓑ Ⓒ Ⓓ	159	Ⓐ Ⓑ Ⓒ Ⓓ	169	Ⓐ Ⓑ Ⓒ Ⓓ	179	Ⓐ Ⓑ Ⓒ Ⓓ	189	Ⓐ Ⓑ Ⓒ Ⓓ	199	Ⓐ Ⓑ Ⓒ Ⓓ
110	Ⓐ Ⓑ Ⓒ Ⓓ	120	Ⓐ Ⓑ Ⓒ Ⓓ	130	Ⓐ Ⓑ Ⓒ Ⓓ	140	Ⓐ Ⓑ Ⓒ Ⓓ	150	Ⓐ Ⓑ Ⓒ Ⓓ	160	Ⓐ Ⓑ Ⓒ Ⓓ	170	Ⓐ Ⓑ Ⓒ Ⓓ	180	Ⓐ Ⓑ Ⓒ Ⓓ	190	Ⓐ Ⓑ Ⓒ Ⓓ	200	Ⓐ Ⓑ Ⓒ Ⓓ

宮野 智靖（みやの・ともやす）

ペンシルベニア州立大学大学院スピーチ・コミュニケーション学科修士課程修了。関西外国語大学短期大学部教授。
主要著書：『TOEIC® TEST 究極単語 Basic 2200』『新 TOEIC® TEST 完全攻略模試』（以上，語研），『TOEIC® TEST 英文法・語彙ベーシックマスター』『ネイティブ厳選必ず使える英会話まる覚え』『ネイティブの英会話公式 BASIC 84』（以上，J リサーチ出版），『はじめての新 TOEIC® テスト本番模試』（旺文社）。
主要資格：TOEIC990 点，英検 1 級，通訳案内業国家資格。

Miguel E. Corti（ミゲル・E・コーティ）

ニュージャージー大学卒業。ECC 外語学院テキストライターを経て，現在（株）カプコンに勤務（ゲーム・ローカライザー）。フリーランス翻訳者，ライターとしても活躍中。
主要著書：『新 TOEIC® TEST プレ受験 600 問』（語研），『TOEIC® Test in Context-Current English』『Key Reading for the TOEIC® TEST』（以上，マクミランランゲージハウス）。

妻鳥 千鶴子（つまとり・ちづこ）

バーミンガム大学大学院修士課程修了（翻訳学）。英検 1 級対策をメインとするアルカディア・コミュニケーションズ主宰。近畿大学非常勤講師。
主要著書：『TOEIC® TEST リスニングベーシックマスター』『すぐに使える英会話超入門編』（以上，J リサーチ出版），『ビジネス場面の英語スピーチ実例集』（ベレ出版），『英語資格三冠王へ！』（明日香出版社），『第一歩からの英会話旅行編』『第一歩からの英会話交友編』（以上，青灯社）。
主要資格：TOEIC990 点，英検 1 級，通訳案内業国家資格，ケンブリッジ英検（CPE）。

新 TOEIC® TEST リスニング完全攻略

2011 年 2 月 10 日　初版第 1 刷発行

著　者　宮野 智靖／妻鳥 千鶴子／ Miguel E. Corti
制　作　ツディブックス株式会社
発行者　田中 稔
発行所　株式会社 語研
〒 101 − 0064
東京都千代田区猿楽町 2 − 7 − 17
電　話　03 − 3291 − 3986
ファクス　03 − 3291 − 6749
振替口座　00140 − 9 − 66728
組　版　ツディブックス株式会社
印刷・製本　株式会社　日経印刷株式会社

ISBN978-4-87615-221-6 C0082
書名　シントーイックテスト　リスニングカンゼンコウリャク
著者　ミヤノ　トモヤス／ツマトリ　チヅコ／ミゲル　イー　コーティ

定価はカバーに表示してあります。
乱丁本，落丁本はお取り替えいたします。

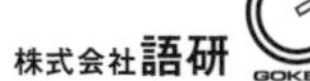

語研ホームページ http://www.goken-net.co.jp/

【付属 CD について】

2 枚の CD は同じ袋の中に入っています。

CD 収録時間：68 分 02 秒（Disc 1）
61 分 04 秒（Disc 2）